기독교문서선교회(Christian Literature Center: 약칭 CLC)는 1941년 영국 콜체스터에서 켄 아담스에 의해 시작되었으며 국제 본부는 미국 필라델피아에 있습니다.
국제 CLC는 59개 나라에서 180개의 본부를 두고, 약 650여 명의 선교사들이 이동 도서차량 40대를 이용하여 문서 보급에 힘쓰고 있으며 이메일 주문을 통해 130여 국으로 책을 공급하고 있습니다. 한국 CLC는 청교도적 복음주의 신학과 신앙 서적을 출판하는 문서선교기관으로서, 한 영혼이라도 구원되길 소망하면서 주님이 오시는 그날까지 최선을 다할 것입니다.

| 추천사 |

양승훈 총장
에스와티니 기독의대 총장, 창조론 오픈포럼 공동대표,
밴쿠버기독교세계관대학원 설립자/전 원장

학문의 동지요, 창조론 운동의 동역자인 박찬호 교수님의 신간 『창조신학 특강』의 출간을 축하드린다. 본서는 저자의 여러 글들을 모은 책이지만 이들의 일관된 주제는 과학과 기독교의 관계에 대한 복음주의적 시각이다. 먼저 제1부에서 저자는 근대 과학의 출현 이후 과학사에서 볼 수 있는 과학과 기독교의 관계를 추적하고 있다. 이어 제2부에서는 과학철학과 조직신학, 교회사, 성경신학 등의 영역에서 과학과 기독교의 관계를 살펴보고 있다.

본서는 근대 과학의 출현 이후 과학과 기독교의 다양한 상호작용을 추적하고 있지만 특히 두 분야에 집중하고 있다. 먼저 근대 과학이 탄생하던 16-17세기에 기독교적 배경을 가진 유럽에서 기독교와 과학이 어떻게 상호작용하면서 발전했는지를 비교적 자세히 소개하고 있다. 또한 본서는 19세기 중반에 출현한 다윈의 진화론으로부터 시작된 창조-진화의 논쟁을 집중적으로 소개하고 있다. 이처럼 두 기둥으로 이루어진 본서의 특징으로는 다음 두 가지를 들 수 있을 것이다.

첫째, 본서는 과학사의 여러 에피소드들을 <u>섬세하고 재미있는 필치로</u> 풀어내고 있다.

16세기의 코페르니쿠스의 지동설로부터 시작하여 갈릴레오와 뉴턴의 고전역학, 패러데이와 맥스웰의 전자기학, 20세기의 보어의 원자모형과 입자물리학의 표준모델, 생명공학이나 4차 산업혁명의 얘기들은 저자가 신학적, 인문학적 배경을 가진 분이라고 생각하기 어려울 정도로 과학의 내용을 깊이 있게, 그러면서도 재미있게 소개하고 있다. 화학이나 천문학, 지구과학 등의 얘기들은 포함되어 있지 않지만 본서의 두께를 생각한다면 이미 충분히 넓은 과학의 영역들을 다루고 있다고 할 수 있다.

둘째, 본서는 과학과 기독교의 관계를 <u>입체적으로</u> 제시하고 있다.

저자는 조직신학자이지만 본서에서 과학과 기독교의 관계를 설명할 때는 조직신학, 교회사, 성경해석학 등이 입체적으로 동원되고 있다. 저자의 오랜 신학적 학문 여정이 과학과 기독교의 관계를 풍성하게 제시하는 데 아낌없이 사용되고 있는 것이다. 특히 본서의 끝 부분에서 제시하고 있는 유신 진화론에 대한 심도 있는 비판은 다른 책에서는 찾아보기 어려운 백미라고 할 수 있다.

이외에도 제2부에서 기원 논쟁을 중심으로 다루고 있는 과학과 기독교의 관계에 대한 논의들은 저자의 오랜 신학적 훈련이 없었다면 상상하기 어렵다. 이데올로기로서의 과학주의, 현대과학의 환원주의적 특성, 성경무오 논쟁, 인간중심주의에 대한 복음주의적 반성은 신학적 내공이 없이는 다루기 어려운 내용들이라고 할 수 있다. 두껍지 않은 책에서 다양한 주제들을 다루고 있기 때문에 글들 간의 연계성이 다소 아쉽지만 본서에 포함된 글들 하나하나에서는 신학자의 예민한 감성이 깊이 묻어나고 있다.

저자는 본서가 신학교에서 강의한 내용에 기초하고 있다고 하지만 추천자가 보기에 본서는 신학생들 뿐 아니라 목회자들, 대학생들, 과학과 기독교의 관계에 관심을 가진 모든 분들에게 매우 유익할 것이라 확신한다. 세상에는 재미 있는 얘기들이 많지만 그 중에서도 현대 문명을 쥐락펴락하는 과학의 얘기들, 그것도 신학자가 풀어내는 과학의 뒷얘기들은 정말 재미있고 유익하다. 본서가 많은 사람들을 옳은 데로 돌아오게 하는 귀한 지혜의 책이 될 것이라 확신하기에 독자들의 일독을 권한다.

> 추천사

조 덕 영 소장
창조신학연구소

　창조와 관련된 이슈들은 초월의 영역이기에 근본적으로 신학의 문제이다. 신학이야말로 창조주 하나님의 지식을 탐구하기 때문이다. 그런데 여기에 섭리의 영역인 자연과학이 등장하기 시작한다. 즉 기독교 신학은 '모든 진리는 하나님의 진리'라 전제하기에 자연과학과도 역사 속에서 끝없는 접촉을 해왔다.
　하지만 신학의 언어와 자연과학의 접근 방식은 초월과 내재(內在)만큼 분명 이질적 영역이 존재하기에 대단히 정교한 해석이 요구된다. 이 미묘한 틈새를 바르게 메우는 작업이 바로 신학의 책임이다. 안타깝게도 신학은 늘 내재의 학문인 자연과학과의 역사 속 조우(遭遇) 가운데 미숙한 해석으로 인해 스스로 딜레마에 빠지는 누를 범하는 경우가 많았다.
　이 같은 신학의 반성은 '지능 대확산'과 '초지능'의 특이점을 향해 질주하는 21세기 디지털과 AI로 대별 되는 첨단과학기술시대에, 신학은 이 부분에 대해 어떻게 해석하고 과연 무엇을 전해야 할 것인지 그 근원적 질문에 답해야 한다는 더욱 무거운 책임을 역설적으로 신학에게 묻고 있다.

  이 같은 연구 작업은 하루 이틀에 가능한 일이 결코 아니다. 신앙과 신학과 자연과학과 과학철학에 대한 종합적이고도 정교한 내공이 수반되어야 하는 일이다.

  박찬호 교수야말로 이 신학의 본질과 자연과학 사이에 바른 길잡이 역할을 감당하기에 누구보다 잘 준비된, 성숙하고 탁월한 하나님의 귀한 신학자이다. 박 교수는 철학을 전공한 조직신학자로 본 『창조신학 특강』 저서를 통해 성경과 과학과 철학뿐 아니라 신학과 과학사와 현대 과학 동향에 이르기까지 그동안 꾸준히 추적해 온 다양한 분야에 대해 종합적·신학적으로 명쾌하게 평가하고 해석한다.

  기독교 신학의 기초로서의 바른 창조론은 21세기 더욱 그 중요성이 대두되고 있다. 이때 박 교수께서 이 귀하고 탁월한 책을 출간하게 된 것을 크게 기뻐하고 축하하며, 이 유익한 책이 필요한 많은 이들에게 읽혀지기를 기도하며 강력 추천한다.

10여 년의 세월
창조론 오픈 포럼을
함께 한
양승훈, 조덕영 박사에게

두 분이 아니였다면
이 책은 불가능했을 것입니다.

창조신학 특강

Special Lecture on Creation Theology
Written by ChanHo Park
All rights reserved.
Korean Edition Copyright ⓒ 2023 by Christian Literature Center, Seoul, Korea.

창조신학 특강

2023년 4월 28일 초판 발행

지 은 이	|	박찬호
편　　집	|	도전욱
디 자 인	|	박성숙
펴 낸 곳	|	(사)기독교문서선교회
등　　록	|	제16-25호(1980. 1. 18.)
주　　소	|	서울특별시 동대문구 천호대로71길 39
전　　화	|	02-586-8761~3(본사) 031-942-8761(영업부)
팩　　스	|	02-523-0131(본사) 031-942-8763(영업부)
이 메 일	|	clckor@gmail.com
홈페이지	|	www.clcbook.com
송금계좌	|	기업은행 073-000308-04-020 (사)기독교문서선교회
일련번호	|	2023-36

ISBN 978-89-341-2545-7(93230)

이 책의 출판권은 (사)기독교문서선교회가 소유합니다.
신저작권법에 의하여 한국 내에서 보호를 받는 저작물이므로 무단 전재와 무단 복제를 금합니다.

창조신학특강

박찬호 지음

CLC

목차

추천사

양승훈 총장 | 에스와티니 기독의대 총장, 창조론 오픈포럼 공동대표,
밴쿠버기독교세계관대학원 설립자/전 원장   1

조덕영 소장 | 창조신학연구소   4

들어가며   12

제1부
지동설에서 호모데우스까지

제1장	코페르니쿠스와 오시안더	21
제2장	티코 브라헤와 홍대용의 『의산문답』	34
제3장	케플러와 30년 전쟁	40
제4장	갈릴레오와 성경해석	46
제5장	뉴턴의 세 얼굴	58
제6장	다윈의 진화론	72
제7장	마이클 패러데이와 샌디먼파	84
제8장	원자와 소립자 그리고 쿼크	90
제9장	신과 주사위 놀이	95
제10장	생명공학의 출현	106
제11장	쇼클리와 실리콘 밸리의 출현	115
제12장	4차 산업혁명과 『호모 데우스』	128

제2부
젊은 지구론에서 유신 진화론까지

제1장	창조론의 중요성	144
제2장	창조론의 역사	155
제3장	자연과학과 신학의 관계	167
제4장	이데올로기로서의 과학주의	174
제5장	과학주의의 몰락	185
제6장	환원주의	194
제7장	맥그래스의 도킨스 비판	203
제8장	'설계'에 대한 맥그래스의 견해	215
제9장	자연과학에 대한 개혁신학의 자세	221
제10장	성경무오	233
제11장	창조의 연대	241
제12장	점진적 창조론-창조 내에서의 발전	245
제13장	복음주의와 유신 진화론	250
제14장	유신 진화론에 대한 웨인 그루뎀의 비판	253
제15장	유신 진화론 비판에 대한 평가	264
제16장	인간 중심주의에 대한 반성	273

글을 마치며 285

저자의 창조신학 관련 논문 목록 287

들어가며

이런 책이 필요할까 싶다. 과학을 제대로 공부한 분들이 이 분야와 관련하여 쓴 책들이 여럿 있다. 그리고 그런 책들을 읽으면 얼마든지 창조신학과 관련한 내용들을 잘 파악할 수 있다. 최근에는 만화로까지 이 부분과 관련된 책이 출간되어서 많은 사람이 쉽게 이 문제에 접근할 수 있게 되었다.[1]

나는 고등학교 시절 문과에서 공부하였다. 대학은 인문대학에서 철학을 공부하였다. 신학은 국내에서 목회학 3년, 미국에서 신학 석사와 박사 도합 7년을 공부하였고 귀국 후에는 20년 가까운 시간 동안 신학교에서 신학생들을 가르치고 있다. 자연과학과는 거리가 먼 인문과학 그중에서도 철학이나 신학에 40년 가까운 세월을 몸담고 있다.

나는 신앙의 연조가 있는 믿음의 가문에서 태어나지 않았다. 내가 태어나 자란 산골 마을에는 초등학교가 없어 위의 두 형님은 십리 길을 걸어 읍내 초등학교에 다녔고 마을에는 한 군데 교회가 있긴 했지만, 교회에 갔던 기억은 없다. 그러다가 5살 때 처음 본 기차를 타고 서울로 올라오게 되었고 초등학교 3학년 때부터 교회를 다니게 되었다. 내가 하는 말로 모태신앙인에 비하면 조기 편입생이라고 할 수 있다.

교회를 다녔지만 중·고등학교 시절 별반 진화론과 관련된 고민은 없었던 것으로 기억된다. 그러다가 대학 1학년 때 교양과목으로 당시 외대에서 출

---

1 김민석, 『창조론 연대기』 (서울: 새물결플러스, 2017).

강하던 박성래 선생에게서 과학사를 듣게 되었다. 당시 교재가 지금도 출간되고 있는 『과학사 서설』이었다. 첫눈 내린 날 쓴 책이라 그렇게 이름 지었다는 약간은 해학이 섞인 설명과 함께 부쩍 그 분야에 흥미를 가지게 되었다. 하지만 이후에 이런 관심을 더 발전적으로 이어가지는 못했다.

그러다가 대학 4학년 때 '과학철학'이라는 과목을 듣게 되었다. 5공 시절 해직되었다가 막 복직한 담당 교수는 무신론자였고 매우 호기 어린 말로 "무엇이든지 물어보라, 나 다 안다, 신학도 물어보라"고 했다. 이 부분 내 기억이 왜곡되었을 수도 있다. 뜬금없이 신학을 물어보라는 것이 말이 안 되기는 한다. 어쨌든 당시 수업 분위기가 그러했다는 것이다. 해직 교수라고 하는 명예(?)에 전체적으로는 반신앙적인 철학과의 분위기까지 더해졌던 수업 시간이었지만 당시 나는 30명 정도 되는 수강생들 가운데서 마음속으로 쾌재를 불렀다.

한마디로 과학이라고 하는 것이 절대적인 것이 아니라고 하는 것을 교만한 무신론자 교수가 가르치는 시간에 너무나 분명하게 깨닫게 되는 매우 희귀한 경험을 하였다. 그때의 내 심경을 간단히 말한다면 이런 내용들을 우리 그리스도인들이 좀 알았으면 좋겠다는 생각이었다. 그 수업의 교재는 칼 헴펠의 『자연과학의 철학』이라는 책이었다.[2]

많은 경우 그리스도인들이 막연하게나마 자연과학에 대해 두려움을 가지는 이유는 기독교 신앙에 대한 자신감이 결여되어 있기 때문일 것이다. 세속의 물결이라고 하는 것은 매우 거세게 몰아닥친다. 그런 면에서 세속에 물들지 않고 자신을 지키는 것은 매우 중요한 일이라고 할 수 있다. 하지만 세속에 물들지 않기 위해 세상을 등지는 것은 바른 선택지가 될 수 없다. 자연과학이 제시하는 세계관에 흔들리지 않는 방법의 하나는 자연과학과 담을 쌓고 살아가는 것이다.

---

2 Carl G. Hempel, 『자연과학 철학』, 곽강제 역 (서울: 서광사, 2010).

과학자들이 무슨 소리를 하든지 귀를 막고 사는 것이다. 하지만 이것은 바른 자세는 아닐 것이다. 혹여 과학에 대한 무지가 과학에 대한 막연한 두려움의 원인이 되고 있지는 않은지 돌아보아야 한다. 갈릴레오 시절 일부 그리스도인들은 갈릴레오가 망원경을 통해 발견한 사실을 받아들일 수 없었다. 그래서 망원경을 들여다보는 것 자체를 거부하기도 하였다. 그리스도인들은 그런 의미에서 과학의 연구 결과들에 대해 눈을 감고 귀를 막고 있으면 안 된다. 기독교 신앙에 대한 보다 큰 자신감을 가지고 눈과 귀를 열고 과학이론들에 대해 살펴볼 필요가 있다.

대학 4학년 때의 이런 경험은 신학교에서의 3년 동안의 신학 공부에서 그 이상의 진척이 있지는 못했다. 신학교 시절 학부에서 철학을 공부했다고 말하면 신학 공부에 도움이 되겠다는 말을 많이 들었지만 정작 무슨 도움이 되는지는 솔직히 잘 몰랐다. 특별히 과학철학 시간 때 느꼈던 감동과 관련해서는 말할 것도 없었다. 그저 지나간 한 날의 추억과도 같은 기억 속의 한 장면이 되어 버린 것이다. 이런 상태는 미국에 유학하여서도 마찬가지였다.

내가 신학 석사 과정을 공부한 칼빈신학교는 학교 이름에 있는 것처럼 칼빈주의 또는 개혁신학을 모토로 하는 학교였다. 칼빈신학교가 있는 미시간의 그랜드래피즈(Grand Rapids)라고 하는 곳은 한적하고 아름다운 곳이었다. 칼빈신학교가 캠퍼스를 공유하고 있는 칼빈대학은 기독교 세계관의 탄탄한 토대 위에 세워진 학교였다. 하지만 돌아보면 그곳에서의 신학 공부는 조금은 좁은 우물 안 개구리와도 같았다.

비록 칼빈대학이 기독교 세계관 위에 세워졌다고는 하지만 칼빈신학교에서 다른 학문에 관한 관심을 기울이기는 어려운 상황이었다. 다만 칼빈대학의 철학과에서 미국의 주도적인 철학자들인 앨빈 플란팅가와 니콜라스 월토스토릅이 배출되었다는 감명을 받은 것으로 족했다. 지금도 이 두 사람은 기독교 대학과 관련한 컨퍼런스에 주강사로 우리나라를 방문하곤 한다.

미국 동부 미시간에서 서부 캘리포니아로 옮겨 박사과정을 하게 되었는데 뜻하지 않게 대학 4학년 때의 감격을 회복할 기회를 얻게 되었다. 낸시 머피라고 하는 과학철학자를 풀러신학교에서 만난 것이다. 조직신학에서 아예 기독교철학 쪽으로 전과할까 하는 생각도 했지만, 박사논문의 내용 가운데 '하나님의 행동'에 대한 항목을 첨가하는 것으로 만족해야 했다.

귀국 후 신학교에서 신학생을 가르치고 있었는데 5년 정도의 기간 동안에 딱 한 번 자연과학과 신학의 관계에 대한 과목을 개설해서 신학 석사 과정에서 가르치는 시간을 가졌다. 그러다가 조덕영 박사의 연락받게 되었다. 창조론 오픈 포럼에 함께 해달라는 전화였고 별반 그 분야에 아는 것이 없다는 나의 손사래에 대해 조 박사는 그냥 내가 공부한 판넨베르크에 대한 것을 발표하면 된다고 회유(?)하였다.

그렇게 해서 나는 양승훈 조덕영 박사가 시작한 창조론 오픈 포럼에 참가하게 되었고 지금까지 10여 년이 넘는 세월을 함께 해오고 있다. 양승훈 조덕영 두 분은 우리나라 창조과학운동 초기에 함께 했던 분들이지만 지금은 일정 거리를 유지하고 있는 분들이다.

2008년에는 『복음과 상황』에 "어느 창조과학자의 회심을 옹호하며"라는 특집에 "자연과학과 신학의 바른 관계"라는 글을 게재하여 창조과학회의 젊은 지구론을 버린 양승훈 교수의 입장을 지지하는 글을 발표하였다. 이후에 나는 두 번 정도 공개적으로 내가 지적 설계론을 지지한다는 견해를 표명한 바 있다. 하지만 리처드 도킨스의 무신론적 진화론을 반대하는 알리스터 맥그래스에 대한 논문을 쓰는 가운데 설계이론을 버리게 되었고 현재는 밀라드 에릭슨의 점진적 창조론을 지지하고 있다.

신학자로서 나는 초대교회 교부인 이레니우스와 어거스틴의 창조론, 그리고 서양에서의 자연과학의 태동과 관련한 논의를 통해 중세신학을 대표하는 아퀴나스의 창조론을 살펴볼 기회를 얻게 되었고, 칼빈과 조나단 에드워즈의 창조론, 그리고 구 프린스턴의 찰스 하지와 벤자민 워필드의 창조론, 그리고 네덜란드의 신칼빈주의 신학자 헤르만 바빙크의 창조론을 살펴보게 되었다. 그 외 칼 바르트, 토렌스, 몰트만과 판넨베르크의 창조론, 프랜시스 쉐퍼와 로이드 존스의 창조론과 그리고 존 폴킹혼의 창조론과 종말론을 살펴볼 수 있는 시간을 가졌다. 서구에서 자연과학이 출현하게 된 원인을 추적하는 논문을 통해서는 생각보다 그 부분에 대한 논의가 만만치 않음을 확인하게 되었다.

나의 전공은 말하자면 조직신학에서 신론이라고 할 수 있다. "삼위일체 하나님의 초월성과 공간성"이 내 박사논문의 제목이다. 논문에서의 중요한 신학적 파트너는 세 사람이다. 판넨베르크와 몰트만 그리고 토렌스가 이들인데 말하자면 토렌스가 보수적이라면 판넨베르크와 몰트만이 다소 진보적인 면에서의 나의 신학적 대화의 파트너였다.

토렌스(T. F. Torrance)는 칼 바르트의 제자이며 일반적으로 신학과 자연과학의 대화에 가장 먼저 나선 사람으로 인정받고 있는 스코틀랜드의 신학자이다. 그는 이런 공로를 인정받아 1978년 템플턴 상을 수상하였다. 우리나라 장로교회의 뿌리라고 할 수 있는 스코틀랜드 장로교회 소속이지만 우리나라에서는 거의 알려지지 않았다. 토렌스의 아버지는 중국 선교사로 쓰촨성 청두(四川省 成都)에서 사역하였으며 지금 토렌스 가문은 스코틀랜드의 명문 가문이 되어 있다. 하나님이 선교사의 가문을 축복한 것이기에 나는 이 부분을 마음속 깊이 즐거워한다.

최근에는 기독교학술원 김영한 박사의 요청으로 유신 진화론에 대한 비판 논문을 발표하였다. 웨인 그루뎀은 보수적이고 성경적인 신학자라고 할 수 있는데 유신 진화론에 대한 그루뎀의 비판을 살펴보았다. 기본적인 입장에서 그루뎀에 동의하면서도 다소 설계론에 경도되어 있는 듯한 부분을 비판하였다. 2020년 12월에는 목회와 신학에 "신학자들의 창조론"이라는 글을 부탁받아 게재하게 되었다.

2021년은 바빙크와 워필드 서거 100주년이 되는 해였다. 바빙크는 아브라함 카이퍼와 함께 신칼빈주의 신학자로 알려져 있으며 우리나라 보수적 장로교 신학의 뼈대를 형성하고 있는 루이스 벌코프의 배후에 있는 신학적 권위라고 할 수 있다. 워필드는 찰스 하지와 함께 우리나라에 복음을 직접 전해준 미국 장로교회의 신학을 대표하는 사람이다. 각각 20세기 초반의 유럽이나 미국에서의 신학적인 흐름을 대표하는 사람들이라고 할 수 있다.

어느 정도 유신 진화론에 대해 여지를 두면서도 반대의 입장을 분명히 하였던 바빙크와 달리 워필드는 성경 무오를 믿으면서도 유신 진화론을 주장한 사람으로 오래도록 우리에게 알려져 있었는데 이 부분을 새롭게 살펴볼 수 있는 시간들을 가지게 되었다. 특별히 부산 고신대 개혁주의학술원에서 워필드의 창조론을 발표할 수 있는 시간을 주어 현대적인 의미에서의 유신 진화론을 워필드는 주장하지 않았을 것임을 주장하였다.

이상의 내용들이 내가 주로 창조신학과 관련하여 공부하고 발표하였던 것들이다. 백석으로 학교를 옮기고 나서 신대원 학생들을 대상으로 2-3차례 그리고 석·박사과정 학생들을 대상으로 "창조신학 특강"이라는 과목을 개설하여 가르쳤다. 어떻게 생각하면 이 책은 지금까지 가르쳐온 내용을 토대로 앞으로 가르치게 될 "창조신학 특강"이라는 과목의 교재라고 할 수도 있겠다.

내가 가르친 신학생들은 한두 사람을 제외하고는 대부분 대학에서 나와 같은 문과 쪽을 공부한 학생들이었다. 과학에 관한 한 거의 문외한들이라고 할 수 있었다. 일반적으로 신학생들이 인문학적인 소양이 부족하다는 비판을 많이 받고 그런 쪽에서의 보완이 필요하다는 지적이 많은데 표현은 조금 다르지만 나는 신학생들에게 자연과학 공부와 경제학 공부를 권한다. 보다 관심을 기울여야 하는 영역이라고 할 수 있다.

그래서 실제로 신학교에서의 "창조신학 특강"의 거의 절반가량의 시간은 과학사와 관련된 소개에 할애하곤 한다. 과학사에서는 창조신학과 관련하여 중요한 3가지 이정표가 있다.

첫째, 16, 17세기 지동설의 출현과 관련된 이야기이고,
둘째, 17세기 후반에 이루어진 뉴턴의 고전 물리학의 집대성과 관련한 이야기요.
셋째, 19세기 진화론의 등장이라고 할 수 있다.

물론 20세기 초반 물리학의 2대 발견이라고 할 수 있는 상대성이론과 양자역학의 등장도 빼놓을 수 없고 20세기 후반부터 이루어지기 시작한 생명공학에 대한 기초적인 소개까지 담다 보면 그 분량은 부쩍 늘어날 수밖에 없다. 여기에 4차 산업혁명에 관한 관심 때문에 IT 관련 분야를 추가하다 보면 한 학기 공부 분량을 초과하기는 시간 문제라고 할 수 있다. 이 책에서는 이 부분을 상세하게 다루지는 않겠다. 왜냐하면, 이 부분을 다루고 있는 좋은 책들이 주변에 많이 있기 때문이다. 다만 이 책에서는 기독교 신앙과 관련된 에피소드 중심으로 이 부분을 다루려고 한다.

제1부에서 과학사와 관련된 내용을 살펴본 후 제2부에서는 자연과학의 발달로 인해 제기되는 여러 가지 신학적 문제들을 다루어보려고 한다. 자연과학과 신학의 관계, 창세기 1장의 날에 대한 견해, 아담의 역사성에 대한 다양한 견해, 최근 미국 복음주의 일각에서 일고 있는 유신 진화론 논쟁에 대한 것을 살펴보려고 한다. 나는 오래된 지구론자라고 할 수 있다. 유신 진화론을 반대하는 입장이지만, 유신 진화론자들을 함부로 매도하지는 말자라는 입장을 가지고 있다.

글을 쓰며 뼈저리게 느끼게 된 것은 책을 쓰기로 한 결정이 정말 잘한 결정이었다는 것이다. 어떤 것을 가르칠 때 가장 효과적으로 배울 수 있다는 사실을 알고 있었지만 여러 차례 "창조신학 특강"을 가르쳤음에도 이 글을 쓰면서 그 어느 때보다도 많은 배움이 있는 시간이었다. 아마도 그 이유는 문자라는 고정된 형태로 책을 내는 것에 따르는 부담감과 책임감 때문일 것이다.

그리고 또 한 가지 깨닫게 된 사실이 있다면 우리가 알고 있는 수많은 사실이 너무나 주먹구구식이라는 것이다. 보다 자세히 살피지 못하고 대충 구렁이 담 넘어가듯이 얼버무리는 경우들이 얼마나 많은지 반성하게 되었다.

제1부와 제2부에 이어 제3부를 "창조윤리"를 다루는 부분으로 생각하고 책의 출판을 미루다가 그 부분에 대한 것은 생략하기로 하였다. 별도의 글을 쓰는 것이 여의찮아 이미 발표하였던 논문을 제2부 마지막 장에 수록하는 것으로 대신하였다. 독자들의 양해를 구한다. 코로나 이전에는 간헐적으로 하던 "창조신학 특강"을 역설적으로 코로나 이후에는 매년 2학기에 고정적으로 하고 있다. 대면이 불가능하기에 비대면으로 하다 보니 특별히 영상으로 보여주어야 할 내용들을 전달하는 데 많은 이점이 있었다.

이 책에서 다룬 내용 이외에도 영상으로 시청해야 할 내용들은 매우 많다고 할 수 있는데 가능한 대로 책 중간마다 소개해보도록 한다.

제1부

지동설에서 호모데우스까지

제1장　코페르니쿠스와 오시안더
제2장　티코 브라헤와 홍대용의 『의산문답』
제3장　케플러와 30년 전쟁
제4장　갈릴레오와 성경해석
제5장　뉴턴의 세 얼굴
제6장　다윈의 진화론
제7장　마이클 패러데이와 샌디먼파
제8장　원자와 소립자 그리고 쿼크
제9장　신과 주사위 놀이
제10장　생명공학의 출현
제11장　쇼클리와 실리콘 벨리의 출현
제12장　4차 산업혁명과 『호모 데우스』

제1장

코페르니쿠스와 오시안더

우리는 지구에 발을 붙이고 살아간다. 매일의 태양이 뜨고 지고 우리의 삶은 그렇게 흘러간다. 우주과학 시대에 4차 산업혁명의 시대를 살아가고 있지만 여전히 우리의 감각 경험은 지구가 움직인다는 생각을 받아들이기보다는 우리 주변의 천체들이 움직인다고 생각한다. 과학이론인 지동설보다는 천동설이 더욱 우리의 직관과 경험에 더 잘 어울리는 것이다.

> 둥근 해가 떴습니다 자리에서 일어나서
> 제일 먼저 이를 닦자 윗니 아랫니 닦자
> 세수할 때는 깨끗이 이쪽저쪽 목 닦고
> 머리 빗고 옷을 입고 거울을 봅니다
> 꼭꼭 씹어 밥을 먹고 가방 메고 인사하고
> 학교에 갑니다 씩씩하게 갑니다

작자 미상의 유명한 동요인데 과학적으로 보면 틀린 사실을 적시하고 있다. 그러나 그것을 우리는 문제 삼지 않는다. 만일 "둥근 해가 떴습니다"를 "지구가 돌았습니다"라고 표현해야 한다고 주장하는 사람이 있다면 머리가 살짝 어떻게 된 사람이 아닐까 생각하게 된다.

"내 나라 내 겨레"라는 대중가요가 있다. 김민기 작사 송창식 작곡으로 되어 있는 이 노래는 동해에 떠오르는 태양을 우리가 간직함이 옳다고 노래하고 있다.

보라 동해에 떠오르는 태양

누구의 머리 위에 이글거리나

피맺힌 투쟁의 흐름 속에

고귀한 순결함을 얻은 우리 위에

보라 동해의 떠오르는 태양

누구의 앞길에서 훤히 비치나

찬란한 선조의 문화 속에

고요히 기다려온 우리 민족 앞에

숨소리 점점 커져 맥박이 힘차게 뛴다

이 땅에 순결하게 얽힌 겨레여

보라 동해에 떠오르는 태양

우리가 간직함이 옳지 않겠나

숨소리 점점 커져 맥박이 힘차게 뛴다

이 땅에 순결하게 얽힌 겨레여

보라 동해에 떠오르는 태양

우리가 간직함이 옳지 않겠나

우리가 간직함이 옳지 않겠나

아침에 잠자리에서 일어나 우리는 동쪽에서 떠오르는 태양을 보며 하루를 살아갈 힘과 활력을 느끼곤 한다. 우리의 일상적인 삶과 과학적인 지식이 별반 관계없음을 보여주는 또 하나의 실례라고 할 수 있다. 이토록 우리의 일상적인 삶은 지동설이 아니라 천동설을 당연시한다. 왜냐하면, 그것이 우리의 일상적인 언어 관습이나 우리의 직접적인 관찰과도 부합하기 때문이다.

유튜브 영상 가운데 "평평이"를 검색하면 지금도 지구가 둥근 것이 아니라 평평하다고 주장하는 사람들이 미국인들 가운데 2%가 된다는 영상을 볼 수 있다. 미국 인구를 3억으로 잡으면 6백만 명이나 되는 숫자라고 할 수 있다. 나름 자신들만의 모임도 하고 조금씩 세를 불려 나가고 있다고 한다.

과학적으로 알려진 사실에 의하면 지구는 시속 1,600km의 속도로 자전하고 있다. 지구는 시속 10만 8천 km의 속도로 태양 주위를 돌고 있다. 태양은 시속 70만km가 넘는 속도로 은하 속을 이동하고 있으며 우리 은하는 시속 250만km로 우주 속을 이동하고 있다. 우주 공간 안에 어느 것 하나 고정적인 것은 존재하지 않는다. 우리의 경험이나 직관과는 어울리지 않는 사실이라고 할 수 있다.

지구가 둥글다는 것을 믿지 않는 사람들이 존재하는 이유에 대해 사람들은 더닝 크루거 효과(Dunning Kruger Effect)를 언급하고 있다. 더닝 크루거 효과는 인지 편향의 하나라고 할 수 있다. 잘못된 결정을 내려 잘못된 결론에 도달하지만, 그 잘못을 알아챌 능력이 없기 때문에 자기 잘못을 바로잡을 수 없는 현상을 가리킨다.

코넬대학교의 데이비드 더닝과 저스틴 크루거가 1999년 제안한 것인데 이들은 찰스 다윈의 "무지는 지식보다 더 확신을 두게 한다"와 버트런드 러셀의 "이 시대의 아픔 중 하나는 자신감이 있는 사람은 무지한데, 상상력과 이해력이 있는 사람은 의심하고 주저한다"는 말을 인용하고 있다. 우리나라 속담으로 하면 "무식하면 용감하다" 정도에 해당한다고 할 수 있다.

21세기 개명 천지에 지구가 평평하다는 확신을 가지고 살아가는 사람이 있지만 인류는 기원전 이미 지구가 둥글다는 것을 알고 있었다. 피타고라스(Pythagoras, c. 570 BC-c. 495 BC)는 지구가 원반 모양을 하고 있다는 당시 사람들의 통념에 대해 종교적인 이유로 지구가 원임을 주장하였고 이후에 아리스토텔레스(Aristotle, 384 BC-322 BC)는 3가지 근거를 들어 지구가 원임을 주장하였다.

첫째, 항해를 나가는 배의 모습이고
둘째, 월식 때 달에 비친 지구의 그림자 모양을 보면 항상 곡선이라는 것이다.

셋째, 지구상에서의 자그마한 위치 이동에도 불구하고 별자리가 바뀌는 현상을 근거로 지구가 둥글다는 주장을 하였다.

나름 과학적인 원리와 자연현상을 근거로 지구가 둥글다고 주장한 최초의 인물이 바로 아리스토텔레스라고 할 수 있을 것이다. 아리스토텔레스 이후 지구가 둥글다는 믿음은 고대 과학자들과 철학자들 사이에서 기정사실화 되었다. 하지만 그럼에도 사람들은 지구가 둥글다는 사실을 직관적으로 받아들이기 힘들어했다. 그 이유는 둥근 지구에 사람들이 잘 붙어 있는 이유를 설명할 수 없었기 때문이었다. 중력에 관한 생각이 없을 때이니 지구는 둥근데 왜 사람들이 땅에 잘 붙어 있는지는 설명하지 못했던 것이다.

지구는 사실 정확하게 원은 아니라고 할 수 있다. 일종의 타원체라고 할 수 있는데 지구의 적도 반지름은 6,378km이고 극 반지름은 평균 6,357km로 적도 반지름이 20여 km쯤 더 길다. 지구가 자전하는 까닭에 적도 쪽이 극보다 더 부풀어 있다. 하지만 그럼에도 이 오차는 매우 미미하다고 할 수 있다. 지구의 둥근 모양이 보통의 탁구공보다 더 동그랗다고 하니까 말이다. 지구가 둥글다고 하는 것을 알게 되고 이후에 지구의 크기를 최초로 정확하게 계산한 사람은 에라토스테네스(Eratosthenes, 276 BC-194 BC)라고 알려져 있다.

에라토스테네스는 알렉산드리아(Alexandria)의 도서관장이었다. 당대의 최고 지성인이었다. 그는 낮의 길이가 가장 긴 하짓날에 시에네(Syene, 지금의 아스완 Aswan)에서 그림자가 사라지는 현상에 대하여 보고받게 되었다. 에라토스테네스는 이를 지구가 둥글기 때문에 생기는 현상으로 이해하고 지구의 둘레를 4만 6천 km로 계산해 냈는데 이는 실제 지구 둘레인 4만 75km에 매우 근사한 것이었다. 이는 당시 과학기술의 발전 상태를 고려하면 대단히 놀라운 결과가 아닐 수 없다.

지구가 평평하다는 생각을 지금도 하는 사람들을 우리는 경멸하고 한심스럽게 생각할 수 있다. 하지만 고대 세계에 그런 생각을 했던 사람들을 우리는 충분히 이해할 수 있다. 마찬가지로 지구가 온 우주의 중심이고 지구를 중심으로 해와 달과 별들이 움직인다는 생각도 지금이야 말도 안 되는 주장이라고 치부할 수 있지만 500년 전에는 그야말로 상식적인 생각이었다고 보는 것이 좋을 것 같다.

지구중심설 또는 천동설(geocentric theory)의 대표적인 주창자는 프톨레미(Ptolemy, c. 100-c. 170)로 알려져 있다. 현재 전체 하늘에는 88개의 성좌가 있는데 그 가운데 북쪽 하늘에 있는 48 성좌를 설정한 사람이 프톨레미이다. 그의 저서 『메갈레 신탁시스』(*Megale Syntaxis tes Astronomias*, '천문학의 집대성'이라는 의미임)는 9세기에 아랍어로 번역되었는데 『알마게스트』(*Almagest*: 아랍어로 '가장 위대한 책'이라는 의미임)라는 이름이 붙여졌다.

원래의 헬라어 책은 현재 남아있지 않으며 나중에 12세기에 라틴어로 번역이 되어 전 유럽에 퍼지게 되면서 원래 제목보다 『알마게스트』로 더 잘 알려지게 되었다. 프톨레미의 이 책은 16세기 덴마크의 천문학자 티코 브라헤(Tycho Brahe, 1546-1601)나 17세기 초 독일의 천문학자 요한 바이어(Johann Bayer, 1572-1625)가 새로운 별자리를 설정하기까지 약 천 사백 년 동안 천문학자들의 경전으로 사용되었다.

프톨레미는 그리스의 천문학자로 알려져 있으나 실제로는 그의 활동무대는 이집트의 알렉산드리아였다. 전통적인 천동설을 수정하여 지구를 중심으로 달 수성 금성 태양 화성 목성과 토성이 돌고 있는데 행성들의 역행(逆行)과 달과 행성들과 태양의 공전 속도가 일정하지 않은 것을 설명하기 위해 이심원(離心圓, eccentric circle)이라고 하는 것과 주전원(周轉圓, epicycle)이라고 하는 것을 도입하였다.

행성의 공전은 지구를 중심으로 하는 원운동이 아니라 지구 바깥의 이심점을 중심으로 이심원이라는 원 궤도를 따라 돌게 되는데 이 이심원이라는 궤도를 따라 도는 행성들은 각각 일정한 크기의 원(이것을 주전원이라 한다)을 그리면서 돌고 있다고 본 것이다. 이런 이심원과 주전원을 도입하게 된 이유는 지금의 지동설에서 보면 쉽게 해결되는 행성의 역행을 설명하기 위함이었는데 이것 때문에 실제 프톨레미 체계는 매우 복잡했다.

프톨레미의 천동설의 배후에 있던 권위는 고대 그리스의 철학자 아리스토텔레스였다. 달을 기점으로 하는 하늘의 세계는 완전하며 달 아래 세상은 불완전하다. 천체는 완벽한 원운동을 하며 자신의 궤도를 돈다. 그리고 그 중심에 지구가 있다. 지상계는 흙, 물, 공기, 불의 4원소로 구성되어 있고 불완전하고 영속적이지 못하기 때문에 끊임없이 변화하는 세계이다. 반면에 제5원소인 에테르(ether)로 구성된 천상계는 완벽하고 영원한 세계이기 때문에 행성들의 등속원운동을 제외하면 어떤 변화도, 어떤 불완전함도 존재하지 않는다.[1]

이런 아리스토텔레스의 세계관은 중세를 지나 종교개혁 시대까지 지배적인 세계관이 되었다. 심지어 생물학에서는 진화론이 등장하던 시대까지도 종의 불변성과 관련하여 아리스토텔레스의 권위가 여전한 영향력을 행사하고 있었다.

근대적인 의미에서 지동설의 창시자라고 알려진 코페르니쿠스(Nicolaus Copernicus, 1473-1543)는 폴란드 사람으로 가톨릭 성직자였다. 부유한 상인이었던 아버지가 10살가량 사망한 이후 코페르니쿠스는 외삼촌이었던 에르멀란드(Ermeland)의 주교 루카스 바젠로데(Lucas Watzenrode the Younger, 1447-1512)의 집에서 생활하게 되었고 1491년 크라코브(Kraków)대학에서 공부하며 처음으로 천문학에 관심을 가지게 되었다. 1496년 외삼촌의 후견으로 이탈리아로 유학 간 코페르니쿠스는 법률과 의학을 공부하였고, 1503년 교회법으로 박사학위를 받았다.

귀국 후에는 외삼촌이 본당신부로 있는 하일스베르크(Heilsberg)에서 빈민들에게 의술을 베풀기도 하였고 1512년 외삼촌이 죽고 나서는 프라우엔부르크 성당의 신부로 취임하였으며 그때부터 야간에 옥상의 망성대에서 스스로 만든 측각기를 이용하여 관측을 시작하였다. 후대의 티코 브라헤와

---

[1] 박민아, 『뉴턴 & 데카르트: 거인의 어깨에 올라선 거인』 (파주: 김영사, 2006), 58.

는 달리 코페르니쿠스의 관측은 정밀하지 못했지만, 그는 이론가로서 탁월한 재능을 드러내게 되었다.

가장 이른 시기에 지동설을 주장한 사람은 고대 그리스의 천문학자였던 사모스의 아리스타르쿠스(Aristarchus of Samos, c. 310-c. 230 BC)였다고 알려져 있다. 그가 남긴 유일한 자료는 『태양과 달의 크기와 거리에 관하여』(On the Sizes and Distances of the Sun and Moon)라는 논문인데 태양은 달보다 지구에서 18배에서 20배 정도 먼 거리에 있는 것으로 주장하였다.

실제로 지구에서 태양의 거리는 달보다 400배 먼 거리에 있다. 아리스타르쿠스가 제안한 지동설은 아무런 증거나 경험적인 자료도 없는 것이었기에 당시 사람들의 조롱거리로 치부되고 말았다. 코페르니쿠스는 이탈리아 유학 시절 아리스타르쿠스의 지동설을 접한 것으로 알려져 있다.

위에서 말한 것처럼 프톨레미 천동설의 배후에 있던 권위는 고대 그리스의 철학자 아리스토텔레스였다. 그런 의미에서 보면 천동설에 대한 지동설의 도전은 중세 후반 유럽을 지배하고 있던 아리스토텔레스의 권위에 대한 도전과도 그 궤를 같이한다고 볼 수 있다.

> 그리스적인 것의 부활이란 관점에서 볼 때 코페르니쿠스의 새 학설은 아리스토텔레스보다는 플라톤적이었다. 사실상 그의 주장은 아무런 이렇다 할 새로운 증거나 새 관찰 결과를 바탕으로 나온 것은 아니었다. 눈에 보이는 현상을 뛰어넘는 이상 상태를 생각해냈다는 점에서 그의 태도는 플라톤적이었다.[2]

『천구의 회전에 관하여』(De revolutionibus orbium coelestium)는 1543년 코페르니쿠스가 출판한 책이다. 태양은 우주의 중심이며 지구는 태양 주위를 돈다는 태양중심설(지동설)에 관한 내용을 담고 있다. "회전"(revolutio)이라고

---

2   박성래, 『과학사 서설』 (서울: 한국외국어대학교출판부, 1997), 96.

하는 라틴어는 "혁명"으로 읽을 수도 있는 말이다. 당시로서는 가히 혁명에 가까운 주장이었다고 할 수 있다. 앞서 쓴 '짧은 해설서'는 『천구의 회전에 관하여』의 전신이 되었으며 꾸준한 연구를 통해 코페르니쿠스는 자신의 우주 모델에 관한 내용을 1532년에 거의 마무리 지었다.

1539년 5월 루터 종교개혁의 진원지인 비텐베르크 출신의 수학자이며 천문학자였던 레티쿠스(Georg Joachim Rheticus, 1514-1574)가 코페르니쿠스의 학생이 되어 2년을 거주하며 코페르니쿠스의 노트를 읽고 코페르니쿠스 체계에 관한 해설서를 집필해 1540년에 출판하게 되었다. 이 레티쿠스를 주선하여 코페르니쿠스와 함께 공부하도록 보낸 사람은 마르틴 루터(Martin Luther, 1483-1546)의 신학적 동지였던 필립 멜랑히톤(Philip Melanchton, 1497-1560)이었던 것으로 알려져 있다.

레티쿠스는 코페르니쿠스의 노트를 책으로 출판해야 한다고 강력하게 주장하였다. 결국 코페르니쿠스는 자신의 저서가 뉘른베르크에 있는 독일 출판업자에 의해 출판되는데 동의하였고 처음에는 레티쿠스의 감독 아래 이 일이 이루어지다가 레티쿠스가 뉘른베르크를 떠난 다음에는 루터파 신학자 안드레아스 오시안더(Andreas Osiander, 1498-1552)의 감독 아래에서 인쇄 작업이 진행되었다.

이 오시안더는 칼빈의 『기독교 강요』에 인간론과 기독론을 다루는 내용에 칼빈의 논적으로 등장한다. 하지만 그렇다고 오시안더를 악명높은 이단자였던 세르베투스(Servetus, 1511-1553)와 같은 사람으로 생각할 필요는 없다. 하나님과의 연합을 강조한 다소 신비적인 주장을 한 사람으로 이해하면 좋을 것 같다. 오시안더의 조카 중 한 명은 영국 성공회의 초기 지도자 토마스 크랜머(Thomas Cranmer, 1489-1556)의 아내가 되기도 하였다.

코페르니쿠스의 책이 출판되기 전부터 종교개혁자 마르틴 루터는 코페르니쿠스 모델에 반대하였다. '여호와가 그 자리에 서 있으라고 명령했던 것은 지구가 아니라 태양'이라는 말이 성경에 분명히 쓰여있다고 말하며 맹비난을 퍼부었다.

루터주의자였던 오시안더는 책의 내용이 사람들에게 환영받지 못할 것이며 교회와 마찰을 일으킬 것으로 생각하여 코페르니쿠스의 허락 없이 코페르니쿠스의 체계가 '계산상의 편의를 위한 추상적인 가설에 지나지 않는다'라는 내용의 서문을 추가하기도 하였다. 어쨌거나 지동설을 주장한 코페르니쿠스의 기념비적인 책의 출판을 감수하였다는 것 때문에 자연과학의 발전에 공헌하였다는 것이 오시안더의 공헌 중 하나로 제시되곤 한다.

칼빈도 『천구의 회전에 관하여』가 출간된 몇 년 후 "태양이 움직이는 것이 아니라 회전하는 것은 지구이고 지구가 돌고 있다"라고 주장하며 "자연의 질서를 뒤엎는" 사람들을 비난하는 설교를 하였다고 알려져 있다. 지동설을 반대하는 듯한 칼빈의 이런 주장에 대해서 어떤 사람들은 칼빈이 코페르니쿠스에 대해서 들은 바가 없었을 것이며 단지 전통적인 지질학적 우주론(the traditional geokinetic cosmology)을 표명하고 있다는 주장을 하기도 한다.

실로 코페르니쿠스의 지동설은 이후의 과학혁명의 테이프를 끊은 엄청난 혁명적인 주장이 아닐 수 없다. 하지만 코페르니쿠스 본인은 그렇게 생각하지 않았을 것이라는데 대부분 과학사가들은 동의한다. 코페르니쿠스 본인으로서는 천문학의 조그마한 개혁을 이루고자 했으리라는 것이다. "스스로는 대수롭지 않게 생각하고 한 일이 뜻밖에 엄청난 결과를 낸 경우를 역사에서 가끔 볼 수 있다."[3]

사실 "과학혁명"이라는 말은 1943년 알렉상드르 쾨레(Alexandre Koyré, 1892-1964)가 처음 이 말을 사용하였다고 하니 "르네상스"나 "종교개혁"에 비하면 비교적 최근에 등장한 용어라고 할 수 있다. 하지만 과학혁명이 서양의 역사에 미친 파장은 르네상스나 종교개혁을 뛰어넘는다고 말할 수 있을 것이다.

---

3   김영식, 『과학사』, 67.

그래서 근대 역사가 허버트 버터필드(Herbert Butterfield, 1900-1979)는 "르네상스란 중세적 정신의 표현에 불과하고, 종교개혁이란 기독교 전통 내부에서의 작은 변화였던데 비해, 과학혁명은 기독교 발생 이래 서양사에서 있었던 최대의 사건이었다."[4]라고 말하였다.

코페르니쿠스 시대에 프톨레미의 지구 중심 우주 체계가 새삼스럽게 문제가 된 데에는 두 가지 이유가 있었다.

첫째, 프톨레미 체계를 토대로 해서 만든 달력은 1년의 길이가 일정하지 않아 크게 불편하였다.

둘째, 프톨레미 지구중심설은 많은 결함을 지니고 있었는데, 당시의 천문학자들이 이를 해결하기 위해 제멋대로 고쳐 우주 체계가 걷잡을 수 없이 복잡해져 있었다.[5]

좁은 의미에서의 과학혁명은 1543년 코페르니쿠스가 『천구의 회전에 대하여』라는 책을 발간함으로써 시작된 것으로 보통 이해되고 있다. 그가 거의 숨을 거둘 때 인쇄가 끝났다는 이 책은 다음과 같은 점들을 내세우고 있었다.[6]

① 태양은 세계의 중심에 위치하고 움직이지 않는다.
② 항성은 항성 천구에 자리 잡고 역시 움직이지 않으며 항성 천구는 종래 믿었던 것보다 훨씬 더 먼 거리에 있다.
③ 지구는 다른 행성과 마찬가지로 태양 둘레를 공전한다.
④ 지구는 24시간에 한 번씩 지축을 중심으로 자전한다.
⑤ 달은 지구 둘레를 돈다.

---

4 박성래, 『과학사 서설』, 91에서 재인용.
5 김영식, 『과학사』, 67.
6 박성래, 『과학사 서설』, 94.

아직 행성의 궤도가 타원인 줄 몰랐던 코페르니쿠스였기에 복잡한 우주상을 아주 단순화 시키지는 못했고, 그 결과 80개에서 30개 정도로 주전원을 줄이는 정도로 만족할 수밖에 없었다. 전지전능한 하나님은 우주를 프톨레미의 우주상처럼 복잡하게 만들었을 리가 없다는 독실한 기독교 신자로서의 코페르니쿠스의 태도를 우리는 발견할 수 있다.

칼 헴펠은 코페르니쿠스의 지동설이 그에 의해 폐기된 프톨레미의 천동설보다 현저하게 단순하기 때문에 인정받았다고 말하고 있다. 물론 헴펠은 단순성에 대한 판정 기준이 다소 모호한 부분이 없지 않음을 인정하면서도 단순성이 과학에서 높이 평가된다는 점을 기꺼이 인정하고 있다.[7]

코페르니쿠스의 주장이 수용되기까지는 상당한 시간의 기간이 필요하였다. 어떤 면에서는 천동설보다도 지동설이 관측기록이나 자연현상에 대한 설명 능력이 떨어진다는 평가를 받기도 하였기에 코페르니쿠스 이후에 또 다른 천재들의 출현을 기다릴 수밖에 없는 상황이었다고 할 수 있다.

그레고리우스력의 등장

코페르니쿠스의 책은 사실 교황 바오로 3세(Paul III, 재위 1534-1549)에게 헌정되었고 우주를 설명하는 '가설'로서 유용성을 인정받았다. 교황청이 1582년 이 책을 이용해 그레고리우스력으로 달력을 개정하였다는 주장도 접할 수 있다. 당시로서는 행성들의 위치를 파악하는데 천동설이나 지동설이나 비슷한 수준이었다고 할 수 있다.[8]

시오노 나나미(しおのななみ, 1937-)는 『로마인 이야기』에서 BC 46년 율리우스 카이사르(Julius Caesar, BC 100-44)에 의한 율리우스력의 제정에 관해 이야기하고 있다. 태양력을 최초로 사용한 사람들은 이집트인들로 알려져 있다. 율리우스는 이집트 원정을 통해 태양력을 받아들이게 되었

---

[7] Carl Hempel, 『자연과학의 철학』, 곽강제 역 (서울: 서광사, 2010), 92f.
[8] https://terms.naver.com/entry.naver?docId=3580816&cid=59548&categoryId=59548.

는데 1년을 365일로 정하고 4년마다 윤년(閏年, leap year)을 두도록 하였다. 지금 알려진 지구의 공전주기는 365.24219878일이다. 정확하게 365.25일이 아니라 조금 모자라는 상황이기 때문에 시간이 지나면서 태양의 움직임에 비해 날짜가 뒤로 밀리는 문제가 발생하게 되었다. 그래서 1582년 교황 그레고리우스 13세(Gregory XIII, 재위 1572-85)는 율리우스력을 개정하였다.

교황 그레고리우스 13세가 율리우스력을 다시 개량한 이유는 16세기 후반에 천문학 연구가 급속히 발전하면서 지구가 태양 주위를 한 바퀴 도는 데 걸리는 시간이 365일 6시간이 아니라 365일 5시간 48분 46초라는 사실을 알았기 때문이다. 이 계산을 토대로 한 '그레고리우스력'이 율리우스력을 대신하여 오늘날까지 쓰이고 있다. 11분 14초의 오차를 판정하는데 무려 1천 627년이나 걸렸으니까, '율리우스력'은 그것이 만들어졌을 당시로서는 경이적일 만큼 정확했다고 말할 수밖에 없다. 그리고 '그레고리우스력'도 11분 14초만 정확해졌을 뿐, 달력의 개념은 '율리우스력'과 똑같다.[9]

보다 정확하게 말하면 그레고리우스력에서는 율리우스력에서 매 4년에 넣었던 윤년을 400년에 3번을 빼는 것으로 조정하였다. 즉 100년에 한 번씩 윤년을 넣는 것을 빼고 400년이 되는 해는 윤년을 넣는 식으로 조정한 것이다. 다시 말하면 400년에 100번의 윤년을 넣는 것이 율리우스력이었다면 97번의 윤년을 넣는 것이 그레고리우스력의 핵심적인 수정사항이었다.

부활절이 "춘분 후 보름이 지난 첫 주일"로 결정된 것은 니케아 공의회(325년)였다. 초대교회는 춘분을 부활절로 생각했는데 춘분이 이교도들의 축제와 겹치는 문제가 있어서 별도로 부활절을 지정할 필요가 있었다.

---

9 『로마인 이야기』, 5권 306.

325년 춘분은 3월 21일이었다. 그런데 1582년 춘분은 3월 11일이었고 10일의 시간이 앞당겨져 있었다. 그래서 1582년 달력에서 10일을 삭제하게 되었는데 요일은 그대로 유지되었다.

1582년 10월 4일 목요일 다음 날을 1582년 10월 15일 금요일로 조정한 것이다. 1582년 10월 5일에서 10월 14일이 해당하는 10일이 달력에서 삭제가 된 것이다. 율리우스력에서 무시한 시간은 0.0078일 즉 11분 14초였는데 대략 128년에 하루가 앞당겨지게 되는데 325년에서 1582년까지 1257년 동안 9.8일이 앞당겨져 있었기 때문이다.[10]

그레고리우스력은 가톨릭 국가들인 이탈리아나 스페인 그리고 프랑스에서는 달력 개정을 위한 교황의 칙서(*Inter gravissimas*)를 통해 즉각적으로 수용되었다. 하지만 개신교 국가들인 독일이나 네덜란드 그리고 덴마크 등은 18세기 초가 되어서야 그레고리우스력을 받아들였고 동방정교회 국가들은 20세기 초에 그레고리우스력을 받아들였다.

영국 성공회는 1752년 9월 2일 다음 날을 9월 14일로 정하여 12일을 삭제하였으며 러시아는 1918년 1월 31일 다음 날을 2월 14일로 정하여 14일을 삭제하였다. 받아들이는 시기가 늦을수록 삭제해야 하는 날 수가 많아졌다. 우리나라는 1895년 음력 11월 17일을 1896년 1월 1일로 정하여 그레고리우스력을 수용하였다.

---

[10] https://youtu.be/fhKiDlmXBCo

제2장

티코 브라헤와 홍대용의 『의산문답』

코페르니쿠스 이후에 우리가 주목해야 할 사람은 티코 브라헤(Tycho Brahe, 1546-1601)인데 코페르니쿠스와는 정반대의 인물이라고 할 수 있다. 탁월한 이론가였던 코페르니쿠스와는 달리 티코 브라헤는 탁월한 관측가였다. 그는 1576년부터 1597년까지 대략 20년간 망원경이 사용되기 전에 세계 천문학 역사상 가장 훌륭한 관측기록을 남겼다.

덴마크의 귀족 가문 출신이었던 브라헤는 1572년 카시오페아 자리에서 예상하지 않게 나타난 굉장히 밝은 별을 관측하였다. 고대 아리스토텔레스의 우주관에 의하면 달 궤도 위쪽의 천상계는 불변하지만 달 아래쪽의 지상계는 끊임없이 변화한다. 그러므로 당시 사람들은 이러한 현상이 달 아래쪽의 지상계에서 일어난 현상이라고 생각하였지만, 브라헤는 이 별이 달이나 다른 행성보다 훨씬 더 멀리 있는 별이라고 주장하였다.

이런 티코 브라헤의 발견은 지금 말로 하면 초신성(超新星, supernova)의 발견이라고 할 수 있다. 초신성이라는 단어의 의미는 새로운 별 중에서도 가장 최근의 별이라는 의미이지만 실제로는 수명을 다한 별이 마지막으로 내는 엄청난 폭발로 인한 불빛이라고 할 수 있다.

브라헤는 초신성의 발견으로 유명세를 치르게 되었고 덴마크 왕 프레데릭 2세(Frederick II, 재위 1559-88)는 1576년 티코 브라헤에게 벤(Hven)이라는 섬을 하사하고 '하늘의 성'이라는 뜻을 지닌 우라니보르(Uraniborg)라는 관측소를 지어주었다. 어마어마한 예산을 들여 이렇게 했던 이유는 당시 천문학이 점성술과 결합되어 있었기 때문이었다. 어느 정도 국가의 흥망성쇠가 점성술에 달려 있던 시대였기에 이런 대대적 투자가 가능했다.

브라헤의 또 다른 업적 가운데 하나는 혜성을 관측한 것이다. 1577년 티코 브라헤는 혜성을 달 아래의 현상이 아니라 달 위의 현상임을 보임으로써 다시 한번 유명세를 얻게 되었다. 하지만 1588년 프레데릭 2세가 사망하고 뒤를 이어 즉위한 아들 크리스티안 4세(Christian IV, 재위 1588-1648)와의 불화로 티코 브라헤는 1597년 벤 섬을 떠날 수밖에 없었다. 브라헤는 1599년 오스트리아 황제 루돌프 2세(Rudolf II, 재위 1576-1612)의 후원을 받아 프라하에 정착하였다.

1600년에는 독일에서 발령된 신교도 추방령으로 프라하에 이주해 살고 있던 요한네스 케플러(Johannes Kepler, 1571-1630)를 제자로 맞아들였고 1601년 브라헤가 사망한 뒤 그가 남긴 방대한 관측 자료는 케플러에게 남겨졌다. 케플러에 의하면 죽기 전날 브라헤는 다음과 같은 말을 끊임없이 되뇌었다고 한다. "헛된 삶이 아니었기를 … "(Let me not seem to have lived in vain).

초신성과 혜성을 관측하여 달 위의 천상계가 불변한다는 고대의 통념을 허무는데 커다란 기여를 한 브라헤였지만 천동설을 통째로 버리지는 못했다. 코페르니쿠스와는 달리 지구를 우주의 중심에 고정시킨 티코 브라헤는 그 대신 수성·금성 등은 지구 둘레를 도는 것이 아니라 태양 둘레를 돌고 그 태양이 행성을 거느리고 지구 둘레를 돈다고 믿은 것이다.

티코 브라헤의 우주관은 일종의 혼종적인(hybrid) 우주 체계라고 할 수 있다. 이 체계에서 태양과 달은 (아리스토텔레스-프톨레마이의 체계처럼) 지구 주위를 공전하지만, 다른 행성들은 (마치 코페르니쿠스 체계처럼) 태양 주위를 공전한다. 그의 체계는 이전의 모델들에 불만을 품었으나 지구가 움직인다는 것을 받아들이기를 주저하고 있던 천문학자들에게 안전한 대안을 제공했다. 이 가설은 1616년에 로마 교황청이 태양중심설은 철학과 성서에 반대되며 오로지 계산을 편리하게 하는 목적으로만 사용될 수 있다고 결정한 뒤에 더 많은 지지자를 얻게 되었다. 수학과 천문학을 깊게 공부했던 예수회 과학자들 대부분은 티코의 체계를 받아들였는데, 이들 중 일부는 티코의 체계를 중국에 전파하기도 했다. 또한 우리나라의 실학파 홍대용(1731-1783) 등도 바로 이런 우주관을 잘 알고 있었다. 다만 지구가 정지하고 있다고 브라헤가 주장한 것을 홍대용은 지구가 하루 한 번씩 자전한다고 고쳐 주장했을 따름이다. 이른바 홍대용의 지전설(地轉說)이 바로 그것이다.

> 서양에서는 땅이 구형이라는 지구설(地球說)이 월식 등의 증거를 통해 고대 그리스 시대부터 상식으로 받아들여지는 데 반해 지구가 돈다는 지전설은 종교적 신념 때문에 쉽게 받아들여지지 않았다.[1]

일단 여기에서 우리가 생각하게 되는 것은 과학 발전이라고 하는 것이 일직선의 상태로 이루어지는 것은 아니라고 하는 것이다. 한 시대 한 사람에 의해 발전과 진전이 있은 다음 또 다른 사람에 의해 어떤 부분은 뒤로 퇴보하기도 하고 다시금 숨을 고른 다음 결정적인 도약을 하기도 하는 것이 과학의 발전과정임을 생각하게 된다. 티코의 체계(Tychonic System)는 과거로 회귀한 것 같았지만, 코페르니쿠스가 하지 못했던 혁신적인 생각을 포함하기도 했는데 그것은 천구(天球, celestial spheres)라는 생각을 완전히 버린 것이라고 할 수 있다.

고대인들은 행성이나 항성이 투명한 수정구에 붙어서 회전한다고 생각했는데 코페르니쿠스조차 행성들이 태양의 주위를 돌 때 이런 수정구에 붙어서 돈다고 생각했다. 그런 의미에서 코페르니쿠스의 기념비적인 저술 제목의 번역은 『천체의 회전에 대하여』가 아니라 『천구의 회전에 대하여』가 맞는다는 지적은 정당하다고 할 수 있다.

티코는 두 가지 면에서 천구의 존재를 버리지 않으면 안 되었다.

---

[1] 홍성욱, 『그림으로 보는 과학의 숨은 역사』, 70.

첫째, 혜성에 대한 관찰로부터 혜성의 궤도가 다른 행성의 궤도와 겹치기 때문에 이런 수정구는 존재할 수 없다고 생각했고, 그래서 자신의 새로운 체계를 제창하면서 수정구를 모두 없애 버렸다.

둘째, 티코가 제안한 체계에서 화성의 궤도는 태양의 궤도를 가로질러서 회전했고, 태양과 화성이 모두 수정구에 붙어 있다면 이런 일은 일어날 수 없었기 때문이다. 이렇듯 수정구로서의 천구를 버리는 작업은 이후 케플러와 같은 후대의 천문학자들이 원운동에 대한 집착에서 벗어나 타원운동을 제창하게 되는 하나의 계기를 제공해주었다.

티코 브라헤는 그가 죽기 1년 전 수학적 재능이 뛰어난 케플러를 그의 곁에 불렀는데 그가 젊은 케플러에게 바란 것은 자기가 20년간 모은 관측 자료를 이용하여 자기의 우주관을 증명해 줄 것을 기대했다. 그러나 그의 기대와는 반대로 코페르니쿠스 설을 믿고 있던 케플러는 바로 브라헤의 관측기록에 힘입어 엉뚱하게도 타원궤도설을 확립하게 된다. 물론 케플러의 공헌은 바로 티코 브라헤의 20년간의 관측 자료에서 가능했음을 잊어서는 안 된다.

서울대학교 생명과학부 교수이자 과학사 및 과학철학협동과정 교수인 홍성욱의 『그림으로 보는 과학의 숨은 역사』에는 티코의 체계와 관련하여 흥미로운 두 가지 그림에 관한 이야기가 등장한다. 티코의 체계는 급진적인 지동설을 받아들이기 어려웠던 기독교 신자들의 타협안이 되었다. 예수회 선교사 지오바니 리치올리(Giovanni Battista Riccioli, 1598-1671)의 『새로운 우주 체계』(*New Almagest*, 1651)라는 책의 표지 그림 상단에는 당시의 천문학의 새로운 발견인 토성과 목성 그리고 달이 묘사되어 있는데 이 그림은 저울을 들고 있는 천문학의 여신인 우라니아와 정의의 여신인 아스트라이아를 섞어 놓은 형상이다.[2]

---

2 홍성욱, 『그림으로 보는 과학의 숨은 역사』, 67.

천문학의 여신 우라니아는 두 개의 우주 체계를 저울에 달아 비교하고 있는데 티코의 체계가 더 우수하다고 생각한다. 그림의 하단에 있는 노인은 프톨레미인데 오른편 바닥에 내팽개쳐져 있는 것은 지구중심설 체계이다. 이미 프톨레미의 체계는 구시대의 유물이 되었지만, 코페르니쿠스의 체계는 수용되지 않고 있고 일종의 중간 형태인 티코의 체계가 더 지지받고 있음을 확인하게 해주는 그림이라고 할 수 있다.

홍성욱 교수가 제시하고 있는 또 다른 그림은 요한 가브리엘 도플메이어(Johann Gabriel Dopplemayr, 1677-1750)와 요한 뱁티스트 호만(Johann Baptist Homann, 1664-1724)의 『우주의 지도』(*Atlas Coelestis*, 1742)라는 책에 나오는 그림이다. 이들은 티코의 체계에 호의적이며 그리고 상세히 티코의 체계에 대해 다루고 있다. 하지만 이 그림에서 천문학의 여신 우라니아는 브라헤와 코페르니쿠스의 두 체계를 비교하고 있지만 코페르니쿠스의 태양중심설을 선택하고 있다. 땅바닥에는 어떤 옛날 체계가 반 조각이 난 채 뒹굴고 있다. 바로 아리스토텔레스-프톨레미의 지구중심설이다.

이제는 코페르니쿠스의 체계가 티코의 체계보다 우월하다는 것이 확연히 드러나게 되었기에 더 이상 지동설이 논란의 대상이 아님을 보여준다.

> 이 시기가 되면 지구의 자전과 공전은 의심의 여지가 없는 과학적 사실이 된 것이다.[3]

---

3 홍성욱, 『그림으로 보는 과학의 숨은 역사』, 71.

연주 시차

티코 브라헤가 코페르니쿠스 체계를 받아들이지 않은 이유는 무엇일까?

비록 당시로서는 가장 정밀한 기구를 사용하였지만, 망원경이 만들어지기 이전 관측이 가지는 한계 때문이었다고 할 수 있다. 또 한 가지 이유는 실제로는 지구에서 가장 가까운 항성이라 해도 브라헤가 가정했던 것보다 엄청나게 더 멀리 있기 때문이었다. 그래서 브라헤는 결국 항성의 연주 시차(年周 視差, annual parallax)와 같은 것을 발견하지 못하였고 지구가 움직인다는 코페르니쿠스의 가설을 거부하였다.

연주 시차는 지구가 태양을 중심으로 공전운동을 함에 따라 천체를 바라보았을 때 생기는 시차인데 "실제로는 지구에서 가장 가까운 항성이라 해도 브라헤가 가정했던 것보다는 엄청나게 더 멀리 있으므로 시차 측정은 훌륭한 망원경과 아주 정밀한 기술이 필요하다." 헴펠에 의하면 항성의 연주 시차에 대한 측정이 최초로 인정받게 된 것은 1838년에 이르러서야 겨우 이루어졌다.[4]

---

4   Hempel, 『자연과학 철학』, 60.

제3장

케플러와 30년 전쟁

케플러(1571-1630)에 대해 생각하기 전에 먼저 지적해야 하는 것이 있다면 그것은 케플러가 사실은 우리가 다음에 다루게 될 갈릴레오보다 나이가 많지 않았다는 점이다. 그럼에도 우리가 갈릴레오(1564-1642)보다 케플러를 먼저 다루는 이유는 위에서 우리가 다루었던 티코 브라헤와의 관계 때문일 것이다.

케플러는 가난한 집에서 출생하였고 병약했던 것으로 알려져 있다. 하지만 어려서부터 수학적인 재능을 나타내었고 천문학에 관심을 가지게 되었지만, 홍역으로 인해 시력에 손상을 입었고 손을 제대로 쓰지 못하였기 때문에 천문관측에는 장애를 가지고 있었다. 1589년부터 성직자가 되기 위해 튀빙겐에서 공부하며 케플러는 루터파 천문학자였던 미카엘 마에스틀린(Michael Maestlin, 1550-1631)으로부터 천문학을 배웠는데, 마에스틀린은 몇 안 되는 초기 코페르니쿠스주의자 중 한 명이었다.

> 당시 독일의 루터교도들은 자비로운 신이 창조한 우주를 연구하는 것은 신의 은총을 드러내 보이는 일이라고 생각하여 천문학 연구에 매진했다.[1]

케플러는 루터교 목사가 되기를 원했지만, 공부를 마칠 어간에 오스트리아 그라즈(Graz)에 있는 개신교 학교에서 수학과 천문학 교사 자리를 제안

---

1   홍성욱, 『그림으로 보는 과학의 숨은 역사』, 75.

받고 1594년 22살의 나이에 그 제안을 받아들이게 된다.

그리고는 24살의 젊은 나이에 케플러는 『우주의 신비』(*Mysterium Cosmographicum*)라는 소책자를 출간하여 코페르니쿠스의 체계에 대해 지지를 표명하였다. 『우주의 신비』는 "케플러의 여러 저술 중 가장 덜 알려진 책이지만, 어찌 보면 가장 '케플러다운' 책이기도 했다. 신학적이고 또 신비주의적인 이유로 평생 우주의 수학적 조화를 찾으려 했던 노력의 출발점을 여기에서 엿볼 수 있기 때문이다."[2]

지금까지 알려진 완전 다면체는 5개이다. 정 4면체, 정 6면체, 정 8면체, 정 12면체, 정 20면체가 바로 그것들이다. 이런 정다면체를 발견한 사람은 플라톤이었던 것으로 알려져 있고 그래서 이들 다섯 개의 다면체는 "플라톤의 다면체"로 불리기도 한다. 케플러는 이 다섯 개의 정다면체를 태양계의 행성에 적용하였다. 지구를 제외한 토성 목성 화성 금성 수성이 각각 정 6면체, 정 4면체, 정 12면체, 정 20면체, 정 8면체에 대응한다. 맨 바깥쪽에 정 6면체에 외접하는 구가 토성의 궤도이다.

이 정 6면체에 내접하는 구가 목성의 궤도이다. 즉, 정 4면체에 외접하는 구가 목성의 궤도이다. 이 정 4면체 안에 내접하는 구가 화성의 궤도인데 이 구 안에 내접하는 다면체가 정 12면체이다. 이 정 12면체에 내접하는 구가 바로 지구의 궤도이다. 지구에 내접하는 정 20면체에 내접하는 구가 금성의 궤도이고 금성에 내접하는 정 8면체에 내접하는 구가 수성의 궤도이다. 그 중앙에는 태양이 자리를 잡고 있다.[3]

우주에는 6개의 행성만이 존재하고, 기하학적 완전 다면체가 5개만이 존재하는 까닭은 바로 이것들이 이처럼 서로 관련되었기 때문이라는 케플러의 주장은 물론 과학적 근거에서 나온 결론은 아니다.

---

2 홍성욱, 『그림으로 보는 과학의 숨은 역사』, 78.
3 홍성욱, 『그림으로 보는 과학의 숨은 역사』, 78f.

하지만 놀라운 것은 이렇게 만든 궤도가 실제 태양계의 행성 거리와 근접하게 들어맞았다는 것이다.[4]

태양계의 행성이 8개로 늘어나면서 케플러의 생각은 이제 완전히 역사의 유물이 되었지만, 그의 첫 책은 당시 최고의 천문학자였던 티코 브라헤의 관심을 끌 만했다.

1597년 벤 섬을 떠나 1599년 오스트리아 황제 루돌프 2세의 후원 아래 체코의 프라하에 정착한 티코 브라헤는 죽기 1년 전인 1600년 자신의 우주 체계를 입증해주기를 기대하며 케플러를 자기 조수로 맞아들였다. 브라헤와 케플러는 각자의 장점이 극명하게 갈리는 대조적인 성격의 사람들이었다. 하지만 시너지 효과를 내기에는 일단 서로의 견해차가 너무나 분명해 보였다. 가장 큰 것은 코페르니쿠스의 지동설에 대한 견해차였다.

티코 브라헤는 코페르니쿠스의 이론의 장점을 잘 알고 있었지만, 기존의 지구 중심의 세계관을 포기하지 않은 일종의 혼합적인 체계(Tychonic System)를 주장하였다. 반면에 케플러는 코페르니쿠스의 지동설을 수용하였다. 케플러를 자기 조수로 받아들인 브라헤지만 좀처럼 자신의 관측기록을 케플러에게 넘겨주려 하지 않았다. 다행히 브라헤와 케플러의 대립은 브라헤의 갑작스러운 죽음을 통해 해결되고 브라헤의 20년에 걸친 엄청난 관측 자료가 케플러에게 넘어가게 된다.

케플러는 코페르니쿠스의 지동설을 받아들이고 있었지만, 여전히 코페르니쿠스의 이론에는 허점이 있었다. 그것은 어떤 면에서 프톨레미의 천동설보다 개념적으로 단순하긴 했으나 실제 천체의 위치를 예측하는 데에는 오히려 정밀하지 못한 부분이 있었다. 그 이유는 코페르니쿠스의 한계를 보여주는 것인데 여전히 천체들이 완전한 원운동을 한다고 고집했으며 천체들이 수정구에 붙어 있다고 생각했다. 이런 코페르니쿠스에서 한 걸음

---

[4] 홍성욱, 『그림으로 보는 과학의 숨은 역사』, 79.

더 나아가 천상의 비밀을 더 확실하게 세상에 내보인 사람이 바로 케플러라고 할 수 있다.

그리스 자연관의 가장 큰 특징의 하나는 "원형의 전설" 즉 원형에 대한 존경심이었다. 케플러는 바로 이 원형의 전설을 파괴하고 타원궤도설을 주장하였다. 이런 케플러의 과업은 브라헤의 관측 자료와 행성의 이론적 운동 사이에 모순이 있는 것을 해결하려는 노력 가운데 이루어졌다. 케플러는 화성의 움직임을 중심으로 연구하였는데 관측에 의한 운동에 맞는 화성의 궤도를 여러 가지로 고안해 보았으나 조금씩 맞지 않는 부분이 발견되었다.

그리고 그 오차는 프톨레미나 코페르니쿠스의 것이라면 관측의 잘못으로 넘겨버릴 수 있을 정도로 사소한 것이었다. 하지만 브라헤의 철저한 관측 기술을 잘 아는 케플러는 브라헤의 관측 결과만큼은 절대로 믿을 수 있다는 생각으로 70여 번에 걸친 시도 끝에 결국 원 궤도를 버리고 타원궤도를 채택하게 되었다.

케플러는 1609년 『새로운 천문학』(*Astronomia nova*)을 써서 "케플러의 3법칙" 중 처음 두 법칙의 발견을 발표했다. 행성은 타원궤도를 그리며 태양은 그 초점의 하나라는 제1법칙은 1605년에서야 발견하였다. 그러나 "면적속도의 법칙"이라 알려진 제2 법칙은 그보다 3년이나 앞서 1602년에 발견하였다. 그의 제3 법칙, 즉 행성의 공전주기의 제곱은 태양과 행성 사이의 평균 거리의 세제곱에 비례한다는 법칙은 그보다 10년 뒤인 1619년에야 발표되었다.

제1 법칙: 행성은 타원 궤도를 따라 움직이고 태양은 그 타원의 초점에 있다.
제2 법칙: 행성과 태양을 연결하는 동경은 같은 시간 동안에 같은 넓이를 휩쓴다.
제3 법칙: 행성의 주기(행성이 궤도를 한 바퀴 도는 데 걸리는 시간)를 제곱한 것은 행성과 태양 사이의 평균 거리를 세 제곱한 것에 비례한다. 즉 멀리 떨어

져 있는 행성일수록 더 천천히 움직이되, 그 관계가 수학 공식 $P^2=a^3$을 정확하게 따른다.[5]

분명히 그의 업적은 놀라운 것이었다. 하지만 케플러의 타원궤도설은 이렇다 할 반응을 얻지 못했다. 1632년 말썽의 씨앗이 된 책을 지으면서 갈릴레오는 케플러가 자신의 책을 보내주었음에도 케플러의 타원궤도설을 완전히 무시한 채 원형의 우주 운동을 말하고 있다. 만일 갈릴레오가 케플러가 제안한 것을 받아들여 "원을 버렸다면 뉴턴과 같은 종합을 할 수 있었을지도 모른다"[6]라고 과학사가들은 추측하기도 한다.

유럽 전역을 배경으로 하는 가톨릭과 개신교 사이의 전쟁이었던 30년 전쟁(1618-1648)은 군인만 100만 명이 전사하고 전체 사망자 수는 800만 명에 육박하는 참혹한 전쟁이었다. 수 많은 사람의 삶이 파탄에 이르렀는데 그중 한 명이 바로 케플러였다. 케플러는 군사들이 옮긴 전염병에 부인과 아들을 잃었고, 그를 후원하던 황제는 폐위되었으며 케플러 본인은 교리 문제로 루터파로부터 파문당했다.

> 케플러는 다시 난민의 신세로 떨어졌다. 구교도와 신교도 양편 모두 입으로는 성스러운 전쟁이라고 떠들어댔지만, 실은 영토와 권력에 주렸던 이들이 종교의 광신적 측면을 자신들의 목적에 이용했을 뿐이다.[7]

씁쓸하기는 하지만 칼 세이건(Carl Sagan, 1934-96)의 이런 30년 전쟁에 관한 서술에 동의하지 않을 수 없다.

케플러가 스스로 지은 비문은 이러했다고 한다.

---

5 칼 세이건, 『코스모스』, 140, 141, 143f.
6 김영식, 『과학사』, 79.
7 칼 세이건, 『코스모스』, 147.

어제는 하늘을 재더니, 오늘 나는 어둠을 재고 있다. 나는 뜻을 하늘로 뻗쳤지만, 육신은 땅에 남는구나.

케플러의 묘는 30년 전쟁으로 사라졌다. 칼 세이건은 오늘날 케플러의 묘비가 다시 세워진다면 그의 과학적 용기를 기리는 뜻에서 이런 문장을 새길 것을 제안하고 있다.

그는 마음에 드는 환상보다 냉혹한 현실의 진리를 선택한 사람이었다.[8]

세이건은 케플러가 자신의 일생을 바쳐 추구한 목표가 행성의 움직임을 이해하고 천상 세계의 조화를 밝히는 것이었는데 이러한 목표는 그가 죽고 36년이 지난 후에 결국 열매를 맺게 되었다고 말하고 있다. 아이작 뉴턴의 연구와 관련하여 물리학의 기적의 해인 1666년을 지칭하고 있는 것이다.[9]

뉴턴에 대한 이야기를 하기 전에 우리가 먼저 살펴보아야 할 사람이 한 명 더 있다. 케플러가 티코의 천문관측 기록을 넘겨받아 작업을 했다면 막 등장한 망원경으로 직접 천문관측을 한 사람이 바로 갈릴레오 갈릴레이 (Galileo Galilei, 1564-1642)다.

---

8   칼 세이건, 『코스모스』, 152.
9   칼 세이건, 『코스모스』, 153.

제4장

갈릴레오와 성경해석

 천동설이 지배적인 세계관이었던 시대에 코페르니쿠스가 지동설을 주장한 것은 코페르니쿠스적 전환(Copernican Turn)을 이룬 사건으로 역사에 길이 남아 있다. 철학에서는 이 코페르니쿠스적 전환은 임마누엘 칸트(Immanuel Kant, 1724-1804)의 비판 철학을 지칭하는 데 사용되곤 한다. 즉 인식 대상인 외부 세계에 관한 관심으로 이루어지던 형이상학 중심의 철학에서 인식 주관을 대상으로 하는 인식론 중심의 철학으로 무게 중심이 옮겨온 것을 이르는 말로 사용이 된다.

 마치 온 우주의 중심에 우리 인류가 살아가고 있는 지구가 있고 나머지 천체들은 지구를 중심으로 돌아가는 것으로 생각하던 천동설에서 다른 행성들과 마찬가지로 지구도 태양을 중심으로 돌아간다는 지동설로의 전환은 외부에 있는 객관적인 인식의 대상에 관한 관심에서 인식 주관 즉 이성에 관한 관심으로의 전환과 비견할 수 있을 것이다.

 대학 시절 철학과 사무실에는 두 개의 그림과 한 사람의 철학자 사진이 걸려 있었던 것으로 기억된다. 양편으로 칸트와 루드비히 비트겐슈타인(Ludwig Wittgenstein, 1889-1951)의 초상화와 사진이 있었고 가운데 있던 그림은 라파엘(Raffaello Sanzio, 1483-1520)의 "아테네 학당"(The School of Athens)이라는 그림의 중앙에 있는 플라톤과 아리스토텔레스를 캡쳐한 그림이었다. 왼쪽에 있는 스승 플라톤의 오른손가락은 위를 가리키고 있다.

 플라톤은 우리가 살아가고 있는 이 세상이 이데아 세계에 대한 그림자라고 생각했다. 그가 들고 있는 책은 자신의 책 『티마에우스』(Timaeus)이다.

그렇지만 플라톤의 옆에서 역시 오른손 바닥이 땅을 향하고 있는 사람은 플라톤의 제자 아리스토텔레스이다. 그가 들고 있는 책은 자신의 책 『니코마코스 윤리학』(*Nicomachean Ethics*)이다. 아리스토텔레스는 플라톤의 이데아 세계가 현상계 가운데 실재하고 있다고 주장하였다.

플라톤과 아리스토텔레스

플라톤은 자신이 세운 아카데미아의 정문에 "기하학을 모르는 자는 이 문을 들어오지 말라"는 현판을 내걸었으며 자신의 저서 『국가』에서 "기하학은 아래로 향하는 우리의 영혼을 위로 향하도록 철학적인 마음가짐을 만들고 영혼을 진리로 이끌어가는 학문"이라고 규정하기도 하였다. 하지만 플라톤에게는 기하학 이외에 생물학이나 물리학과 같은 분야들은 굳이 연구할 가치가 없는 것들이었다.[1]

근대에 들어서 지동설을 주창한 첫 번째 사람은 코페르니쿠스로 알려졌지만 지동설과 관련하여 가장 유명한 인물은 아마도 갈릴레오 갈릴레이일

---

1 김태호, 『아리스토텔레스 & 이븐 루시드: 자연철학의 조각 그림 맞추기』 (파주: 김영사, 2007), 43f.

것이다. 왜냐하면 코페르니쿠스는 자신이 죽던 해에 가서야 지동설을 주장하는 책을 출간하였기에 비교적 평온한 삶을 살았지만, 갈릴레오는 그 유명한 종교재판을 통해 자신의 지동설을 철회하도록 강요받았고 그로 인해 평생 가택 연금 상태에서 살 수밖에 없었기 때문이다. 갈릴레오는 비교적 최근에야 가톨릭교회에 의해 복권되었다. 그래서 갈릴레오 사건은 과학과 신앙의 대립이라고 하는 그릇된 인상을 남긴 대표적인 예로 빈번하게 거론되곤 한다.

갈릴레오 이전에 지동설을 주장한 것을 이유로 교회의 박해를 받아 화형까지 당한 사람은 지오다노 브루노(Giordano Bruno, 1548-1600)가 대표적이라고 할 수 있다. '지동설과 범신론을 주장하는 이단자'라는 죄목으로 브루노는 7년 동안 투옥되었으나 끝내 자신의 주장을 굽히지 않았기 때문에 화형에 처해졌다. 브루노는 코페르니쿠스의 지동설에 기초하여 자연을 신의 현현이라고 생각하였으며 무한한 우주를 주장하였다.

자신의 신념을 위해 목숨을 내버린 브루노와는 달리 갈릴레오는 당시 가톨릭교회의 권위에 굴복하여 자신의 지동설을 철회하였다. 1633년 6월 22일 과연 갈릴레오가 "그래도 지구는 돈다"(*Eppur si muove*)라는 말을 종교재판정에서 나오면서 했는지에 대해서 전문가들의 의견은 부정적이다. 1616년 2월 26일 갈릴레오는 지동설을 논하거나 옹호하지 않겠다는 서약을 교황청 금서 목록위원인 벨라르미(Robert Bellarmine, 1542-1621) 추기경 앞에서 했다.

이 서약을 어겼다는 것이 종교재판에서의 유죄의 중요한 근거였다. 형벌로는 종신 가택 연금과 이후 3년 동안 매주 한 번 '7대 참회 시편'인 시편 6편, 32편, 38편, 51편, 102편, 130편, 143편을 음송할 것, 그리고 사후 장례식을 하거나 묘비를 세우는 것을 금지한다는 명령을 받았다.

시편의 여러 시에 대하여

시편에는 여러 형태의 시들이 등장한다. 가장 흔한 시편은 탄식시가 아닐까 싶다. 원수 때문에, 환난 때문에 너무나 힘들고 아파 탄식하며 부르짖는 생생한 음성을 들을 수 있다. 이런 탄식은 때로 지금의 우리의 심정으로 보면 도를 넘기도 한다.

특별히 저주 시편은 여러 가지 신학적 문제를 일으키기도 한다. 사무엘상에서의 다윗의 모습과 저주 시편의 다윗의 모습이 차이를 보이기 때문이다. 사무엘상에서 다윗은 자신을 죽이려고 달려드는 사울을 두 번이나 살려준다. 여호와의 기름 부음을 받은 자이기 때문이다. 하지만 시편에서 다윗은 자기 원수를 향하여 저주를 퍼붓고 있다.

시편 69:22-28에서 다윗은 이렇게 간구하고 있다.

> 그들의 밥상이 올무가 되게 하시며 그들의 평안이 덫이 되게 하소서 그들의 눈이 어두워 보지 못하게 하시며 그들의 허리가 항상 떨리게 하소서 주의 분노를 그들의 위에 부으시며 주의 맹렬하신 노가 그들에게 미치게 하소서 그들의 거처가 황폐하게 하시며 그들의 장막에 사는 자가 없게 하소서 무릇 그들이 주께서 치신 자를 핍박하며 주께서 상하게 하신 자의 슬픔을 말하였사오니 그들의 죄악에 죄악을 더하사 주의 공의에 들어오지 못하게 하소서 그들을 생명책에서 지우사 의인들과 함께 기록되지 말게 하소서 (시 69:22-28).

이것을 바울은 로마서 11장에서 자신의 동족 이스라엘의 구원과 관련하여 인용하고 있다. "택하심을 따라 남은 자가 있을 것이다"라는 기대를 표명하면서도 완악해져 있는 자기 동족들의 모습에 대해 저주 시편으로 답하고 있다(9-10절). 물론 그럼에도 궁극적으로는 "온 이스라엘이 구원받으리라"는 확신을 표명하고 있다.

헤르만 궁켈(Herman Gunkel, 1862-1932)이라고 하는 구약 신학자는 시편 2편을 포함하여 18, 20, 21, 45, 72, 101, 110, 132, 144편 이렇게 10개를 제왕시(royal psalms)라고 이름하였다. 다윗의 후손인 왕들의 대관식에 읽혔다는 이 제왕시들은 기름 부음 받은 자 그리스도의 아들 되심과 하나님 보좌 우편에 앉아 계신다는 교리의 신학적 근거가 되는 중요한 구절들이다.

시편 2:7 "내가 여호와의 명령을 전하노라 여호와께서 내게 이르시되 너는 내 아들이라 오늘 내가 너를 낳았도다." 시편 110:1 "여호와께서 내 주에게 말씀하시기를 내가 네 원수들로 네 발판이 되게 하기까지 너는 내 오른쪽에 앉아 있으라 하셨도다." 예수님 당대의 주종의 메시아 관은 사무엘하 7장에 근거하여 "다윗의 자손"으로 오실 메시아를 기대하는 것이었다.

예수님은 복음서에서 이런 메시아 관에 시비를 거신다. 메시아가 다윗의 자손이라면 왜 다윗이 시편 110:1에서 자기 자손을 주라고 부르고 있느냐는 것이다 (마 22:44-45; 막 12:36-37; 눅 20:42-44). 이런 말씀을 통해 예수님께서 말씀하시려 하셨던 것은 자신이 다윗의 자손이 아니라고 주장하고 있는 것이 아니라 당대의 유대인들이 생각하던 정도의 다윗의 자손 그 이상의 존재이심을 주장하고 계신 것이다. 정치적이고 군사적이고 경제적인 의미에서의 통상적인 메시아 관을 바로 잡아주고 계신 것이라고 할 수 있다.

천문학에 관한 갈릴레오의 업적은 망원경의 발견으로 가능했다. 망원경을 발명한 사람이 누구인지는 정확하게 알려지지 않았다. 거리를 두고 렌즈 두 개를 결합해서 만든 망원경은 1608년에 네덜란드에서 최초로 발명되었는데 당시 세 명의 네덜란드인이 망원경에 대한 특허를 신청하려고 경합한 바 있었다고 한다. 하지만 누구도 특허를 받지 못했고 특허의 족쇄에

서 해방된 망원경은 전 유럽으로 퍼져나갔다.[2]

갈릴레오는 비록 망원경을 처음 제작한 사람은 아니었지만 망원경을 통한 천문관측을 시도한 면에서는 선구자였다고 할 수 있다. 1609년 11월에 갈릴레오는 20배율 망원경을 제작하여 지상의 물체들 대신 하늘을 바라보았는데 그가 처음 관찰한 것은 달이었다. 갈릴레오가 관찰한 달은 그 표면이 지구와 마찬가지로 산과 들과 계곡이 있듯이 울퉁불퉁한 것이었다. 전통적으로 달은 지상계와 천상계를 구분해주는 경계에 해당하는 완전한 세계로 알려져 있었고 가톨릭교회에서는 동정녀 마리아의 처녀성을 달에 비유하곤 하였다. 이러한 발견은 아리스토텔레스의 전통적 세계관에 대한 명백한 비판이자 도전으로 비쳐졌다.

갈릴레오는 은하수가 무수히 많은 별의 모임이라는 것을 밝혀냈고 망원경을 태양으로 돌려 태양이 자전한다는 사실과 그 위에 나타나는 흑점을 발견해냈다. 또한 갈릴레오는 금성이 달처럼 찼다 기울었다 하는 삭망(朔望) 현상을 보인다는 것도 알아냈다. 갈릴레오는 또한 처음으로 토성의 띠를 발견하였는데 갈릴레오가 알아낸 가장 흥미로운 발견은 목성에는 네 개의 위성(달)이 있다는 것이었다.

지금까지 발견된 목성의 위성은 79개인데 이 중 가장 큰 네 개의 위성들인 이오(Io), 유로파(Europa), 가니메데(Ganymede), 칼리스토(Callisto)는 갈릴레오가 발견한 것이기에 지금도 "갈릴레오 위성들"(Galilean satellites)이라고 불리고 있다.

> 이 모든 발견은 한마디로 말해서 아리스토텔레스적 우주관의 종말을 가져오는 결정적 증거들이었다 …. 망원경의 발견은 완전하기는커녕 불완전하

---

2 홍성욱, 『그림으로 보는 과학의 숨은 역사』, 98. 이 사람들의 이름은 한스 리퍼르세이, 야코프 메티우스, 자카리아스 얀센으로 알려져 있다. 박성래 교수는 한스 리퍼르세이가 망원경을 발명한 사람이라고 특정해서 말하고 있다(박성래, 『과학사 서설』, 101).

고 변화투성이의 하늘을 인간에게 드러내 주었다.[3]

갈릴레오가 망원경을 통해 발견한 이상의 내용들을 공표한 것은 1610년이었다. 망원경에 의한 여러 발견은 바로 브루노가 주장하던 투의 이단적 학설을 지지해주고 있는 듯했다. 교회가 위협을 느낀 것은 당연한 일이었고 교황청은 보수파들의 압력으로 마침내 1616년 정식으로 지동설이 잘못된 주장이며 성경의 가르침에 어긋나는 것이라고 선언했다. 이런 상황에 변화가 초래된 것은 1623년 갈릴레오와 친분이 있었던 바르베리니(Barbelini, 1568-1544) 추기경이 교황 우르바누스 8세(Urban VIII, 재위 1623-1644)가 된 사건이었다.

지동설을 금하는 1616년의 교황청 결정이 교회의 앞날을 어둡게 한다고 믿은 갈릴레오는 그 결정을 번복시키려고 교황을 여섯 번이나 만나 설득했고 교황은 마지못해 "공정한" 책을 써도 좋다는 허락을 했다. 천동설과 지동설을 소개하되 어느 쪽이 옳다고는 말하지 말라는 것이 그 책을 쓰는 조건이었다.

5년의 집필 끝에 1632년 완성된 『두 개의 주요 우주 체계에 관한 대화』(*Dialogue concerning the Two Chief World Systems*)에는 세 사람의 등장인물이 나온다. 코페르니쿠스의 입장을 변호하는 사람은 철학자 살비아티(Salviati)이다. 일종의 사회자 역할을 하는 사람은 시민 사그레도(Sagredo)이고, 전통적인 아리스토텔레스주의를 고집하는 사람은 심플리치오(Simplicio)이다. 형식적으로는 공평해 보이지만 실제 내용은 코페르니쿠스의 천문학 체계와 프톨레미의 체계를 공평하게 다루라는 교황의 충고와는 거리가 멀었다.

『대화』를 읽은 교황은 대노했다. 교황은 갈릴레오가 자신을 속였다고 생각하였으며 심지어 어떤 부분에서는 심플리치오가 바로 자신을 모델로 한 것이라고 오해하기까지 했다.[4]

---

3 박성래, 『과학사 서설』, 102.
4 김영식, 『과학사』, 82.

지동설에 대한 교황청의 금지가 완전히 해제된 것은 1835년에 이르러서야 가능했다. 1992년 10월 31일 교황 요한 바오로 2세는 지동설 때문에 갈릴레오를 정죄하였던 것은 잘못이었음을 인정하였고 갈릴레오를 정죄했던 신학자들이 성경과 그 해석 사이에 있는 형식적인 구분을 인정하지 않았다고 말했다. 결국 갈릴레오 사건은 과학과 성경의 충돌 문제가 핵심이 아니라 과학과 '성경해석'이 핵심적인 문제였음을 보여준다. 갈릴레오의 성경해석과 관련된 문제를 논하기 전에 갈릴레오의 역학 분야에서의 공헌을 간략하게 다루고 넘어가는 것이 좋을 듯하다.

종신형을 선고받았지만, 갈릴레오는 실제로 감옥에 갇힌 적은 없었다. 그는 죽을 때까지 자기 집을 떠나지 못하는 가택 연금 상태에서 평생을 보냈고 만년에는 실명하여 불편한 생활을 했다. 하지만 어떤 의미에서는 이 시기가 갈릴레오에게는 가장 생산적인 시기였다고도 할 수 있다. 그가 1638년 내놓은 역학연구 『두 개의 신과학에 관한 논증과 수학적 증명』(*Discourses and Mathematical Demonstrations Relating to Two New Sciences*)은 근대 물리학의 시작이라고도 할 수 있는 큰 업적이었다.[5]

종교재판의 판결 중에는 새로운 책의 출판도 금지되어 있었다. 그래서 갈릴레오의 원고는 밀수출되어 네덜란드의 레이든(Leyden)에서 출판되었다. 그 책은 "갈릴레오에게 죄가 있다면 이것으로 사죄가 될 만한 불후의 명저였다."[6]

세상을 떠들썩하게 만들었던 갈릴레오의 여러 천문학적 발견과 주장은 아리스토텔레스와 프톨레미의 세계관이 틀렸다는 사실을 드러내 주었다는 점에서 당시 교회에 위협이 되었다. 하지만 비록 가택 연금 상태이기는 하였지만, 역학과 관련한 갈릴레오의 업적은 보다 적극적으로 코페르니쿠스의 체계가 정당하다는 것을 드러내 주는 것이었다고 할 수 있다. 그래서 큰 틀에서 갈릴레오는 "코페르니쿠스 이래의 지동설에 역학적 근거를 제공해

---

5 박성래, 『과학사 서설』, 117.

6 김영식, 『과학사』, 83.

준 셈"⁷이라고 말할 수 있을 것이다.

갈릴레오는 "운동의 상대성"이라고 말할 수 있는 것을 주장하여 지구의 운동이 지상에 있는 물체의 운동에 영향을 주지 않는다는 것을 보여주었다. 물론 갈릴레오가 발견한 관성 개념에는 부족한 면이 있었다. 갈릴레오는 직선상의 운동을 관성운동으로 파악한 것이 아니라 지구 자체의 원운동과 지구 중심의 둘레에서 동심원을 그리며 일어나는 운동을 관성 때문에 일어나는 것으로 그릇 판단했다. 불완전하나마 관성의 법칙에 의해서 무거운 지구가 어떻게 자전을 계속할 수 있는가 하는 의문에 해답을 주었다.

이처럼 근대역학은 지동설의 근거를 제공하면서 성장했던 셈이다.

> 자연현상을 수학화했다는 점과 그것을 계획적 실험을 통해 증명했다는 점에서 갈릴레오는 근대 과학적 방법을 처음으로 실행한 과학자라고 찬양을 받아오고 있다.⁸

하지만 기독교 신앙과 관련하여 갈릴레오의 가장 큰 기여 가운데 하나는 성경해석과 과학적 이해에 갈등이 생기는 경우 이 갈등을 어떻게 해결할 것인가 하는 문제와 관련이 있다. 이와 관련하여 갈릴레오는 세 가지 단계로 해결 방안을 제시하고 있다.⁹

첫째, 기본적으로 갈릴레오는 성경과 자연은 모순 관계가 아니라고 전제한다.

하나님이 '성경이라는 책'과 '자연이라는 책', 두 권을 모두 쓴 저자이기 때문에 둘은 모순이 아니라 오히려 일치한다. 이른바 개혁신학의 초기 문서인 벨기에 신앙고백(Belgic Confession, 1561)의 입장이라고 할 수 있는 성경

---

7 박성래, 『과학사 서설』, 107.
8 박성래, 『과학사 서설』, 108.
9 신재식, 『예수와 다윈의 동행』 (서울: 사이언스북스, 2013), 101ff.

과 자연의 관계에 대한 '두 권의 책'이라는 입장을 충실히 따르고 있다.

이러한 주장은 프란시스 쉐퍼(Francis Schaeffer, 1912-84)의 『최후의 갈등은 없다』(*No Final Conflict*)에서의 주장과도 일맥상통한다고 할 수 있다. 하나님은 성경과 자연이라는 두 권의 책 모두의 저자이시기에 제대로만 이해하면 성경과 자연 사이에는 아무런 모순도 있을 수 없다.

둘째, 하지만 실제로는 성경과 자연과학의 주장 사이에 빈번하게 갈등이 발생하곤 한다.

그래서 성경이 과학적 설명과 충돌을 일으키는 것으로 보일 경우 갈릴레오가 제시하는 해결방안은 성경이 우선이라는 것이다. 성경의 문자주의적 해석과 물리적 세계에 대한 진술이 충돌을 일으키는 경우, 그 진술이 분명하게 입증되지 않는 한 성경이 우월하다. 즉 증명되지 않고 단지 개연성에 불과한 과학적 가설보다는 성경이 더 권위 있다고 갈릴레오는 말한다.

셋째, 검증된 과학적 사실이 문자주의적으로 해석된 성경 구절과 갈등을 일으킬 경우에는 어떻게 할 것인가 하는 것이다.

그럴 경우에는 성경 구절을 재해석할 수 있다고 갈릴레오는 주장하고 있다. 과학적 가설이 확실히 증명되었을 때 신학자는 성경해석을 수정해야 한다는 것이다. 성경 구절의 문자주의적 해석과 과학적 진술은 기본적으로 갈등 관계에 있지 않지만, 만약 '검증'된 과학적 진술이 성경 구절의 문자주의적 해석과 일치하지 않을 때, 성경을 다시 해석해야 한다고 주장하고 있는 것이다.

이런 문맥에서 갈릴레오는 "성경의 의도는 하늘이 어떻게 움직이는가를 가르치는 것이 아니라, 우리가 어떻게 하늘나라에 갈 수 있는지를 가르치는 것이다"라는 세자르 바로니오(Cesare Baronio, 1538-1607) 추기경의 말을 인용하고 있다.

결국 갈릴레오 당시의 몇몇 가톨릭 신학자들 가운데는 코페르니쿠스의 지동설과 성경이 충돌된다는 식으로 성경을 해석할 필요가 없다는 주장을 하기도 했음을 확인할 수 있는 대목이다. 어떤 면에서 지금 우리는 모두 성경을 그런 식으로 해석하고 있다. 성경에 나오는 "태양아 멈춰라, 달아 멈춰라"는 식의 표현들은 일상적인 표현이기에 그것이 과학적인 시각에서 보았을 때 오류라고 생각할 필요가 전혀 없으며 우리의 현상적인 관찰에 근거한 일상적인 표현이기에 문제 삼을 것이 없다고 우리는 생각한다.

이런 과학이론과 관련한 성경해석에 대한 문제는 200년이 지나 구프린스턴의 대표적인 신학자 찰스 핫지(Charles Hodge, 1797-1878)에 의해서 조금 더 세련된 행태로 제시되었다. 이른바 과학적 사실과 이론, 성경적 사실과 해석, 이 네 가지 변수가 아주 복잡한 방정식을 만들어낼 수밖에 없다.

첫째, 과학적 '사실'이 아닌 단지 '이론'의 경우에는 전통적인 신학과 맞지 않을 경우 그 우선권은 당연히 신학에 있다.

둘째, 과학적 사실로 확정된 것들이 전통적 성경해석과 맞지 않는 경우에는 전통적 성경해석을 버리고 과학적 사실을 따라야 한다.

지구의 연대와 관련하여 핫지는 전통적인 젊은 지구론을 버리고 오래된 지구론의 '날 시대 이론'(Day-Age theory)을 채택하고 있다. 창세기 1장의 날을 '비확정적인 한 시대'(an indefinite period of time)로 보아도 된다는 것이다.

셋째, 과학적 '사실'이 성경적 '사실'과 부딪힐 때는 어떻게 해야 할 것인가?

핫지는 루이스 애거시(Louis Agassiz, 1807-73)의 다인종설(polygenism)을 받아들이지 않는다. 왜냐하면, 인류의 단일성을 부정하면 그리스도의 유일한 구속도 의미를 상실하기 때문이라는 것이 핫지의 설명이다.[10]

지금도 창조신학과 관련한 여러 문제가 성경해석의 문제와 관련이 있음을 쉽사리 확인하게 된다. 창조과학은 이른바 다른 성경 본문은 몰라도 창

---

10   장동민, "찰스 핫지의 기독교와 과학의 관계," 『찰스 핫지의 신학』, 길자연, 강웅산 편저 (서울: 솔로몬, 2009), 221ff.

세기 1, 2장의 본문만큼은 문자적으로 해석해야 한다고 고집한다. 물론 창조과학에서는 자신들이 문자적 해석을 고집하지 않는다고 항변한다. 예컨대 다른 본문들에 대해서는 유연한 자세를 가지고 있다는 것이다.

하지만 창세기 1, 2장만큼은 문자적으로 해석해야 한다고 주장한다. 어떤 면에서는 다른 어떤 본문보다 창세기나 요한계시록의 말씀은 문자적으로 해석하기 어려운 본문들인데 이 부분, 특별히 창세기 1, 2장과 관련하여 문자적 해석을 고집하고 있다.

갈릴레오는 가톨릭교회와의 대결로 많은 고초를 겪었다. 하지만 그럼에도 갈릴레오는 끝까지 신실한 가톨릭신자로 자신의 생을 마감했다.

왜 지오다노 브루노와는 달리 갈릴레오는 자신의 지동설을 철회하였을까?

생명의 위협 때문만은 아니었다. 당시 가톨릭교회는 브루노 때와는 달리 60대 후반의 갈릴레오를 별반 죽일 생각이 없었다.

그러면 왜 갈릴레오는 지동설을 철회하였을까?

그의 신앙적인 동기가 여기에서 작동한 것으로 보인다. 가톨릭교회에 의해 이단으로 정죄 받는 것이 얼마나 영적으로 무서운 것인지를 잘 알았던 갈릴레오는 자신의 육신의 목숨보다 더 중요한 영적인 안위를 위하여 지동설을 철회하였던 것으로 보인다.

물론 이단으로 정죄되지는 않았지만, 갈릴레오는 유죄 선고를 받아 장례식을 거행하지도 못했고 묘비도 세우지 못하게 되었다. 불행한 일이기는 하지만 이단으로 정죄 받거나 파문을 받지는 않았기에 다행스럽게 여겼을 것이다. 1642년 갈릴레오가 죽던 해 율리우스력으로 성탄절에 한 천재가 영국에서 태어났다.

> 제5장

뉴턴의 세 얼굴

뉴턴(Isaac Newton, 1642-1726/27)이 이룩한 성과는 실로 엄청난 것이었다. 그러므로 뉴턴의 묘비명이 된 알렉산더 포프(Alexander Pope, 1688-1744)의 시는 결코 과장이 아니라고 할 수 있다.

> 자연과 자연의 법칙이 어둠에 숨겨져 있었다.
> 하나님이 "뉴턴이 있으라" 하시매 모든 것이 빛이 되었다.

뉴턴과 포프의 관계는 댄 브라운(Dan Brown, 1964-)의 소설 『다빈치코드』(*The Da Vinci Code*, 2003)에도 등장한다. "런던에 교황이 묻은 기사가 누워 있노라"라는 암호와도 같은 실마리 문장이 바로 그것이다. 여기서 교황(pope)은 알렌산더 포프를, 기사(Knight)는 뉴턴을 암시하는 단어였다.[1] 뉴턴은 1705년 앤(Anne, 재위 1702-07) 여왕에게 기사 작위를 받았다.

앤 여왕과 스튜어트 왕조의 최후

앤 여왕(1665-1714)은 제임스 2세의 차녀였다. 아버지 제임스 2세는 가톨릭신자였는데 두 딸 메리와 앤은 개신교도로 양육되었다. 1683년에 덴마크의 왕자 게오르(George, 1653-1708)와 결혼하였다. 앤 왕비는 17명의

---

1 이현경, 『아인슈타인 & 보어: 확률의 과학, 양자 역학』, 12.

자녀를 낳았는데 어른이 되기까지 생존한 자녀는 한 명도 없었다. 당시 매우 높았던 유아사망률의 극단적인 일면을 확인하게 된다.

스튜어트 왕조는 스코틀랜드를 300년 정도 통치한 후 1603년 스코틀랜드를 다스리던 제임스 6세가 엘리자베스 여왕이 죽은 후 제임스 1세로 즉위하여 대영제국과 아일랜드를 다스리는 통합왕이 되었다. 이른바 흠정역 영어 번역인 킹제임스성경(King James Version, 1611)을 번역하게 한 왕이다. 스코틀랜드에서 장로파 청교도들에 의해 양육되었지만 전 영국의 왕이 되자 국교인 성공회를 지지하는 쪽으로 돌아섰고 그 아들 찰스 1세는 보다 노골적으로 청교도들을 박해하였고 결국 청교도 혁명을 촉발하였으며 급기야 영국 역사에서 처음이자 마지막으로 처형당한 국왕이 되었다.

1660년 왕정복고를 통해 찰스 1세의 아들 찰스 2세(Charles II, 재위 1660-85)가 다시금 스튜어트 왕조를 이어가게 되었고 찰스 2세가 후사가 없이 죽자 찰스 2세의 동생 제임스 2세(James II, 재위 1685-88)가 왕위에 즉위하였다. 하지만 제임스 2세는 가톨릭으로 영국을 되돌리려 하였고 의회는 제임스 2세를 축출하기 위해 큰 딸 메리(Mary II, 재위 1689-94)와 그녀의 남편 오렌지 공 윌리암(William III, 재위 1689-1702)에게 군대를 이끌고 영국을 침공하도록 하여 명예혁명에 성공하였다.

메리와 윌리암이 후사가 없이 차례로 죽자 의회는 가톨릭신자가 아닌 스튜어트 가문에 속한 사람을 왕으로 세워야 했는데 그 사람이 바로 메리의 동생 앤이었다. 제임스 2세의 아들 제임스 프랜시스 에드워드 스튜어트(James Francis Edward Stuart, 1688-1766)는 아버지를 이어 가톨릭이었기 때문에 왕위에 오를 수 없었다.

앤 여왕 사후에 스튜어트 왕조는 막을 내리게 된다. 영국의 왕위를 이을 사람을 물색하다가 하노버 선제후 조지 1세(George I, 재위 1714-27)가 즉위하여 하노버 왕조가 시작되었다. 왕위에 오를 때 조지 1세는 54세였고 영어를 하지 못했다고 한다. 조지 1세와 그의 아들 조지 2세(George II, 재위 1727-60) 시대에 로버트 월폴(Robert Walpole, 1676-1745)은 20년 이상의 기간을 초대 영국 수상으로 활동하였는데 최장기간 그 자리에 있었다. 이른바 입헌군주제를 채택하고 있지만 "왕은 군림하되 통치하지 않는다"라는 슬로건 하에 실권은 의회가 장악하는 독특한 체제가 성립된 것이다.

칼 세이건은 뉴턴에 대해 다음과 같이 이야기하고 있다.

> 일생 동안 병약했고 스스로를 부모로부터 버림받은 자식이라 생각했고 걸핏하면 남과 다투었으며 성격이 비사교적인 데다가 죽는 날까지 독신으로 살았던 아이작 뉴턴이지만, 그는 아마도 인류 역사상 제일가는 과학의 천재였을 것이다.[2]

케플러가 발전시켜 온 새로운 천문학과 갈릴레오가 이룩한 지상에서의 역학이 뉴턴에 이르러 하나로 종합되기에 이른 것이다. 한 마디로 뉴턴이 발견해냈던 것은 하늘에서의 모든 운동과 땅에서의 운동은 결코 서로 다르지 않다는 사실이었다. 뉴턴 하면 가장 유명한 것이 나무에서 사과가 떨어지는 것을 보다가 만유인력의 법칙을 발견했다는 것이다.

달이 지구 둘레를 회전하는 것이나 사과가 나무에서 떨어지는 현상이 같은 운동 법칙 체계 속에서 설명될 수 있게 되었다. 아리스토텔레스 이래 하늘의 세계와 땅의 세계를 본질적으로 다르게 보려던 태도는 더 이상 설 자리가 없어지게 되었다. 뉴턴은 아리스토텔레스의 설 땅을 완전히 앗아버린 셈이었다.

1666년은 1905년과 함께 물리학의 "기적의 해"(*annus mirabilis*)에 해당한다. 뉴턴이 23살이었던 1665년 영국에는 페스트가 크게 유행하여 런던시민의 10분의 1이 죽는 엄청난 사건이 일어났다. 뉴턴은 당시 캠브리지대학 석사 과정에 재학 중이었는데 이 전염병 때문에 대학은 그해 여름부터 1년

---

2   칼 세이건, 『코스모스』, 153

반가량의 장기 휴교에 들어가게 되었다.

> 이 시기에 뉴턴은 2항 정리와 미적분 등의 수학적인 업적, 프리즘을 이용한 빛의 본질 연구와 반사망원경 등 광학에서의 업적, 그리고 만유인력으로 대표되는 역학과 천문학의 업적이 모두 싹터 자라있었다.[3]

이른바 평범하기만 해보이던 뉴턴의 숨은 천재성이 갑자기 폭발한 것이라고 할 수 있을 것이다.

그렇다고 뉴턴이 바로 유명세를 탄 것은 아니었다. 다만 반사망원경을 발명한 공로를 인정받아 1669년 스승 배로우(Isaac Barrow, 1630-77)의 뒤를 이어 캠브리지대학의 루카스 석좌교수에 임명된 것 정도를 특이한 사항으로 언급할 수 있을 것이다.[4] 뉴턴은 1666년의 발견을 오랜 시간을 두고 한 가지씩 발표하여 20여 년이나 지난 1687년에야 만유인력의 법칙을 책으로 출판하였다. 1687년 일명 「프린키피아」로 통칭하는 『자연철학의 수학적 원리』(Philosophiae Naturalis Principia Mathematica)가 출판되었는데 이 책의 출판에는 헬리 혜성을 발견한 헬리(Edmund Halley, 1656-1742)의 공이 컸다고 알려져 있다. 책의 제목과 관련해서는 르네 데카르트(Rene Descartes, 1596-1650)의 1644년의 저술인 『철학 원리』(Principia philosophiae)의 영향이 있었던 것으로 보인다. 물론 여러 면에서 뉴턴은 데카르트를 출발점으로 삼아 그를 넘어서고 있다.[5]

이 책은 3부로 되어 있는데 우선 처음 2부에서 일반적인 역학의 체계적 서술을 꾀한 다음 마지막 제3부에서 그 역학체계를 천체현상에 응용하여 만유인력의 법칙을 증명해 보인다. 중학교에서 가르치는 뉴턴의 운동의 3

---

3 박성래, 『과학사 서설』, 110.
4 뉴턴이 스승 배로우를 이어 2대 루카스 석좌 교수였다면 스티븐 호킹은 1979-2009년까지 17대 루카스 석좌 교수였다.
5 박민아, 『뉴턴 & 데카르트: 거인의 어깨에 올라선 거인』 (고양: 김영상, 2006).

법칙은 이 책 첫머리에 나오는 것이다.

① 관성의 법칙
② 가속도의 법칙
③ 작용과 반작용의 법칙

1부와 2부에서 여러 가지 운동의 경우에 대해 수학적 검토를 한 그는 3부에서 비로소 만유인력의 문제를 다룬다. 이 세상의 모든 물체가 서로 인력을 작용한다는 그의 생각을 뉴턴은 다음과 같이 설명한다.

> 지구 둘레의 모든 물체는 질량에 비례하여 지구를 향해 끌린다. 달은 그 질량에 비례하는 정도로 지구를 향해 끌리며, 반대로 지구 위의 바닷물이 달의 인력에 영향을 받는다. 모든 행성은 서로서로 인력을 작용하며 혜성은 태양의 인력에 끌려진다. 이 모든 것을 우리는 실험과 천문관측을 통해 인정할 수 있으므로 제3법칙(작용과 반작용)에 의해서 우리는 물체는 서로 인력을 작용하고 있음을 주장할 수 있을 것이다.[6]

이른바 만유인력의 법칙을 수식으로 표현하면 다음과 같다.

$$F = G \frac{Mm}{r^2}$$

즉, 두 물체 사이에 작용하는 힘은 두 물체의 질량의 곱에 비례하고 거리의 제곱에 반비례한다는 것이다.

뉴턴의 만유인력의 이론은 코페르니쿠스 이후 시작된 아리스토텔레스적 세계관 또는 자연관에 대한 부정의 클라이막스를 이루는 중대한 공헌이

---

6 박성래, 『과학사 서설』, 111f.

었다. 우주는 하늘과 땅이라는 두 가지 세계로 나눌 필요가 없는 하나의 세계임이 뚜렷해졌고, 또 그런 우주는 간단한 자연법칙에 의해 일사불란하게 움직이는 일종의 기계장치(mechanism)처럼 여겨지게 되었다. 차라리 그것은 하나의 엄청나게 큰 시계와도 같은 것으로 보이게 된 셈이다.

뉴턴의 유언은 다음과 같았다.

> 세상 사람들이 나를 어떻게 보는지 나는 모른다. 나 자신에게 비춰진 나는 바닷가에서 놀고 있는 소년일 뿐이다. 거대한 진리의 바다는 아무것도 가르쳐 주지 않으며, 내 앞에 펼쳐져 있을 뿐이다. 나는 바닷가에서 놀다가 가끔 자그마한 돌과 예쁜 조개를 찾으며 즐거워했을 뿐이다.

이상의 내용은 일반적인 과학사에서 어렵지 않게 발견할 수 있는 내용이다. 그러나 이상의 내용은 뉴턴의 세 얼굴 가운데 단지 한 가지 모습만을 보여준다고 할 수 있다. 과학혁명을 완성한 완전한 근대인으로서의 뉴턴은 그의 여러 얼굴 중 하나일 뿐이다. 뉴턴은 '마지막 르네상스인'이며 '최후의 연금술사'이며, '과학자'이지만 동시에 '신학자'이며 '종교학자'였다.[7]

뉴턴은 자신의 생애 가운데 종교적인 견해를 공식적으로 드러내지 않았다. 그 이유는 뉴턴 자신의 신학적 견해가 삼위일체론적 이단인 아리우스(Arius, 250/256-336)의 것과 같았기 때문이었다. 세이건은 『코스모스』에서 이 부분에 대해 다음과 같이 언급하고 있다.

> 진작부터 뉴턴은 삼위일체라는 기독교의 통상적 가르침이 성경의 오독에서 비롯된 것이라고 단정했다.[8]

---

7 신재식, 『예수와 다윈의 동행』, 121.
8 칼 세이건, 『코스모스』, 153.

이러한 뉴턴에 대한 재발견은 수정자본주의 경제학자인 존 메이너 케인즈(John Maynard Keynes, 1883-1946)에 의해 이루어졌다. 수고(手稿)로 남겨져 있던 뉴턴의 미출간 원고가 경매 시장에 나온 것은 20세기 들어서였다. 사람들이 별로 관심을 보이지 않았는데 이를 사들인 사람이 케인즈였던 것이다. 그래서 케인즈는 뉴턴의 전기 작가 가운데 한 사람이 되었다.

> 뉴턴은 이성의 시대를 연 최초의 사람이 아니었다. 그는 최후의 마술사, 마지막 바빌로니아 인이자 수메르 인, 약 1만 년 전에 인류의 지적 유산을 쌓아 올리기 시작했던 사람들과 같은 눈으로 가시적이고 지적인 세계를 바라보았던 마지막 위대한 정신이었다.[9]

세 분야에 걸친 뉴턴의 기록을 단어 수로 비교해 본다면, 과학과 수학에 관해서는 100만 단어, 신학과 종교에 관해서는 140만 단어, 연금술에 관해서 55만 단어로 추정된다고 한다. 단순하게 양으로만 따지면 뉴턴은 과학자라기보다 신학자라고 해도 무방할 것이다. 이 부분과 관련하여 베티 돕스(Betty J. Dobbs, 1930-94)라는 과학사가는 뉴턴의 가장 위대한 능력이 교회 역사, 신학, 고대 왕국의 연대기, 예언서, 연금술 분야라고 주장하였다.

뉴턴에게 성경은 '역사적인' 문헌이었다. 뉴턴은 말하자면 성경에 기록된 사건과 실제 역사에서 발생한 사건이 일치한다고 생각했다. 뉴턴은 지구가 기원전 4004년에 만들어졌으며, 노아 홍수가 기원전 1348년에 일어났다고 믿었다. 사실 이러한 견해는 아일랜드 주교 제임스 엇셔(James Ussher, 1581-1656)가 1654년에 제시한 연대기를 따르고 있다. 이른바 젊은 지구론의 입장은 지구가 6천 년이나 만년 정도밖에 되지 않았다고 주장하고 있는데 바로 엇셔의 주장을 근거로 하고 있다. 엇셔는 1648년부터 달력에 관심을 기

---

[9] John Maynard Keynes (1972). "Newton, The Man". *The Collected Writings of John Maynard Keynes Volume* X. MacMillan St. Martin's Press. pp. 363–366.

울였으며 성경에서 창조의 연대를 추론해 내었다.

코스모스 시리즈에 나와 있는 대로 살펴보면 엇셔는 먼저 열왕기하에 있는 느부갓네살 왕의 죽음이 기원전 562년임을 확정한 후 아담에서 느부갓네살까지 구약의 족보에 나오는 139명의 선지자와 족장들의 세대를 더하였다. 그리하여 계산 결과 BC 4004년 10월 22일 토요일 저녁 6시라고 창조의 시점을 특정하였다.[10]

이런 엇셔의 주장은 성경을 문자적으로 해석하려 했던 기독교회의 일반적인 입장이었다고 할 수 있다. 이른바 6일 창조의 지구중심설 즉 천동설은 성경을 문자적으로 읽으면 자연스럽게 도달하는 결론이라고 할 수 있다. 그래서 6일 창조를 문자적으로 읽으려 한 것은 초대교회부터 다수의 신학자의 견해였다고 할 수 있다. 하지만 여기에 예외가 있다면 오리겐(Origen)과 어거스틴(Augustine) 같은 교부들을 들 수 있을 것이다.

특별히 어거스틴은 6일 창조를 문자적으로 해석하지 않았다. 자연과학이 발전하기 이전이었기에 교회는 문자적인 6일 창조를 그대로 수용하는 분위기였지만 그렇다고 6일 창조를 받아들이지 않고 비유적으로 해석하는 것에 대해 이단시하지도 않았다. 문제는 우주의 연대가 138억년 이라고 하는 지금의 시대에 창세기 1장을 24시간의 6일 창조로 이해해야 한다는 주장이다. 이런 주장에서 더 나아가 그런 식으로 창세기를 이해하지 않으면 다 틀렸다는 식의 독선적인 주장은 경계해야 한다.

뉴턴은 성경을 일종의 코드를 읽어낼 수 있는 암호문(cryptogram)으로 보았다. 그리고 뉴턴은 성경의 예언서 안에 미래가 담겨 있고 역사의 비밀이 담겨 있다고 생각했기에 다니엘과 요한계시록을 집중적으로 연구하였다. 예언서 본문을 역사적으로 해석해 내려고 많은 시간을 보냈고, 예언서의 기록을 실제 역사와 조화시키고 재구성하였다. 이런 성경에 대한 뉴턴의 견해는 신재식에 의하면 "17세기 중반의 칼빈주의적 문자주의"에 가까

10　Cosmos 7편 5분.

웠다. 뉴턴은 또한 그리스도의 재림에 관한 예언에 대해 문자주의적 해석을 주장하였으며, 심판의 날과 다가올 세계에서 예수님은 천년 동안 지구를 통치한다는 믿음을 표현하기도 하였다.

이런 뉴턴의 문자주의적 성경 이해는 20세기 초 미국 근본주의자들의 문자주의적 성경 읽기와 관련성이 있다는 논의도 있다. 요한계시록 20장에 나오는 천년왕국과 관련하여 뉴턴은 천년왕국 이후에 그리스도의 재림이 있다는 '후천년설'(post-millenium)에 해당한다고 할 수 있다.[11]

뉴턴은 『프린키피아』의 초판에 신학 개념을 포함하지 않았다. 그런데 이 책의 출판 후 라이프니츠(Gottfried Wilhelm Leibniz, 1646-1716)가 뉴턴을 '무신론자'라고 비난했다. 뉴턴이 신에 대해 아무런 언급을 하지 않았다고 비판한 것이다. 그래서 1713년 『프린키피아』 2판의 출판을 준비하면서 편집자는 뉴턴에게 무신론자라는 비난에 대응해 달라는 요청을 하게 되었고 『프린키피아』 말미의 「일반 주석」은 이 비판에 대한 응답이다.

뉴턴의 신 이해에서 핵심은 '판토크라토르'(Pantocrator), '우주의 통치자'(universal ruler)라는 개념이다. 뉴턴은 삼위일체를 거부했던 아리우스적 신 이해를 가지고 있었지만, 뉴턴은 이 유일신 주 하나님이 세계의 창조 후에 더 이상 개입하지 않는다는 이신론적 신을 주장한 것은 아니었다. 뉴턴은 늘 이신론을 경계했으며 유일신 주 하나님은 철저히 실제적이며 활동적인 통치자라고 주장하였다.

정통 기독교 신학에서의 하나님 개념은 초월과 동시에 내재하시는 하나님이시다. 그런데 기독교가 발흥하던 초대교회 시대에는 범신론(pantheism)을 주장하는 이교 사회에 둘러싸여 있었다고 말할 수 있다. 하나님과 세계를 구분하지 않는 이교의 범신론에 대항하여 기독교회는 하나님의 내재를

---

11 신재식, 『예수와 다윈의 동행』, 143에는 천년왕국이 예수의 재림 이후에 있는 것으로 후천년설을 이해하는 것으로 설명되어 있는데 이는 오류이다. 천년왕국이 예수의 재림 이후에 있는 것으로 이해하는 것은 전형적인 전천년설이고 천년왕국이 예수의 재림 이전에 있다는 것이 후천년설의 입장이라고 할 수 있다.

버린 것은 아니지만 내재성보다는 초월성을 강조하게 되었다. 이러한 사정이 자연과학의 법칙을 발견하게 되면서 변화하게 되었다.

초월로서의 하나님의 창조는 인정하면서도 하나님의 내재성에 대해서는 부정하는 이신론(理神論, deism)이 등장한 것이다. 창조주 하나님은 창조하신 이후에는 세상에 관여하지 않으신다. 자연과학의 법칙에 맡겨 놓으신다는 것이다. 범신론만큼이나 우리가 경계해야 할 신관이라고 할 수 있다. 도킨스는 범신론을 "매력적으로 다듬은 무신론"이라고 비판했고 이신론에 대해서는 "물을 타서 희석한 무신론"이라고 비판하였다.[12] 나름 정곡을 찌르는 비판이라고 할 수 있다.

뉴턴과 뉴턴주의는 그 함축하는 바가 사뭇 다르다고 할 수 있다. 뉴턴은 결코 신을 자신의 논의에서 배제하지 않았지만 역설적이게도 뉴턴주의는 일종의 결정론적 세계관이 되어 하나님을 이 세상에서 몰아내는 상황을 연출하기도 하였다. 나폴레옹(Napoleon Bonaparte, 1769-1821)은 자신에게 우주관을 설명하는 라플라스(Pierre-Simon Laplace, 1749-1827)에게 "왜 당신의 우주관에는 하나님이 없느냐?"라고 물었다. 이 질문에 대해 라플라스는 "폐하, 저는 그 가설을 더 이상 필요로 하지 않습니다"라고 대답하였다고 알려져 있다. 뉴턴 이후의 물리학이 뉴턴이 생각했던 것과는 다른 방향으로 흘러가고 있었음을 보여주는 예라고 할 수 있다.

종교를 기반으로 한 뉴턴의 종교와 과학의 통합을 신재식은 "뉴턴주의적 자연신학"이라 부르고 있다. 이런 뉴턴주의적 자연신학은 한동안 영국 기독교 안에서 상당한 영향력을 행사하게 되었지만 이런 종교와 과학의 뉴턴주의적 동행은 오래 지속되지 않았다. 철학자 데이비드 흄(David Hume, 1711-76)이 이런 뉴턴주의적 자연신학을 비판하고 나섰기 때문이다.[13]

---

12 Richard Dawkins, 『만들어진 신』, 이한음 역 (고양: 김영사, 2006), 33.
13 신재식, 『예수와 다윈의 동행』, 150.

현대 진화론자들 가운데서 가장 화제를 몰고 다니는 사람은 『이기적 유전자』, 『눈먼 시계공』, 『만들어진 신』의 저자인 리차드 도킨스(Richard Dawkins, 1941-)라고 할 수 있다. 신재식은 도킨스를 미국 서부 개척 시대의 총잡이와도 같다고 말한다. 도킨스를 대부분의 그리스도인은 많은 현상금이 걸린 희대의 악당쯤으로 여길지 모르지만, 도킨스는 자신을 정의를 지키는 보안관이라고 여기고 있다. 총잡이로서 도킨스는 종교라는 적을 상대할 때 권총과 장총 두 가지 총을 사용하고 있다. 도킨스가 사용하고 있는 권총이 바로 데이비드 흄이고 도킨스가 사용하고 있는 장총이 바로 찰스 다윈이다.

> 도킨스는 장총을 좋아합니다. 무엇보다도 화력이 훨씬 좋고 쓰임새가 많기 때문입니다…. 그렇다고 해서 근대 경험론을 대표하는 철학자 흄의 위상이 낮아지는 것은 아닙니다. 종교와 과학의 만남에 관련해서 흄은 어떤 의미에서 다윈만큼이나 중요한 위치를 차지하고 있습니다.[14]

흄은 임마누엘 칸트를 독단의 잠에서 깨워준 회의론자였다. 흄은 당대 뉴턴과 그 후계자들이 고전적인 설계 논증을 과학 법칙의 용어를 사용해서 다시 구성한 설계 논증에 대해 비판하였다. 특히 설계 논증의 대표적 유비 중 하나인 '시계 제조공'으로서의 신 존재 증명을 강하게 비판하였다. 흄의 설계 논증 비판은 오늘날 지적 설계나 창조 과학에 대한 비판과도 밀접한 관련이 있다. 다윈의 진화론이 등장하던 시대 그리스도인들도 고전적인 설계 논증을 받아들이고 있었다. 다윈의 『종의 기원』은 자연선택을 통해 진화를 주장함으로 설계 논증을 논박하고 있는 책이라고 할 수 있다.

---

14 신재식, 『예수와 다윈의 동행』, 154f.

블레이크의 〈뉴턴〉

위의 그림은 시인이자 화가인 윌리엄 블레이크(William Blake, 1757-1827)가 1795년에 그린 그림이다. 뉴턴이 다소 불편한 자세로 콤파스를 가지고 바닥에 무언가를 그리고 있다. 아래 사진의 조형물은 1995년 영국 런던 국립도서관이 이전하면서 조각가 에두아르도 파올로치(Eduardo Paolozzi, 1924-2005)가 새 도서관 앞에 만들어놓은 것이다. 위의 블레이크의 〈뉴턴〉이라는 그림을 조각으로 만든 것이다. 여기에 일단의 과학자들이 블레이크의 그림이 뉴턴의 업적을 헐뜯는 그림이라며 새로운 국립도서관 앞에 이런 조형물을 만들어놓는 것에 대해 반발하였다. 하지만 영국을 대표하는 인물이 뉴턴과 같은 과학자만이 아니라 블레이크와 같은 인문학자도 있다는 반발

또한 만만하지 않아 결국은 이 조형물을 그래도 두는 것으로 결론이 났다.

블레이크의 그림을 좋아했던 사람 가운데 한 명이 스티브 잡스(Steve Jobs, 1955-2011)였다. 블레이크는 뉴턴의 과학을 외눈박이 시선이라고 생각했고, 다음과 같은 시구를 남기기도 하였다. "신이여, 제발 우리를 깨어 있게 해 주옵소서. 외눈박이 시각과 뉴턴의 잠으로부터…" 블레이크는 참된 상상력을 가진 예술가들과는 대척점에 있는 사람이 뉴턴이라고 생각했다.

뉴턴은 콤파스를 가지고 삼각형과 반원을 그리고 있다. 블레이크는 뉴턴의 신이 유리즌(Urizen)으로 상상력을 잃고 이성만으로 움직이는 신이며, 독재자요, 지배자라고 생각하였다. 블레이크의 〈태고의 날들〉(Ancient of Days, 1794)이라는 그림에서의 신은 뉴턴과 같이 콤파스로 무언가를 그리고 있다.

블레이크의 〈태고의 날들〉

이 신은 기독교의 전능하신 창조주와는 다른 신이다. 상상력이 빠져나간 이성만으로 움직이는 신이요, 블레이크에 의하면 굉장히 위험한 신이다. 콤파스만으로 세상을 재단하려 하는 신이다. 바로 뉴턴은 유리즌의 화신이다. 이 신은 감각 경험과 2차 성질들을 앗아가는 신이다. 영국이 자랑할 수 있는 것은 뉴턴만이 아니라 뉴턴 과학의 위험성을 지적한 블레이크의 인문학 정신도 영국의 자랑거리라고 할 수 있다. 런던 국립도서관 앞의 조형물에 대한 논쟁 가운데 한 과학자는 다음과 같이 논평하였다.

무관심은 화를 내거나 싫어하는 것보다 더 위험하다.[15]

---

15 홍성욱 교수의 EBS 인문학 특강 8강의 내용을 정리한 것이다.

제6장

다윈의 진화론

다윈의 진화론을 다루며 우리가 접하게 되는 학문분과는 박물학(博物學, natural history)이다. 현재에는 주로 자연사(自然史)라는 용어가 주로 쓰인다. 박물학은 관찰을 바탕으로 하여 동물·식물·광물 등 자연물의 종류·성질·분포·생태 등을 연구하는 학문이라고 할 수 있다. 18세기 학자들의 지식의 체계화·종합화라는 관심이 가장 잘 나타난 것이 바로 박물학 분야의 발달이다.

특별히 박물학은 지구상의 발견으로 새로운 동식물들을 접하게 되면서 더욱 자극받았다. 박물학에서 큰 공적을 남긴 학자들은 반기독교적인 계몽사상가보다 보수적인 기독교 신자 사이에서 더 많이 나왔다. 그 이유는 뉴턴에 의해 사라진 우주 속에서의 신의 위치를 박물 연구에서 되찾아 보겠다는 의지가 거기 있었기 때문이다.[1]

18세기 린네(Carl von Linne, 1707-78)는 근대적인 분류법을 만들어냈고 생물의 모든 종은 신이 창조한 대로 변함없이 유지되고 있다는 견해를 견지하였다. 스웨덴의 목사의 아들로 신학을 공부하기도 한 린네는 의사로서 개업하기도 했고 웁살라대학에서 의학을 강의하기도 했다.

그러나 그의 관심은 동식물의 분류에 있었고, 그 방법을 고안해 내는 데 그의 정력을 기울였다. 린네는 아리스토텔레스 이래의 "자연의 사다리"(Scala naturae)라는 생각을 조금도 벗어나려 하지 않았다. 천동설의 배후에

---

1 박성래, 『과학사 서설』, 131ff.

있는 권위로 직면해야 했던 아리스토텔레스를 동물학에서도 마주하게 된다. 아리스토텔레스는 생명이 자연적으로 발생한다고 주장하였으며 하등생물에서 고등생물에 이르는 사다리를 통해 생명현상을 설명하려 했다.

종의 불변에 대해서는 린네 스스로 만년에는 의심하기 시작한 것 같다. 또 프랑스의 박물학자 뷰퐁(George Buffon, 1707-88)은 변종(變種)이 가능하다는 것을 주장하기도 했다. 다만 그의 변종은 지구가 당시 약 6천 년으로 생각했던 것보다 훨씬 더 긴 역사(7만 년)를 가졌다는 전제 아래 원래는 신이 완전하게 만든 종이 그 후 시간의 흐름과 더불어 퇴화하여 만들어진 것이었다.

종의 변화에 좀 더 그럴듯한 학설을 내세운 사람은 프랑스의 라마르크(Lamarck, 1744-1829)였다. 그는 생명이란 공기와 열의 조건이 알맞은 경우 유기물질 속에서 저절로 생겨난다는 자연발생설을 믿고 있었고 지구의 수명도 훨씬 길다고 믿고 있었다. 그는 동물을 4등급으로 나눠 분류하고 바로 그 단계가 동물이 진화해가는 단계라고 주장했다. 동물의 종은 신이 창조한 것이 아니라 자연의 힘으로 자연법칙에 따라 없어지고 생겨나고 변화해 간다는 것이다.

그러면 그런 변화는 왜 일어나는가?

이에 대한 해답으로 라마르크가 제시한 것이 유명한 용불용설(用不用說)이다.

다윈의 할아버지인 에라스무스 다윈(Erasmus Darwin, 1731-1802)도 이와 비슷한 진화론자였다. 모든 생명체는 원초의 생명체가 각기 다른 환경에 따라 생겨난 것이라고 그는 생각했다. 이런 진화사상의 성장 속에 자라난 다윈(Charles Darwin, 1809-1882)은 "이미 공중에 떠돌고 있던 진화사상을 붙잡아내려 거기에 과학적 증거를 체계적으로 덧붙여 진화론을 확고한 이론으로 정립하는 데 성공했다."[2]

---

2   박성래, 『과학사 서설』, 172.

과학에서 세상을 뒤바꾼 혁명을 꼽으라면 천동설에서 지동설의 변화를 의미하는 코페르니쿠스 혁명을 들 수 있다. 혁명을 의미하는 영어 레볼류션(revolution)이라는 말도 코페르니쿠스의 책 제목 『천구의 회전에 대하여』의 '회전'이라는 말에서 나온 것이다. 그런데 찰스 다윈(Charles Darwin, 1809-1882)의 영향력도 코페르니쿠스에 비교할 만한 것이라고 할 수 있다. 코페르니쿠스가 지동설을 통해 인간을 우주의 중심에서 변두리로 옮겨 놓았다면 다윈은 진화론을 통해 인간을 생물의 맨 윗자리에서 다른 생물들과 같은 자리로 끌어내렸다고 말할 수 있다.[3]

과학에서 세상을 바라보는 관점을 혁명적으로 바꾼 역사적인 책들은 코페르니쿠스의 『천구의 회전에 대하여』(1543년)를 비롯하여 종교재판에 처해 자신의 지동설을 철회할 수밖에 없었던 갈릴레오의 『두 개의 주요 우주 체계에 관한 대화』(1632년), 그리고 만유인력의 법칙을 설명한 뉴턴의 『프린키피아』(1687년) 등을 들 수 있다. 아인슈타인의 특수 상대성 이론이나 일반 상대성 이론은 짧은 논문으로만 발표되었는데 이런 논문은 과학을 연구하는 사람들 말고는 이해하는 사람도 많지 않아서 읽는 사람이 거의 없다고 할 수 있다. 그런데 다윈의 『종의 기원』(On the Origin of Species, 1859)은 그리 어렵지 않고 지금 읽어도 시대에 뒤떨어지지 않기 때문에 지금도 많은 사람이 읽고 있다고 한다.[4]

다윈의 집안은 의사 집안으로 알려져 있다. 자연히 에든버러대학에 입학하여 의학을 배웠으나 성격에 맞지 않아 중퇴하였고 캠브리지대학에서 신학을 공부하였다. 다윈의 아버지는 쓸만한 교구를 돈으로 하나 사서 아들 다윈에게 주려 하였다고 한다. 신학교를 졸업한 1831년 식물학 교수인 헨슬로의 추천으로 다윈은 영국 해군함 비글호에 탑승하게 되었는데 주된 임무는 선장의 말벗이 되어주는 것이었다. 1836년 귀국하여 박물학자로서의 5년 동안의 비글호 탑승의 경험을 담은 『비글호 항해기』를 출간하였다.

---

3   최현석 글·조명원 그림, 『찰스 다윈 종의 기원』 (서울: 주니어김영사, 2008). 24.
4   최현석 글·조명원 그림, 『찰스 다윈 종의 기원』, 24f.

다윈이 진화론에 대한 기본적인 착상을 하게 된 것으로 유명한 갈라파고스섬(Galapagos Islands)은 남아메리카 동태평양에 있는 에콰도르령 제도인데 아메리카 대륙에서 1,000km 떨어져 있다. 다윈이 관찰한 핀치새의 부리 모양은 보통 진화론의 증거로 제시되곤 한다. 하지만 엄밀히 말하자면 종간 진화를 의미하는 대진화는 아니라고 할 수 있다. 아무튼 다윈은 갈라파고스섬을 "살아있는 진화의 실험장"이라고 불렀다고 알려져 있다.

다윈은 진화론의 창시자는 아니었다. 다윈의 진화론의 독특한 것은 자연선택(natural selection)을 통해 진화의 메커니즘을 설명한 것이라고 할 수 있다. 자연선택과 대조가 되는 개념은 인공 선택(artificial selection)이다. 세이건의 『코스모스』에 보면 섬뜩하리만큼 사무라이의 얼굴을 빼닮은 게에 관한 이야기가 나온다. 이름하여 '헤이케(平家) 게'인데 단노우라 해전의 슬픈 이야기가 전설처럼 전해 내려오고 있다. 간략하게 그 이야기를 소개하면 다음과 같다.

> 1185년 일본의 천황은 안토쿠(安德)라는 이름의 일곱 살 소년이었다. 그는 헤이케 사무라이 일파의 명목상의 지도자였다. 헤이케파의 숙적은 겐지(原氏) 파였는데 천황의 자리를 놓고 일본의 내해 단노우라(壇の浦)에서 두 파는 운명의 해전을 벌이게 된다. 수적으로 열세였던 헤이케파는 전투에 패하였고 천황의 할머니 니이(二位尼)는 천황과 자신이 적에게 포로로 잡혀갈 수는 없다고 생각하고 어린 천황을 설득하여 바다에 몸을 던져 자결하게 된다. 헤이케 함대는 전멸당했고 살아남은 사람이라곤 여자 42명뿐이었다. 이들은 원래 궁중의 시녀였는데, 그 후 전쟁터 근처에 살던 어부들에게 몸을 팔면서 살아야 했다. 헤이케파는 역사에서 완전히 사라졌는데 시녀와 어촌 사람들 사이에서 태어난 후손들은 단노우라 해전을 기념하는 축제를 지금도 매년 4월 24일에 거행하고 있다.[5]

---

5   칼 세이건, 『코스모스』, 67f.

"어떻게 무사의 얼굴이 게의 등딱지에 새겨질 수 있었을까?"

이런 질문에 대한 답은 "인간이 게의 등딱지에 그 얼굴을 새겨 놓았다"는 것이다. 아주 희미하지만 인간의 얼굴과 유사한 형태의 등딱지를 가진 게와 평범한 모양의 등딱지를 가진 게 가운데 평범한 모양의 등딱지를 가진 게는 사람들에게 속속 잡아 먹혀 후손을 남기기 어려웠을 것이고 이러한 사정은 단노우라 해전 이후에 더 강화되었을 것이다.

> 도태 혹은 선택은 밖으로부터 오는 것이다. 사무라이와 더 많이 닮을수록 생존의 확률이 그만큼 더 높아졌다. 마침내 단노우라에는 엄청나게 많은 사무라이 게들이 살게 됐다.[6]

다윈이 진화의 메커니즘으로 자연선택을 생각하게 된 결정적인 계기가 된 사건은 1838년 맬서스의 『인구론』(*An Essay on the Principle of Population*, 1798)을 읽게 된 것이다. 맬서스(Thomas Robert Malthus, 1766-1834)는 영국 성공회 신부였던 32살의 나이에 그의 첫 저서를 익명으로 간행하였는데 그것이 『인구론』이었다.

이 책에 대해 훗날 케인즈는 "문장도 착상도 단순하다. 그러나 여기에는 체계적인 경제학적 사고의 발단이 있다. 이 팜플릿 속에는 인용할 만한 다른 부분이 많다. 아니, 거의 전부가 그렇다"라고 극찬하였다고 한다.

그러면 『인구론』의 어떤 내용이 다윈에게 자연선택에 대해 착상하게 하였을까? "인구 증가 능력은 토지가 인간의 생활물자를 생산하는 능력보다는 훨씬 크다 … (왜냐하면) 인구는 만일 억제하지 않으면 기하급수적으로 증가하나, 생활물자는 단지 산술급수적으로 증가할 뿐이기 때문이다." 이에 영감을 받아 다윈은 생존경쟁이 곳곳에서 일어나고 있다는 점을 인식하게 되었다. 생존경쟁에 유리한 종은 살아남고 불리한 종은 도태된다. 이른

---

6   칼 세이건, 『코스모스』, 70.

바 인공 선택에 대비되는 자연선택의 착상이 등장하게 된 것이다.

이러한 생존경쟁을 통한 자연선택에 대한 다윈의 주장은 이런저런 비판에 직면하였다. 진화론 자체에 대한 비판도 만만치 않았지만, 진화론은 받아들이면서도 자연선택에 대해 비판적인 사람들도 여럿 있었다. 마르크스와 엥겔스는 다윈을 높게 평가했지만, 생존경쟁 개념에 대해서는 비판적이었다.

러시아의 식물학자 티마랴제프(Kliment Arkadevich Timaryazev, 1843-1920)는 진화론의 보급에 힘썼지만, 생존경쟁 대신에 "조화"를 주장하였고 역시 러시아의 무정부주의자였던 크로포트킨(Pyotr Alekseevich Kropotkin, 1842-1921)도 진화에서 협동의 중요성을 강조하였다. 20세기에도 진화에서 협력과 공생을 강조하는 이론들이 많이 등장하고 있다. 생존경쟁의 개념은 다윈이 살던 시대인 빅토리아 시대의 상황을 반영하는 개념이라고 할 수 있다.[7]

> 유발 하라리는 『호모 데우스』에서 "인본주의 역시 확산되고 진화하면서 서로 충돌하는 여러 분파로 쪼개졌다"라고 주장하며 인본주의가 크게 세 가지 갈래로 나누어진다고 설명하고 있다. 자유주의적 인본주의와 사회주의적 인본주의 그리고 진화적 인본주의가 바로 그것이다. 이 가운데 자유주의적 인본주의는 자유를 강조한다는 점에서 인본주의 정통 분파라고 할 수 있고 간단히 '자유주의'라고 부른다. 사회주의적 인본주의는 수많은 사회주의 세력과 공산주의 세력을 아우른다면 진화론적 인본주의의 가장 유명한 신봉자는 나치였다.[8]

하라리는 유대인임에도 히틀러의 유대인 학살에 대해 격분하지 않는다. 차라리 담담하다고 할 수 있다. 분명 진화론적 인본주의는 히틀러의 나치에 의해 악용된 부분이 있다. 그들은 "특정 민족을 인류 진보의 엔진으로 간주했고, 그런 민족들의 길을 막는 자가 있다면 누구든 때려눕히는 것을 넘어 절멸시켜야 마땅하다고 결론지었다."

---

7 홍성욱 교수의 "EBS, 인문학 특강" 8강.
8 Yubal Harari, 『호모 데우스』, 김명주 역 (서울: 김영사, 2017), 342f.

> 하지만 그럼에도 모든 진화론적 인본주의자가 인종차별주의자는 아니다.
>
> 아우슈비츠는 인류의 지평을 모조리 가리는 검은 커튼이 아니라, 피로 물든 붉은 경고등이 되어야 한다. 진화론적 인본주의는 근대 문화의 형성에 중요한 역할을 했고, 21세기의 형성에는 더 큰 역할을 할 것이다.[9]

다윈이 『종의 기원』의 초고를 마친 것은 1844년이라고 알려져 있다. 하지만 다윈은 자신의 진화론에 관한 생각을 책으로 발간하는 것을 주저하고 있었다. 당시 기독교계의 반발을 우려하였기 때문이었다. 그런데 이런 상황에 변화가 유발된 것은 1858년 알프레드 월레스(Alfred R. Wallace, 1823-1913)라는 젊은 학자가 자연선택이라는 말을 직접 사용하지는 않았지만, 다윈의 진화론과 거의 유사한 진화론을 주장하는 논문을 다윈에게 보내온 일이었다.

다윈의 친구들은 다윈에게 『종의 기원』의 출간을 종용하였고 다윈은 1859년 『종의 기원』을 출간하게 되었다. 『종의 기원』의 원래 제목은 『자연선택 또는 생존경쟁에서의 적자생존에 의한 종의 기원에 대하여』(*On the Origin of Species by Means of Natural Selection, or the Preservation of Favoured Races in the Struggle for Life*)라는 긴 제목이었는데 1872년 제6판부터는 책 제목을 줄여 『종의 기원』(*The Origin of Species*)이라고 하였다. 『종의 기원』에서의 다윈의 주장을 요약하면 다음과 같다.

① 모든 생명체는 약간씩 변이한다.
② 이 변이는 후대로 물려 전해진다.

---

9   Harari, 『호모 데우스』, 356.

③ 생존을 위한 극심한 투쟁이 있으며, 생존에 유리한 변이가 일어나는지가 생명체의 생존을 결정한다.
④ 아주 긴 지질학적 역사 속에서 이들 성공적인 변이가 곧 아주 다양한 동식물 종이 생성되는 기원이다.[10]

다윈의 진화론에 대한 가장 큰 오해는 원숭이가 사람의 조상이라고 다윈이 주장했다는 것이다. 하지만 『종의 기원』에 사람에 관한 이야기는 없다. 다윈 이론을 설파하고 다녔던 다윈의 불독 토마스 헉슬리(Thomas Huxley, 1825-95)는 인간이 원숭이와 같은 조상에서 기원했다고 대담하게 주장하였다. 다윈은 1871년 『인간의 유래』(The Descent of Man and Selection in Relation to Sex)를 출간했는데 이 책에서 다윈은 최종적으로 인간과 원숭이는 조상이 같다는 것을 확실하게 말했다. 그가 임종할 때 진화론을 포기하고 자신이 기독교도라고 밝혔다는 이야기가 떠돌기도 했지만 사실 여부는 확인되지 않았다.[11]

다윈은 자신의 진화론의 문제를 대략 3가지 정도로 생각하고 있었다. 지구의 나이, 자연선택의 구체적인 메커니즘, 이타성 현상 등을 과학적으로 분명하게 설명하지 못했던 문제들로 꼽았다. 당시 사람들이 생각하던 지구의 나이는 다윈이 주장하고 있던 자연선택에 의한 진화가 이루어지는 데 필요한 시간인 3억 년 보다 훨씬 짧았다.

1860년대 스코틀랜드 물리학자로 나중에 켈빈 경으로 불리게 된 윌리엄 톰슨(William Thompson, 1st Baron Kelvin, 1824-1907)은 "지구가 원래 녹은 암석으로 이루어진 구(球)라고 가정하고, 단단한 지표면이 형성될 정도로 냉각되는 데 필요한 시간을 계산"했는데 그 수치는 2000만 년과 1억 년 사이였다. 당시 사람들이 생각했던 지구의 나이보다는 엄청나게 긴 시간이었지만, "다윈이 제시한 방식으로 생물이 진화하기에는 충분하지 않은 짧은 시간"

---

10 [네이버 지식백과] 다윈의 진화론 (과학기술 발전의 발자취, 2009. 12. 31. 박준우).
11 최현석 글·조명원 그림, 『찰스 다윈 종의 기원』, 44.

이었다.

다윈은 개인적으로 켈빈 경의 결론을 의심했지만, 이 분야에서 반박할 능력이 없었다. 이 문제는 1896년, 다윈이 죽은 지 14년 후 방사성 동위 원소를 통해 지구의 나이를 정확하게 측정할 수 있게 되면서 해결되었다.[12]

다윈이 해결하지 못했던 자연선택의 구체적인 메커니즘은 다윈과 거의 동시대 사람이었던 그레고어 요한 멘델(Gregor Johann Mendel, 1822-1884)의 "유전자를 통한 형질의 유전"이라는 설명을 통해서 해결되었다. 멘델은 이런 실험 결과를 다윈이 『종의 기원』을 처음 발간한 지 얼마 지나지 않은 1865년에 발표했는데 별다른 주목을 받지 못했고 심지어 다윈도 그 논문의 중요성을 알아차리지 못했다.

이런 멘델의 업적은 그가 죽은 후 10여 년이 지난 1900년에 휴고 드 브리스(Hugo de Vries), 칼 코렌스(Karl Correns), 에리히 폰 체르마크(Erich von Tschermak)라는 세 명의 생물학자가 다시 발견하면서 제대로 된 평가를 받게 되었고 1930년대에 서얼 라이트(Sewall Wright), 로널드 피셔(Ronald Fisher), 존 홀데인(John B. S. Haldane) 등의 학자들이 집단 유전학과 자연선택의 관계를 일반 원리로 종합하게 된다. 이렇게 해서 이른바 '신다윈주의'(Neo-Darwinism)가 출현하게 된 것이다.[13]

다윈이 자신의 진화론의 난점으로 제시하였던 이타적 행동에 대한 설명은 아직도 해결되지 않고 있는 심각한 문제라고 할 수 있다. 개미나 벌 같은 몇몇 진사회성(eusociality) 동물에서 나타나는 특징인 자기의 희생이나 이타적 행동을 다윈은 설명하지 못했다. 다윈은 개체중심적 이론, 즉 모든 생물은 개체 자신의 번식을 위해 행동하도록 진화했다고 주장하였는데 이런 개체중심적 이론으로는 남을 돕기 위해 자신의 생존과 번식을 희생하는 행동을 설명할 수 없었다.

---

12 신재식, 『예수와 다윈의 동행: 그리스도교와 진화론의 공존을 모색한다』 (서울: 사이언스북스, 2013), 297f.
13 신재식, 『예수와 다윈의 동행』, 300.

이 부분과 관련하여 개체 수준에서 엄연히 이타적으로 보이는 행동도 유전자 수준에서 보면 사실상 이기적인 행동에 지나지 않는다는 주장이 등장하였다. 윌리엄 도널드 해밀턴(William Donald Hamilton, 1936-2000)은 1964년 '포괄적합도 이론'(inclusive fitness theory)이나 '혈연 선택 이론'(kin-selection theory)으로 알려진 이론을 제시하면서 이타적 행동을 설명하였는데 이타적 행위도 알고 보면 유전자를 더 많이 전파하기 위한 이기적 행위로 설명할 수 있다고 주장한 것이다. 『이기적 유전자』(The Selfish Gene, 1976)를 쓴 리처드 도킨스(Richard Dawkins, 1941-)나 '사회 생물학'으로 유명한 에드워드 윌슨(Edward O. Wilson, 1929-2021)도 이렇게 유전자 중심으로 진화를 이해하였다.[14]

그러면 진화론자들에게 우리 조상은 어떤 동물이었을까?

우리가 보통 제시하는 의견은 원숭이다. 하지만 진화생물학자들의 견해로는 인간의 조상은 원숭이가 아니다. 도리어 침팬지나 오랑우탄이 인간의 조상일 확률이 더 높다. 왜냐하면, 침팬지와 오랑우탄을 마취시켜 의식을 잃게 한 후 얼굴에 점을 그려 놓고 이들의 행동을 관찰하면 마취에서 깨어나 거울 앞에 서서는 얼굴에 그려진 점을 지우려고 했다. 또 누가 이런 장난을 했는지 찾으려는 듯 안달했다. 이렇게 거울을 보고 자신의 존재를 아는 동물은 매우 드물다. 침팬지와 오랑우탄은 인간처럼 자신을 알아보는 능력이 있다. 반면에 대부분의 원숭이는 그러지 못한다. 즉 자기 자신을 알아보는 개념 자체가 없다. 결국 인간은 원숭이보다 침팬지 쪽에 가깝다고 할 수 있다.[15]

과학적인 연구에 따르면 600만 년 전에는 인간과 침팬지의 공통 조상이 살고 있었다고 한다. 그것을 어떻게 아느냐고 물으면 이에 대한 과학자들의 대답은 "과학적인 추측"이라는 것이다. 종교는 믿음에서 출발하지만, 과학은 의심에서 출발한다. 의심에 대한 답을 찾는 과정이 과학이고 결과

---

14 신재식, 『예수와 다윈의 동행』, 301f.
15 최현석 글·조명원 그림, 『찰스 다윈 종의 기원』, p.

는 잠정적인 결론이다. 그래서 과학에서 말하는 답은 항상 변할 수 있다.

그러면 과학 시험 문제에는 왜 정답이 있는 것인가?

그 정답은 '잠정적인 진실'을 의미한다.[16]

다윈 당시 우스터 주교의 부인이 했던 다음과 같은 말은 그때 사람들의 심정을 대변해 주는 것이라고 할 수 있다.

"원숭이 자손이라니? 세상에 그것이 사실이 아니길. 하지만 만일 그것이 사실이라면… 세상에 널리 알려지지 않기를…"

하버드대학의 고생물학자 스티븐 제이 굴드(Stephen Jay Gould, 1941-2002)는 지구의 역사를 기록 영화로 만들었는데 마음에 들지 않아 다시 만들기로 했을 때 마지막 장면에 호모 사피엔스가 주인공으로 다시 나올 확률이 얼마나 되는지 묻고 이에 대해 확률 0%라고 확정적으로 말하고 있다. 진화의 과정 가운데 우연히 인류는 최종적인 승자가 되었을 따름이라는 것이다.[17]

자연과학의 중요한 방법론 가운데 하나는 실험을 통한 검증이다. 실제로 그런 면에서 보면 진화론이라고 하는 것은 실험을 통한 검증이 불가능하다고 할 수 있다. 생물학이 가지는 한계라고 할 수 있을 것이다. 그래서 생물학은 물리학자들에 의해 말랑말랑한(soft) 학문으로 취급되곤 한다. 자신들의 물리학은 단단하고 견고한 (hard) 학문이지만 생물학은 그렇지 못하다는 비아냥이 그 가운데 들어 있는 것이다.

그 이유는 생명을 다루는 생물학에서는 엄밀한 실험이 불가능하기 때문이다. 하지만 실험이 불가능한 과학의 영역은 진화 생물학뿐 아니라 우주론도 마찬가지다. 물리학자이면서 영국 성공회 사제인 존 폴킹혼(John Polkinghorne, 1930-2021)은 과학 중에 실험이 불가능한 두 분야로 우주론과 진화 생물학을 들고 있다.

---

16 최현석 글·조명원 그림, 『찰스 다윈 종의 기원』,

17 최재천, 『인간과 동물』 (서울: 궁리출판, 2007), 372.

우리는 우리의 아이디어들을 테스트해볼 만한 많은 우주를 갖고 있지 못하다. 일부분의 역사만이 알려져 있는 하나의 우주에 대해서 최대한 이해를 끌어내야 한다. 마찬가지로 우리는 다른 환경이 주어졌을 때, 생물의 진화가 어떻게 달라졌을까를 보기 위해 역사를 되돌릴 수도 없다.[18]

아이러니한 것은 단단하고 견고한 학문이라는 물리학에 종사하고 있는 사람들은 20세기를 통해 많이 겸손해졌는데 말랑말랑한 학문이라고 하는 생물학에 종사하고 있는 사람들 가운데 호전적인 무신론자들이 등장하였다는 것이다.

이 부분과 관련하여 폴킹혼은 물리학과 같이 "생물학도 결국 그와 같은 깨달음을 얻게 될 것"이라는 기대를 표명하고 있다.[19] 폴킹혼의 상세한 설명은 2부에 나오는 과학주의의 몰락과 관련한 논의를 다룰 때 소개하도록 한다. 간략하게만 소개하면 생물학이 승리주의적 환원주의에 빠져 있기 때문이라는 것이다. 이것은 뉴턴 이후의 물리학이 밟았던 전철이기도 하다.

---

18 John Polkinghorne, 『쿼크, 카오스 그리고 기독교』, 우종학 역 (서울: SFC, 2009), 32f.
19 John Polkinghorne, 『과학시대의 신론』, 이정배 역 (서울: 동명사, 1998), 91.

> 제7장

마이클 패러데이와 샌디먼파

칼 세이건(Carl Sagan, 1934-96)의 텔레비전 시리즈물인 오리지널 『코스모스』(*Cosmos: A Personal Voyage*)는 1980년에 제작이 되었다. 그의 세 번째 부인인 앤 드루얀(Anne Druyan, 1949-)은 이 시리즈물의 공동 작가이자 제작자였다. 지금도 이 시리즈물은 구매하여 시청할 수 있다. 총 13편으로 구성된 이 시리즈물의 특징은 방송 당시와 달리 이후의 과학적인 발전을 통해 변경된 사실 등이 여럿 있으므로 시리즈물 끝에 칼 세이건이 등장하여 이번 시리즈에서의 어떤 사항이 최근의 과학적인 발전을 통해 이렇게 저렇게 수정이 되었다는 코멘트가 붙어 있다는 것이다.

물론 이 부분을 과장해서 잘못 해석하면 안 된다. 시리즈물을 시작하는 맨 앞머리에 있는 앤 드루얀의 말 가운데 오랜 세월이 지났지만, 별반 바뀐 것이 없을 정도로 훌륭하다는 말과 함께 보완해서 생각해볼 필요가 있는 대목이다.

과천 과학관 이정모 관장은 강의 중에 "과학은 단순한 지식의 집합이 아니다. 과학은 생각하는 방법이다"라는 칼 세이건의 말을 인용하고 있다. 덧붙여 지금 우리나라에서 꽤나 대중적인 인기를 끌고 있는 경희대 김상욱 교수의 말도 인용하고 있다. "과학은 지식의 집합체가 아니라 세상을 대하는 태도이자 사고방식이다." 이정모 관장은 기독교인이고 안수집사이며 유신 진화론자인 것으로 알려져 있다. 이 관장은 과학이 불변하는 진리가 아니라 변한다고 말한다.

지금이야 폐기되었지만 500여 년 전 천동설은 나름의 과학이었다. 하지만 천동설 이외의 다른 입장에 대해 억압하고 박해하는 것은 일종의 권위주의에 해당하는 과학적이지 않은 태도라고 할 수 있다. 이정모 관장은 과학이 "의심에 대한 잠정적인 답을 찾아가는 과정"이라고 주장한다. 그런 면에서 과학을 너무 무시하는 태도도 잘못이지만 우리의 지식의 독점권을 과학이 가진다고 생각하는 과학주의(scientism) 또한 경계해야 할 태도가 아닐 수 없다.

2014년 칼 세이건의 코스모스 시리즈물이 천체물리학자 닐 디그래스 타이슨(Neil deGrasse Tyson, 1958-)의 해설로 새롭게 제작되었다. 타이슨은 명왕성을 태양계 행성에서 퇴출하는 데 일조하였다고 알려져 있다. 이렇게 제작된 『코스모스』(*Cosmos: A Spacetime Odyssey*)는 원작과 마찬가지로 13편의 시리즈물로 되어 있는데 그 가운데 10편은 마이클 패러데이(Michael Faraday, 1791-1867)에 대한 이야기가 주를 이룬다. 마이클 패러데이는 런던의 빈민가에서 태어났다. 그리고 그 가족의 근본주의적 기독교 신앙을 그대로 받아들였다. 가난하였기에 패러데이는 대학에 갈 수 없었을 뿐만 아니라 제대로 된 교육도 받지 못했다.

패러데이는 어린 나이에 책 제본소에 취직해 돈을 벌어야 했다. 어느 날 당시 유명한 화학자였던 험프리 데이비(Humphry Davy, 1st Baronet, 1778-1829)의 강연에 참석할 수 있었는데 4회에 걸친 데이비의 강연을 패러데이는 하나도 놓치지 않고 받아 적었고 그것을 책으로 만들어 혹시나 하는 기대를 가지고 데이비에게 보냈다. 300페이지에 가까운 패러데이의 노트는 데이비의 주목을 끌 만했다. 마침 데이비가 실험을 하다가 폭발 사고로 눈을 다치게 되었고 임시로 자신의 실험을 기록해줄 사람이 필요했다.

1812년 10월 데이비는 패러데이를 자신의 임시 조수로 고용하게 되었다. 얼마 지나지 않아 패러데이는 데이비의 추천으로 왕립연구소의 화학 조수가 되었고 1824년에는 데이비의 반대에도 불구하고 왕립학회 회원이 되었다. 그래서 세간에는 데이비의 최대 공헌은 패러데이를 발견한 것이라는 말까지 돌았다고 한다.

　마이클 패러데이의 최대의 업적 중 하나는 전기와 자기가 동일한 힘이라는 것을 규명한 것이다. 중년에는 기억 상실증과 우울증으로 고통을 겪기도 했지만, 왕립연구소의 꼭대기에 부인 사라와 함께 살면서 평생을 청빈하게 살았고 자신의 수많은 발견에 일체의 특허를 받지 않았다. 이런 패러데이의 행동에는 그와 그의 아내가 소속되어 있던 샌디먼파(Sandemanians)의 가르침이 그 동기가 되었다고 한다. 이들은 돈을 남겨 저축하는 것을 무거운 죄로 생각하였다.

　말년의 패러데이는 수많은 사람의 존경을 한 몸에 받았지만, 정식 교육을 받지 않은 것이 그의 발목을 잡았다. 그가 설명하는 수많은 전자기 현상에 대해 사람들은 수긍하면서도 그의 주장들을 아무런 실체가 없는 것이라고 조롱하였다. 패러데이가 이룩한 수많은 실험적 발견들은 당대 전자기학 분야의 정수를 이루고 있었는데 이러한 패러데이의 장(場, field) 개념을 수학적으로 표현한 사람이 바로 제임스 클라크 맥스웰(James Clark Maxwell, 1831-79)이다.

　맥스웰은 패러데이와 완전히 정반대의 배경을 가지고 태어났다. 스코틀랜드의 부유한 지주 가문에 늦둥이 독자로 태어난 맥스웰은 난맥상을 보이던 전자기 연구를 오늘날 물리학자들이 '맥스웰 방정식'이라고 부르는 간결한 미분방정식으로 체계화하였다. 맥스웰이 물리학사에 남긴 또 하나의 지울 수 없는 유산이 있다면 그것은 1874년 문을 연 캠브리지대학의 캐번디시 연구소(Cavendish Laboratory)의 초대 소장을 맡은 것이다.

　이후 캐번디시 연구소는 레일리(John William Strutt, 3rd Baron Rayleigh, 1842-1919), 톰슨, 러더포드 등이 소장을 역임하였으며, 19세기 말, 20세기 초 세계 최고의 연구기관이 되었다. 그리고 나중에 프란시스 크릭과 제임스 왓슨이 런던 킹스 칼리지의 모리스 윌킨스와 로잘린드 프랭클린 등과 함께 DNA 이중 나선 구조를 발견한 곳도 바로 이 캐번디시 연구소였다. 2019년까지 캐번디시 연구소 연구원이 노벨상을 받은 것은 30회라고 한다.

오늘날 전자기장이라는 개념 속에서 우리는 적어도 세 사람을 함께 만나게 된다. 전기와 자기 작용이 공간에 펼쳐진 힘의 선을 따라 전달된다는 생각을 고안한 패러데이, 패러데이의 힘의 선에 수학적인 방정식을 입혀 정교한 전자기장 개념을 정립한 맥스웰, 그리고 에테르를 제거하여 전자기장을 공간에 존재하는 실체로 다시금 승격시켜준 아인슈타인이 그들이다. 패러데이와 맥스웰이 밥상을 차렸고, 그 위에 아인슈타인이 숟가락을 얹었다.[1]

샌디먼파에 대하여

마틴 로이드 존스(Martyn Lloyd-Jones, 1899-1981)의 『청교도 신앙: 그 기원과 계승자들』이라는 책은 로이드 존스가 제임스 패커(James I. Packer, 1926-2020)와 함께 자신의 교회에서 개최하였던 청교도 연구회에서 행한 강연과 웨스트민스터 연구회에서 행한 강연을 담고 있다. 그 가운데 1967년도 특강은 마이클 패러데이 서거 100주년을 맞아 그가 소속되어 있었던 샌디먼파를 비판적으로 다루고 있다.

샌디먼파는 1720년대에 존 글래스(John Glas, 1695-1773)라는 이름의 스코틀란드 사람에게서 시작되었다. 그래서 일명 글래스파라고 불리기도 한다. 글래스는 처음에 특히 두 가지 문제에 대해서 마음이 편치 않았다.

먼저는 목회자들이 1643년에 도입된 "엄숙동맹과 언약"에 서명하도록 하는 관습이었다. 글래스는 교회와 국가의 관계에 대해 완전한 분리를 주장하였고 성경 이외의 문서에 서명하는 것은 글래스의 확신에 저촉되는 것이었다. 글래스는 웨스트민스터 신앙고백(1646년) 같은 문서에 서명하는 것도 반대하였다. 글래스는 어떤 사람이 "나는 성경의 가르침을 믿고 성경의 가르침을 받아들이며 그 통치를 받을 준비가 되어 있다고 말하기만 하

---

1 정동욱, 『패러데이 & 맥스웰: 공간에 펼쳐진 힘의 무대』(서울: 김영사, 2010), 200f.

면 충분하다"고 믿었다. 덧붙여서 글래스는 구원 얻는 믿음의 본질에 관한 자기 나름의 특유한 관점을 제기하기 시작했다.

이런 세 가지 이유 때문에 글래스는 스코틀랜드 장로교회에서 면직을 당하여 1733년에 하나의 독립 기구를 형성했다. 이것이 말하자면 샌디먼파의 출발이라고 할 수 있다. 로이드 존스의 설명에 의하면 존 글래스는 스코틀랜드 독립교회의 아버지였으며 매우 극단적인 칼빈주의자였지만, 철저하게 정통적인 사람이었다. 하지만 1737년 글래스는 태생이 논쟁하기를 좋아하고 글 쓰는 일을 즐겼던 로버트 샌디먼(Robert Sandeman, 1718-71)이라는 사람을 사위로 맞게 되었다. 그는 존 글래스를 위해서 강력한 변호를 서게 되었고, 글래스보다 더 나아갔다.[2]

보통 샌디먼파의 가르침은 "주권 구원"(Lordship salvation)에 반대되는 입장이라고 비판받고 있다. 우리가 예수 그리스도를 구주요 주님으로 믿어야 한다는 것이 정통적인 주권 구원의 입장이라면 샌디먼파에서는 구원에 이르는 믿음은 그리스도를 구세주로 의지하는 것만 포함하며 주님이신 그리스도에게 헌신하는 것은 구원을 위해서는 불필요한 별도의 추가 단계라고 말한다. 이와 같은 입장을 취하는 많은 사람에게 있어 구원에 이르는 믿음은 복음의 사실에 대한 지적인 동의만을 요구한다.[3]

이런 샌디먼파의 견해를 주장한 사람으로는 "신약 성경은 구원받지 못한 사람들에게 구원의 조건으로 회개를 강요하지 않는다"라고 말하였던 달라스신학교 설립자인 셰페르(Lewis Sperry Chafer, 1871-1952)와 최근의 달라스신학교 교수였던 호지스(Zane C. Hodges, 1932-2008)를 들 수 있다. 달라스신학교와 관련 있는 세대주의자들의 견해라고 오해할 수도 있으나 같은 세대주의자인 존 맥아더(John F. MacArthur, 1939-)는 정통적인 입장의 주장인 "주권 구원"을 주장하여 호지스와 논쟁하기도 하였다.

---

2 마틴 로이드 존스, 『청교도 신앙, 그 기원과 계승자들』, 179.
3 웨인 그루뎀, 『조직신학 (중)』, 340.

비록 샌디먼파는 이단으로 비판을 받았고 백여 년이 지나 지상에서 사라지고 말았지만 여러 자료 가운데 나타나 있는 샌디먼파는 신실한 종교인들이요 퀘이커 교도들처럼 작은 분파들이었다. 아주 점잖고 예의 바른 집단이었다. 이들은 만물이 신에 의해 하나로 창조되었다고 믿었다. 만약 한쪽을 열면 연결된 모든 것을 볼 수 있다는 개념이었다.

2005년 미국에서 제작된 《아인슈타인의 위대한 발견》이라는 다큐의 "1부 E=mc²의 선구자들"은 패러데이를 그 시작으로 하고 있다. 거기에는 "오, 주님! 남들을 먼저 생각하고 인류를 위해 헌신하게 해 주십시오. 당신의 사랑의 작품인 이 세상의 한 부분에 저를 사용해 주십시오. 저는 당신의 종입니다"라는 패러데이의 기도가 나온다. 험프리 데이비는 패러데이를 자신의 임시 조수로 삼게 될 때 "자신이 독실한 기독교인이라니까 패러데이가 있으면 내 실험실을 신이 안전하게 지켜주시겠지"라고 말하기도 한다.

패러데이는 나침반 옆에 전기가 흐를 때 "왜 나침반은 정확한 방향을 가리키지 못하는지, 왜 전기가 나침반에 영향을 주는지"를 규명하는 일에 압박감을 느꼈다. 그 이유는 그의 신앙 때문이었는데 그에게 있어 신이 숨겨놓은 미스터리를 이해하는 것은 신성한 의무였던 것이다.

제8장

원자와 소립자 그리고 쿼크

물질의 기본 구성요소에 대하여 일찍이 데모크리투스(Democritus, B.C. c. 460-c. 370)는 원자론을 제안하였다. 데모크리투스의 원자론은 그 내용에 있어서 근대의 원자 사상과 매우 흡사한 것이었지만 현대 과학의 측면에서 볼 때 큰 과학적 의미를 지닌다고 보기는 어렵다. 잘 알려진 것처럼 데모크리투스가 주장한 '원자'(atom)는 더 이상 나눌 수 없는 궁극적 구성 요소로서 유한한 크기의 입자(粒子)를 의미한다.[1]

근대적 의미의 원자론을 제기한 사람은 영국의 화학자 돌턴(John Dalton, 1766-1844)이었다. 그는 19세기 초에 실증적 근거 아래 물질을 구성하는 기본 입자로서 더 이상 나뉘지 않으며 생성되거나 소멸되지도 않는 원자의 존재를 인정하고, 원소마다 그 원소 특유의 원자들이 존재한다고 보아 이들의 가능한 여러 결합에 의해 자연계의 다양한 물질들이 형성된다는 이른바 원자가설(原子假說)을 제기하였는데, 2천여 년 전에 제기된 데모크리투스의 원자론에 약간의 수정을 가한 이 학설이 믿을만한 과학적 기반을 가진 것으로 생각하였다.[2]

하지만 19세기의 이러한 새로운 원자 사상도 모든 사람에게 다 받아들여졌던 것은 아니라고 할 수 있다. 특히 19세기 후반의 저명한 물리학자이자 과학철학자였던 에른스트 마하(Ernst Mach, 1838-1916) 같은 사람은 끝내 원자설을 믿으려고 하지 않았다. 그는 "원자론이 어떤 사실을 개념적으로 설

---

1 장회익·모혜정·이필렬, 『인간과 과학』(서울: 방송통신대학교출판부, 2007), 88.
2 장회익·모혜정·이필렬, 『인간과 과학』, 89.

명하기에 알맞은 수학적 모형을 제공하는 것은 사실이지만, 그렇다해도 원자나 분자에 대해 '물리적 실재성'을 인정하는 주장은 결코 성립할 수 없다고 단언하였다."[3]

네덜란드의 개혁파 신학자인 헤르만 바빙크(Herman Bavinck, 1854-1921)도 원자와 관련하여 원자가 관찰 불가능하기에 기본적으로 형이상학적 개념이며 유물론과 양립할 수 없다고 주장하고 있다.

> 만일 유물론이 만물을 물질로부터 해설하고자 한다면, 그것은 원자들에 대해 말할 권한이 전혀 없다. 원자들은 결코 관찰되지 않았으며, 아무도 그것들을 본 적이 없다. 경험적 연구는 그것을 드러내지 못했다. 원자들은 본래 형이상학적 본성을 지니며 따라서 유물론에 이미 금지되었다.[4]

바빙크는 마하와 같은 회의론자들과 동일한 입장을 취한 것으로 보여진다. 원자론에 대한 이들의 중요한 반대 이유는

> 원자의 존재를 실증할 직접적인 증거, 가령 현미경을 통해 볼 수 있다는 것 같은 증거가 없다는 것이었다.[5]

원자의 존재를 경험으로 실증할 수 없다는 회의론자들의 주장은 20세기에 들어서면서 설 자리를 잃고 말았다. 원자의 존재에 대한 좀 더 직접적인 증거들이 나타나기 시작하였다.

> 물론 우리의 눈으로 원자를 한 개 한 개 구분해 볼 수 있다는 것은 아니지만, 원자의 구조가 밝혀졌고 원자와 원자 간의 결합방식 등이 체계적으로

---

3   Hempel, 『자연과학 철학』, 165.
4   Herman Bavinck, 『개혁 교의학 2』, 박태현 역 (서울: 부흥과개혁사, 2011), 520.
5   장회익·모혜정·이필렬, 『인간과 과학』, 89f.

설명되자 이제는 원자의 존재를 더 이상 의심할 수 없게 되었다.[6]

이른바 원자의 존재를 입증한 사람은 아인슈타인이었다. 물리학의 기적의 해인 1905년 5월의 브라운 운동에 대한 논문에서 아인슈타인은 원자의 존재를 이론적으로 입증하였다. 3년 뒤 장 패랭(Jean Perrin, 1870-1942)은 실험으로 아인슈타인의 이론을 입증하였다. 패랭은 이 연구로 1926년 노벨 물리학상을 받았다. 선정 발표문에도 패랭의 연구는 아인슈타인의 브라운 운동에 관한 이론을 실험으로 검증하는 과정에서 나왔다고 되어 있다.

원자가설이 하나의 과학적 이론으로 확립이 되는 과정에서 매우 역설적인 사실이 나타나게 되었다. 즉 원자의 존재 자체가 거의 확실해짐과 동시에 우리가 알게 된 이 원자는 데모크리투스가 생각했던 기본 입자로서의 원자가 아니라는 점이 드러났다. 현대 물리학에 따라 그 구조가 밝혀진 원자는 그 자체가 물질을 구성하는 궁극적 구성요소가 아니고 좀 더 기본적인 다른 입자들의 결합으로 이루어졌다는 사실이 곧 명백해졌다. 따라서 원자론의 핵심적인 사상인, 더 이상 나눌 수 없는 궁극적 기본 입자로서의 '원자'(atom) 관념은 원자의 존재가 거의 확실해짐과 동시에 폐기되지 않을 수 없게 되었다.[7]

원자가 더 이상 쪼개어질 수 없는 기본적인 입자가 아니라 좀 더 기본적인 다른 입자들의 결합으로 이루어졌다는 사실이 밝혀지면서 원자보다 더 기본적인 입자들, 즉 원자보다 수천 배나 더 가벼운 극히 작은 또 다른 입자가 존재한다는 사실이 밝혀지게 되었다.

데모크리투스가 더 이상 나누어질 수 없는 기본 입자로 본 것이 우리가 현재 원자라고 부르는 그 어떤 것이 아니라 이들을 구성하고 있는 전자·양성자·중성자 등의 기본 입자들이라고 해석한다면, 그의 원자사상은 아직도 대부분 그대로 살아남아 있는 것이다. 사실상 극히 최근까지도 대부분 물

---

6 장회익·모혜정·이필렬, 『인간과 과학』, 90.
7 장회익·모혜정·이필렬, 『인간과 과학』, 90.

리학자는 이들을 소립자(素粒子, elementary particle) 또는 기본 입자(基本粒子, fundamental particle)라고 하여 물질의 궁극적 구성 입자로 생각해왔다.

그러나 1950년대에 들어오면서 이러한 관념에 의심이 가기 시작하였다. 그 첫째 원인으로는 이른바 기본 입자라고 생각해야 할 입자의 종류가 터무니없이 자꾸 늘어만 가는 점이었다. 초기에 전자·양성자·중성자 등 불과 서너 개의 기본 입자가 존재한다고 생각했던 것이 현재에는 200종을 넘어섰으며, 지금도 자꾸 증가하는 추세에 놓여 있다. 그뿐만 아니라 이들은 대부분 극히 짧은 시간밖에 존재하지 못하고 곧 다른 입자들로 변해버린다. 사실상 전자·양성자·중성자를 제외한 나머지 입자들은 수명이 길어야 불과 백만분의 1초 정도이고, 대부분의 입자는 이보다도 훨씬 더 수명이 짧다. 이러한 점들은 생성도 소멸도 되지 않는 존재로서의 기본 입자 관념과 커다란 차이를 가지는 것이다.

현재 물질의 기본 구성요소는 쿼크(quarks)로 알려져 있다. 이들 전자·양성자·중성자 등의 입자들이 궁극적 기본 입자라는 관념에 결정적인 타격을 가한 것은 1963년경 미국의 물리학자 겔만(M. Gell-Mann, 1929-2019)이 제시한 이른바 '쿼크(quark) 이론'이다. 그는 강한 상호작용에 관여하는 모든 중입자와 중간자들이 쿼크라고 불리는 좀더 기본적인 몇 개의 입자들의 결합으로 구성되어 있다고 제안하였다. 그는 세 가지의 쿼크 u(up, 위), d(down, 아래), s(strange, 야릇한)와 세 가지의 반쿼크(anti-quark)가 존재한다고 가정하고, 양성자와 중성자 등 중입자 족에 속하는 입자들은 각각 3개의 쿼크(또는 반쿼크)로 구성되며, 중간자 족에 속하는 입자들은 각각 하나의 쿼크와 반쿼크의 결합으로 구성되었다고 하였다.

이 쿼크 이론 자체는 다소 무리한 듯한 요소를 내포하고 있어서 처음 제안되었을 당시에는 별로 진지하게 받아들여지지 않았으나, 이러한 가정에 의해 설명될 수 있는 현상이 대단히 많았으므로 시간이 지남에 따라 그 신빙도가 증가하여 현재에는 거의 입자물리학의 정설로 되어가고 있다. 현재 이 쿼크 이론이 지닌 가장 큰 약점은 아직 아무도 따로 분리된 단일쿼크를 관측하지 못했다는 점이다. 이는 19세기 말까지 원자가설로 많은 화학 변화들을 설명하면서도 그 원자의 존재를 직접 관측하지 못했던 상황과 흡사하다.[8]

그러면 이제 우리는 이들을 물질의 가장 궁극적인 기본 입자라고 생각해도 좋을 것인가?

이 점에 관해 우리는 긍정적인 대답을 하기는 어려울 것 같다. 지금까지의 과학 발전 양상에 비추어볼 때, 시일이 지나면 이들보다 더 기본적인 입자가 또 발견되리라는 것이 기대되기 때문이다. 그러므로 더 이상 나누어질 수 없는 궁극적 구성 요소로서의 '데모크리투스의 원자'가 과연 존재할 것인가 하는 의문은 현대과학으로서도 아직 대답하기 어려운 숙제로 남아 있다.[9]

힉스 입자가 발견되었을 당시 기억나는 언론의 보도는 99.99% 힉스 입자임이 분명하다는 것이었다. 100%를 확신하지 않는 그러나 그러면서도 상당히 정확하다는 것을 의미하는 표현이라고 할 수 있다. 99.99%는 거의 100% 확실하다는 것이다. 하지만 0.01%는 말 그대로 만의 하나에 해당하는 것이기에 무시해도 좋을 정도라고 할 수 있지만 표본의 수를 늘리면 오류가 발생하는 경우의 수도 증가한다. 현대 과학이 100% 확실하다는 말을 함부로 하지 않고 앞으로의 새로운 발견을 통해 지금의 통념이 또 뒤집힐 가능성을 열어 놓는 자세는 과학주의(scientism)가 더 이상 과학자 다수의 입장은 아님을 말해 준다고 할 수 있다.

---

8   장회익·모혜정·이필렬, 『인간과 과학』, 103.
9   장회익·모혜정·이필렬, 『인간과 과학』, 103.

제9장

신과 주사위 놀이

1905년은 1666년과 함께 물리학의 기적의 해(*Annus Mirabilis*)이다. 스위스의 수도 베른의 가난한 특허국 직원이었던 아인슈타인(Albert Einstein, 1879-1955)은 독일의 『물리학 연보』에 1905년 3월, 5월, 6월, 그리고 9월 네 편의 논문을 발표했다. 1905년 3월 아인슈타인은 '빛의 입자론'을 지지하는 논문을 발표하였다. 논문의 제목은 다소 평범한 '빛의 창조와 변화에 관한 과학적 관점에 대하여'였다.

아인슈타인은 이 논문에서 빛은 '진동수에 비례하는 에너지를 갖는 광양자(광자)들의 흐름'이라고 주장했다. 물론 아인슈타인은 빛이 입자이면서 어떻게 파동의 성질을 가질 수 있는 가에 관해서는 설명하지 못했다. 하지만 그럼에도 아인슈타인은 1922년 광양자 가설 논문의 중요성을 인정받아 노벨물리학상을 받았다.

1905년 5월에 발표한 논문은 광전효과에 대한 것이었다. 1827년 영국의 식물학자 로버트 브라운(Robert Brown, 1773-1858)이 현미경으로 물에 떠 있는 꽃가루를 관찰하면서 꽃가루에서 나온 작은 입자가 수면 위를 끊임없이 돌아다니는 것을 발견하였다. 그 뒤 사람들은 액체나 기체 안에 떠서 움직이는 미세한 입자의 불규칙한 운동을 '브라운 운동'이라고 부르기 시작했다.

만약 브라운 운동의 비밀을 푼다면 미시세계에 대한 인류의 지식을 더 확장할 수 있는 일이었다. 아인슈타인은 한 번의 충돌로 입자를 움직일 수는 없지만 초당 수백만 번의 무작위적인 충돌로 브라운이 관찰한 꽃가루

입자의 비틀거림을 설명할 수 있다는 사실을 증명하였다. 3년 뒤 프랑스 물리학자 장 페렝은 새로 개발된 암시야현미경(dark field microscope)을 이용해 수면의 높이 별로 입자 수를 헤아려 아인슈타인이 계산한 것이 정확히 맞아 떨어진다는 것을 확인하였다.

1905년 6월에 발표된 논문은 특수상대성이론이었다. 1887년 미국의 과학자 앨버트 마이컬슨(Albert Michelson, 1852-1931)과 에드워드 몰리(Edward Morley, 1838-1923)는 빛의 속도가 언제 어디서나 초속 30만km의 속도로 일정하다는 것을 증명하였다. 아인슈타인은 절대 시간이라는 개념은 없으며 시간의 흐름은 물체가 움직이는 속도에 따라 달라진다고 주장하였다. 이 이론의 핵심 가정은 '빛의 속도는 언제나 일정하다'는 것이었다. 하지만 길이 질량 시간 공간 에너지 등은 불변이 아니라 물체의 속도가 빛의 속도에 가까워지면 변한다는 것이었다.

1905년 9월에 발표된 논문은 질량과 에너지 등가에 대한 논문이었다. 아인슈타인 이전에는 누구도 질량과 에너지가 같다는 제안을 한 사람이 없었다. 아인슈타인은 질량이 에너지로 전환될 수 있다고 주장하였다. $E=mc^2$라는 유명한 방정식으로 표현되는 아인슈타인의 주장은 원자 폭탄으로 현실화하였다. 원자 폭탄이 핵분열 반응을 일으킬 때 반응 전과 반응 후에 약간의 질량 차이가 생기는데 이 차이는 아주 미미하지만, 그것이 에너지로 전환되면 어마어마한 에너지를 방출하게 된다. 왜냐하면 $E=mc^2$에서 c는 '신속함'이란 뜻의 라틴어 세레리타스(cĕlĕrĭtās)의 약자인데 빛의 속도를 나타낸다.

리제 마이트너(Lise Meitner, 1878-1968)는 오스트리아 태생의 유대인 물리학자였다. 그는 독일인 화학자인 오토 한(Otto Hahn, 1879-1968)과 공동으로 원자에 관해 연구했는데 독일에서 교수라는 직함을 얻은 최초의 여성이 되었다. 히틀러 정권이 들어서자 마이트너는 위협을 느낀다. 결국 독일을 탈출하여 스웨덴에 정착하게 되었다. 하지만 마이트너는 독일에 있는 한과 계속해서 서신을 교환하였다. 한은 우라늄 생성물에서 라듐을 발견하였다는 편지를 보냈다. 질량이 더 큰 원소이기를 기대했는데 오히려 질량이 더 작은 라듐이 나왔고 다시금 그것은 바듐이라는 연락이 왔다. 조카 오토 프리쉬(Otto Robert Frisch, 1904-79)와 설원을 산책하던 마이트너는 물방울이 커지면서 두 개의 물방울이 되듯이 우라늄도 마찬가지로 핵 안으로 중성자를 쏘면 질량이 더 커지는 것이 아니라 핵이 두 개로 쪼개진다는 것을 깨닫게 되었다.

원자의 분열 즉 핵분열을 이해하게 되는 순간이었다. 사라진 만큼의 질량이 얼마만큼의 에너지로 변환되는지 마이트너와 프리쉬는 설원에서 아인슈타인의 $E=mc^2$ 공식을 이용해 계산해본다. 마이트너는 원자폭탄 개발 계획인 맨하튼 프로젝트에는 동참하지 않았다. 하지만 그의 조카 오토 프리쉬는 맨하튼 프로젝트에 참여하였다.

아인슈타인의 기적의 해인 1905년이 저물어 가고 새해가 밝았지만 아인슈타인은 별반 사람들의 주목을 받지 못했다. 하지만 아인슈타인에게는 "팬클럽이 딱 하나 있었습니다. 다행히도 알짜배기였는데 생존하는 과학자들의 모임"이었다. 아인슈타인은 막스 플랑크의 인정을 받았고 4년 뒤에는 취리히대학의 물리학 교수가 되었다.

1915년 아인슈타인은 일반상대성 이론을 발표하였다. 여기에는 다른 별로부터의 빛이 태양의 중력에 의해 휘게 될 것이라는 예측이 담겨 있었다. 1919년 5월 29일 영국의 아서 에딩턴(Arthur Eddington, 1882-1944)은 일식을 관측하여 아인슈타인의 예측이 옳았음을 입증하였다. 아인슈타인은 이 일을 통해 일약 전 세계적인 유명 인사가 되었다.

2008년에 BBC에서 제작한 영화 《아인슈타인과 에딩턴》은 에딩턴이 퀘이커교도로 그려지고 있다. 퀘이커교(Quakers)는 청교도 시대에 조지 팍스(George Fox, 1624-91)에 의해 세워졌는데 초창기에는 이단 시비도 있었다. 이들은 '내면의 빛'을 강조하였다. 에딩턴은 아프리카로 가서 1919년의 일식을 관측하고 촬영하였다. 또한, 영화에서는 에딩턴이 동성애적 성향을 지닌 사람으로 묘사되어 있다. 어쨌거나 에딩턴은 평생을 독신으로 살았다.

영화에서는 1차 세계대전을 앞두고 영국과 독일의 날 선 대립의 모습을 그대로 보여준다. 심지어는 일찌감치 아인슈타인의 천재성을 인정했고 나중에는 베를린공과대학으로 그를 불렀던 막스 플랭크마저도 국수적인 생각에 젖어 있는 모습으로 그려지고 있다. 영국의 과학자들은 아인슈타인을 적대 국가인 독일의 과학자로 생각하고 뉴턴을 영국의 자존심으로 생각하며 배척하는 모습으로 그려지고 있다. 하지만 에딩턴은 그런 편견에 휘둘리지 않고 결국에는 아인슈타인의 일반상대성 이론을 관측을 통해 입증해냈다.

영화 《아인슈타인과 에딩턴》에 그려지고 있는 퀘이커 교도들의 특징 중 한 가지는 절대평화주의를 주장하기에 전쟁에 참전하지 않는 사람들임과 동시에 크리스마스를 지키지 않는다는 것이다.

안상홍 증인회라고도 하는 하나님의 교회라는 이단에서는 크리스마스가 성경적인 근거가 없다며 기성교회에서 성탄절을 지키는 것을 비판한다. 이들은 안식교 계열의 이단으로 일요일이 아니라 토요일로 주일을 지켜야 한다고 주장하고 한 걸음 더 나아가 구약성경의 유월절을 지켜야 한다는 억지 주장까지 펼치고 있다. 신천지 이단의 피해가 상당한 가운데 있지만 실제로는 그 교세로나 자금력에서 신천지를 능가하는 단체라고 알려져 있다. 이들은 성경에 없는 성탄절을 기성교회가 지키는 것을 비판하면서 자신들은 성경에 없는 안상홍 탄신일을 1월 13일에 지키고 있다. 어이없는 일이 아닐 수 없다.

토요일을 주일로 지키거나 성탄절을 지키지 않는 것은 그것 자체로는 문제가 될 수 없다. 문제는 일요일을 주일로 지키거나 성탄절을 지키는 기성교회를 부정하고 자신들만이 옳다고 생각하는 독선적이고 배타적인 태도이다. 실제로 17세기 청교도들 가운데 일부는 성탄절을 지키지 않은 것으로 알려져 있다.

퀘이커 교도들이 초창기에 문제가 되었던 것은 그들의 성령론이었다. 1654년 6월 퀘이커 교도인 엘리자베스 플레처와 엘리자베스 레븐스는 옥스퍼드를 방문하여 퀘이커 교회의 메시지를 전했다. 그들은 경건하지 못한 학교 분위기에 대해 경고하고 자신들의 진정한 필요는 지성적 계발이 아니라 성령이 주시는 내면의 빛이라고 역설했다. 이들은 학생들의 위선적 신앙을 반대하는 표징으로 가슴을 풀어 제치고 반나체가 되어 옥스퍼드 거리를 활보하였다. 이렇듯 "표징으로서 옷을 벗고 다닌 것"은 초기 퀘이커 교도들의 통상적인 관습이었고 그것 때문에 적잖은 비난과 반대와 수모를 겪어야 했다.[1]

미국의 펜실베니아 주는 퀘이커 교도였던 윌리엄 펜(William Penn, 1644-1718)이 찰스 2세(Charles II, 1630-85, 재위 1660-85)로부터 1681년 땅을 하사 받아 건설되었다.

우리나라에서는 우찌무라 간조(內村鑑三)의 제자 함석헌(1901-89) 선생이 대표적인 퀘이커교도로 알려져 있다.

퀘이커교에서 1747년 분열한 쉐이커교(Shakers)는 독신을 의무적으로 요구한다. 19세기 한때 쉐이커교도의 숫자는 2-4천 명에 이르기도 하였지만, 지금은 단 3명의 쉐이커 교도가 존재한다고 한다. 금욕과 독신을 강조하는 교리적 특성은 필연적인 교세의 감세로 이어질 수밖에 없음을 확인하게 된다.

1914년 취리히공과대학에 있던 아인슈타인을 당시 학문의 중심지였던 베를린대학교로 오게 한 사람은 막스 플랑크(Max Planck, 1858-1947)였다. 플랑크가 이렇게 한 데는 아인슈타인을 전 시대를 통해서 가장 위대한 과학

---

1   Joel Beeky & Mark Jones, 『청교도 신학의 모든 것』, 김귀탁 역 (서울: 부흥과개혁사, 2015), 498.

자라고 높이 평가했기 때문이다. 아인슈타인이 유대인이라는 이유로 학자로서 제대로 대접받지 못하고 있는 상황이 플랑크로서는 납득하기 힘들었다.

막스 플랑크는 1900년 12월 14일 베를린에서 열린 독일 물리학회에서 "정상 스펙트럼의 에너지 분포 법칙에 관한 이론"이라는 논문을 발표했다. 이 논문을 통해 플랑크는 흑체복사 문제를 해결하였고 이 공로를 인정받아 1918년 노벨물리학상을 받았다. 막스 플랑크가 논문을 발표했던 12월 14일은 양자론의 탄생일로 불리고 있다.

뉴턴의 고전역학은 이후 200년이 넘도록 과학자들 사이에서 절대적인 진리로 여겨졌고 어느 누구도 고전역학이 설명하지 못하는 자연현상이 있으리라곤 생각하지 않았다. 그런데 1850년대 고전역학에 들어맞지 않는 문제가 발생했다. 바로 흑체 복사이론이었다. 물리학자들은 빛이 나오는 물체(광원)에 영향을 받지 않고 온도에만 영향을 받는 이상적인 물체가 필요했다. 이것이 흑체(黑體, black body)다. 플랑크는 양자라는, 어쩌면 너무나 간단하지만 새로운 개념을 도입해 위기에 처한 물리학을 구제한 것이다.

그는 빛의 에너지가 연속적인 값이 아니라 어떤 단위값의 정수배인 특정한 값만 갖는다는 가정을 세웠다. 즉, 각 빛은 진동수에 비례하는(즉 파장에 반비례하는) 값의 에너지만 주고받을 수 있다고 가정했다.

한편 플랑크는 양자론의 포문을 열었지만, 끝까지 고전역학을 거부하지 못했다. 그럼에도 플랑크로 인해 20세기 초 양자론이 탄생했고, 이로써 물리학의 근본 구조가 영원히 바뀔 수 있었던 것은 사실이다. 특히 고전역학이 너무나 완벽해서 더 이상 물리학자들이 할 일이 없을 것으로 생각되던 당시에 플랑크가 양자 개념을 제시했다는 것은 더욱 의미가 크다. 더 이상 새롭게 할 일이 없을 것 같은 답답한 상황이 바로 혁명이 시작되는 시점이라는 것을 플랑크가 몸소 보여준 것이다. 그의 업적은 너무나 탁월했기 때문에 뉴턴, 아인슈타인과 같은 '급'으로 다뤄지기도 한다.

양자 불연속 개념을 만든 플랑크조차 그 개념에 확신이 없던 1905년 광양자 가설을 주장하며 양자 불연속 개념을 받아들인 인물이 바로 아인슈타인이다. 아인슈타인은 플랑크의 양자 개념을 이용해 광전효과를 설명함으로써 어떻게 빛이 입자의 흐름처럼 운동하는지 증명했다. 이에 따라 아인슈타인의 광양자 가설은 이후 빛이 입자와 파동의 이중성을 갖는다는 결과를 끌어낼 수 있는 초석을 놓았다. 또 광양자라는 새로운 개념은 20세기 양자 역학이 발전하는 데도 큰 역할을 담당했다.

그렇다고 아인슈타인이 광양자 가설이 내포하는 양자 역학의 함의를 인정한 것은 아니었다. 그는 세계가 확률과 우연에 지배된다는 생각을 거부했다. 이 때문에 1924년부터 이듬해까지 아인슈타인은 덴마크의 물리학자 닐스 보어(Niels Bohr, 1885-1962)와 광양자의 존재 여부를 놓고 열띤 논쟁을 벌여야 했다. 보어는 1913년 원자모형을 발표하면서 원자와 분자구조에 양자론을 최초로 적용한 양자론의 '대부'였다.

양자 역학에 유보적인 태도를 가진 사람은 비단 아인슈타인뿐만이 아니었다. 1920년대 하이젠베르크와 함께 양자 역학을 정립한 슈뢰딩거(Erwin Schrödinger, 1887-1961) 역시 양자 역학의 해석에 관해서는 아인슈타인과 뜻을 같이했다. 한 예로 그는 "슈뢰딩거의 고양이"라는 사고 실험을 통해 원자의 세계는 측정되지 않으면, 측정될 때까지는 아무것도 알 수 없다고 주장하는 새로운 과학을 조롱했다.

"뷔리당의 당나귀(Buridan's ass)와 슈뢰딩거의 고양이(Schrödinger's cat)"

똑같은 거리를 두고 양옆에 있는 같은 종류의 건초더미 사이에서 어디로 가야 할지를 결정하지 못하는 당나귀는 결국 그 자리에 주저앉아 굶어 죽고 만다. 프랑스의 스콜라 철학자 장 뷔리당(Jean Buridan, c. 1301-59/62)의 자유의지론을 조롱하기 위해 만들어진 말이라고 알려져 있다.

"슈뢰딩거의 고양이"는 슈뢰딩거가 고안해 낸 사고 실험이다. 밀폐된 상자 속에 독극물과 함께 있는 고양이의 생존 여부는 관찰하기 전에는 살았다고도 할 수 없고 죽었다고도 할 수 없다. "죽었으며 동시에 살아 있는 고양이"는 존재하지 않는다는 사실을 통해 양자 역학의 불완전함과 비현실성을 비판하려 하였다.

이러한 양자 수준에서의 불확정성에 근거하여 낸시 머피(Nancey Murphy, 1951-)는 하나님의 행동을 설명해 보려고 하였다. 머피는 자신의 논문인 "자연 질서에서의 하나님의 행동: 뷔리당의 당나귀와 슈뢰딩거의 고양이"에서 창조와 유지에 더하여 피조된 질서 안에서의 하나님의 행동의 두 가지 양식이 있다고 주장하고 있다. 그 하나는 양자 수준에서의 것이고 다른 하나는 인간의 지성과 행동을 통한 것이다. 머피는 "양자 수준에서의 명백하게 불규칙한 사건들은 모두 하나님의 특수하고 의도적인 행동(에 의하여 망라되지는 않지만)을 포함한다"[2]라고 주장하고 있다. 머피는 이 분야에 있어서 자신의 입장에 가장 가까운 견해를 가진 사람으로 물리학자이자 성공회 사제였던 폴라드(William. G. Pollard, 1911-89)를 제시하고 있다. 폴라드는 "하나님은 모든 원자 하부 사건의 조정을 통하여 역사하신다"라고 제안하고 있다. 존 폴킹혼은 비록 이런 견해를 반대하는 입장을 취하고 있기는 하지만 또한 하나님의 행동을 양자 수준에서 해석한 개척자로 폴라드를 지목하고 있다.

양자 역학이 내포한 확률의 의미를 받아들일 수 없었던 아인슈타인은 숨을 거두기 직전까지 통일장이론을 연구했다. 아인슈타인은 스스로를 "양자론이라는 사악함을 보지 않기 위해 머리를 땅에 박고 있는 타조같이 보일 것"이라고 말한 적이 있을 정도로 양자론을 배척했다.

---

2   Murphy, "Divine Action in the Natural Order," 339.

1927년 닐스 보어의 조교였던 베르너 하이젠베르크(Werner Heisenberg, 1901-76)는 불확정성의 원리(uncertainty principle)를 발표하였다. 입자의 위치와 운동량은 동시에 확정된 값을 가질 수는 없다. 입자의 위치를 정하려고 하면 운동량이 확정되지 않고, 운동량을 정확히 측정하려 하면 위치가 불확정해진다.

불확정성의 원리가 발표되고 얼마 후인 1927년 10월 24일 벨기에서 제5차 솔베이 회의가 열렸다. 이 자리에서 아인슈타인과 보어는 양자론을 놓고 격렬한 논쟁을 벌였다. 이것이 그 유명한 '보어-아인슈타인 논쟁'의 시작이었다. 보어는 양자론의 핵심인 불확정성을 주사위에 빗대어 이야기했다. 이에 대한 아인슈타인의 대답은 간단명료했다.

    신은 주사위 놀이를 하지 않는다(God does not play dice).

주사위 던지기의 예측할 수 없는 결과처럼, 신은 이 우주를 불확실하게 만들지 않았을 것이라는 이야기다. 하지만 보어 역시 주장을 굽히지 않았다. 이들의 논쟁은 솔베이 회의가 열린 엿새 내내 이어졌고, 이후 1955년에 아인슈타인이 죽을 때까지 계속되었다.

솔베이 회의가 끝나고 베를린으로 돌아온 아인슈타인은 '신의 주사위'같이 불확실하기만 한 양자론을 반박할 멋진 이론을 만들고 싶어 했다. 그것이 바로 일반 상대성 이론의 중력 이론과 입자 세계의 힘인 전자기력을 결합한 '통일장 이론'이었다. 아인슈타인은 이 두 가지를 결합하면, 양자론의 불확실성을 논리적으로 깨부술 수 있을 것으로 생각했다.

아인슈타인은 1933년 나치의 위협을 피해 미국으로 망명하였으며 1940년 미국 시민이 되었다. 유대인이었던 아인슈타인은 인격신의 존재를 믿지 않는 범신론자였다.

    나는 스피노자의 하나님 이외에는 믿지 않는다.

미국에 이민온 아인슈타인은 기독교인이 아니라는 이유로 적잖은 고초를 겪기도 하였고 미연방 상원의원 매카시(Joseph McCarthy, 1908-57)에 의해 공산주의자로 지목되기도 하였다. 여러 차례 타임(Time)지의 표지를 장식하기도 하였던 아인슈타인의 가장 유명한 말 중의 하나는 "세계에 대해 가장 이해할 수 없는 일은 그것이 이해할 수 있다는 것이다"(The most incomprehensible thing about the world is that it is comprehensible)라는 말일 것이다. 우리가 토론하고 있는 과학과 종교 특별히 기독교 신앙의 관계와 관련하여 아인슈타인은 "종교 없는 과학은 절름발이이며 과학 없는 종교는 맹목이다"(Science without religion is lame, religion without science is blind)라는 말도 남겼다.

이 말은 칸트의 『순수이성비판』에 나오는 "개념 없는 직관은 맹목이요, 직관 없는 개념은 공허하다"(intuition without concept is blind; concept without intuition is empty)는 말을 패러디한 말이다. 이 말은 데카르트로 대표되는 대륙의 합리론과 프란시스 베이컨(Francis Bacon, 1561-1626)으로 대표되는 영국의 경험론을 종합한 말이다. 선험적 종합명제가 가능하다는 칸트의 비판철학은 당시 등장하고 있던 과학 법칙의 인식론적 근거를 제공하였다는 평을 받고 있다.

아인슈타인이 사망했을 때 타임지는 다음과 같은 글을 통해 그의 죽음을 알렸다.

> 인간은 이렇게 작은 지구에 서서, 무수한 별과 파도치는 바다와 흔들리는 나무를 바라보면서 궁금하게 여긴다.
> 이 모든 것이 무엇을 뜻하는가? (중략)
> 지난 300년 동안 우리 가운데 가장 사려 깊은 의문을 품었던 사람, 알베르트 아인슈타인이라는 이름의 사람이 세상을 떠났다.

양자론에 관해서 만큼은 아인슈타인의 영원한 '적수'였던 보어. 하지만 두 사람은 알고 보면 양자 역학 발전에 기여한 선후배 사이였다. 1905년 아인슈타인이 광양자 가설을 제시하며 먼저 양자 역학의 포문을 열었다면 보어는 1913년 플랑크의 양자 불연속 개념이 담고 있는 폭넓은 의미를 이용해 원자모형을 제안했다. 그리고 보어의 원자 모형 연구는 결국 1920년대 말 양자 역학이 정립되는 데 결정적인 역할을 했다. 보어는 플랑크, 아인슈타인의 계보를 이었다.

1913년 보어는 러더포드 원자모형의 문제점을 해결해 새로운 원자모형을 제안했다. 그는 원자를 태양계의 축소 모형으로 상상하는 고전역학 원리를 적용하는 대신 플랑크의 양자 개념을 이용해 원자 내부에서 전자가 양자화된 특정 값을 지닌 궤도 위에서만 작용하는 체계로 파악했다.

오늘날 원자모형은 보어의 원자모형에 기초를 두고는 있지만 조금 다르다. 보어의 원자모형은 전자가 입자의 성질만 가진다는 가정에서 성립한다. 그런데 현대에 와서 전자의 파동성이 밝혀지면서 전자는 보어가 말한 것처럼 원자핵 주위를 원운동 하지는 않는 것으로 밝혀졌다. 이 때문에 원자 내 전자 궤도의 반지름이나 에너지를 어느 하나의 값으로 정할 수는 없고, 다만 그 위치에 있을 확률이 가장 높고 그 에너지를 가질 확률이 가장 높다고 이야기한다. 그래서 원자의 현대적 모형은 양자 역학이라는 이론에 토대를 두고 오비탈(orbital)이라는 개념으로 원자모형을 나타낸다.

제10장

생명공학의 출현

1900년은 생명공학의 전개 과정에서 중요한 의미가 있는 해이다. 그레고리 멘델(Gregor Mendel, 1822-84)의 유전법칙이 재발견된 해이기 때문이다. 그레고리 멘델은 1822년 태어나서 사제 서품을 받은 수도사였다. 그는 1850년대에 완두콩에 관한 연구를 통해서 부모 세대의 형질이 자손에게 일정한 법칙성을 띠고 전달된다는 사실을 발견했다. 그러나 그의 발견은 그 후 수십 년 동안 묻혔다. 1900년에 이루어진 발견은 이후 유전학(genetics)이라는 학문분과가 성립하는 실질적인 출발점을 마련했다.

휴고 드브리스, 칼 코렌스, 그리고 에리히 폰 체르마크 등에 의해 이루어진 이러한 발견은 멘델의 유전법칙에서 '유전인자'라는 모호한 개념으로 제기되었던 유전자를 '분리할 수 있는 실체'로 부각했다는 점에서 큰 의미가 있다.[1]

유전자의 물리적 구조가 전혀 알려지기 전에 이루어진 이 재발견은 근대 과학의 주요한 이념인 환원주의(reductionism)라는 인식적 토대에서 가능할 수 있었다. 그것은 물질을 이루는 근본입자(elementary particle)가 존재할 것이라는 믿음이 생물에 투영되어 생물을 이루는 근본적인 실체인 유전자가 존재할 것이라는 신념으로 발전한 것이라 할 수 있다.[2]

---

1 이필렬, 백영경, 송기원, 『생명공학과 인간의 미래』(서울: 방통대출판문화원, 2014), 32.
2 필립 얀시는 C. S. 루이스를 인용하여 환원주의에 대한 비판을 제기하고 있다. 우리나라 책에서는 '환원주의'(reductionism)를 '축소주의'라 번역하고 있는데 이는 통용되고 있는 전문용어에 대한 무지에서 기인한 오역이다 [필립 얀시, 『하나님 당신께 실망했습니다』(서울: 좋은씨앗, 2006), 275ff].

이후 이러한 흐름은 에르빈 슈뢰딩거(Erwin Schrödinger, 1887-1961), 막스 델브뤼크(Max Delbrück, 1906-81)처럼 유전자를 물리화학적 실체로 이해함으로써 생명의 본질을 이해할 수 있다는 사고로 굳어졌고, 1953년에 제임스 왓슨(James Watson, 1928-)과 프랜시스 크릭(Francis Crick, 1916-2004)이 DNA 이중 나선 구조라는 물리적 구조를 밝힐 수 있는 인식론적 토대를 제공해 주었다. 『생명이란 무엇인가?』(What Is Life?)라는 유명한 저서로 생물학 연구에 큰 영향을 준 슈뢰딩거나 분자생물학의 수립에 중요한 역할을 한 델브뤼크가 물리학자와 화학자였다는 사실은 결코 우연이 아니다. 그들은 유전자라는 실체를 물리화학적으로 이해하려는 흐름을 형성한 주요한 인물들이다.[3]

이론 물리학자인 에르빈 슈뢰딩거의 책 『생명이란 무엇인가?』는 그가 1943년에 했던 강연에서 시작된 것이다. 그는 이 책에서 "살아 있는 생명체라는 공간적 울타리 안에서 일어나는 시공간 상의 사건들을 물리화학적으로 설명할 수 있겠는가?"라는 물음을 제기하고 곧이어 확고한 믿음을 밝힌다. 현재 이러한 설명이 불가능하다고 해서 미래에 이들 과학이 이 물음에 답할 수 있다는 사실을 결코 의심할 수 없다는 것이다. 실제로 많은 학자가 그의 뒤를 이어 생명현상을 물리화학적으로 설명하는 것이 가능하다는 것을 밝혀냈다. 이 시기에 많은 물리화학자가 생명현상에 관한 연구로 분야를 바꾸어 '물리화학자들의 대이동'이라는 말이 나올 정도가 되었다. 이중 나선 구조를 발견한 프랜시스 크릭도 그런 사람 중 한 명이었다.[4]

이들은 모두 유전자를 물리학의 원자와 같은 개념으로 파악했고, 이러한 접근방식은 이후 분자생물학의 탄생에 결정적인 영향을 미쳤다. 그리고 1930년대에 탄생한 분자생물학은 아직 유전자와 DNA의 구조가 밝혀지기 이전부터 생명의 기본요소로서의 유전자에 대한 열망을 간직하고 있었던 셈이다.[5]

---

3 『생명공학과 인간의 미래』, 33.
4 『생명공학과 인간의 미래』, 33f.
5 『생명공학과 인간의 미래』, 34.

유전자 자체를 해석하는 것은 문제가 되지 않는다. 오히려 생명현상을 이해하려는 중요한 시도로 높이 평가되어야 할 것이다. 문제는 유전자결정론(genetic determinism)에 대한 우려 때문이다. 유전자결정론이란 말 그대로 유전자가 인간을 비롯한 모든 생물을 결정하며, 유전자를 해석하기만 하면 인간의 모든 것을 알아낼 수 있다는 생각이다. 이러한 생각은 사람을 비롯한 모든 생물을 기계나 컴퓨터로 간주하고, 그 설계도나 프로그램에 해당하는 유전자를 분석하기만 하면 사람의 정신적 특성, 나아가 인간다움(humanity)의 본성까지도 낱낱이 밝혀낼 수 있다는 기계론적 사고방식의 연장이라고 할 수 있다.[6]

유전자 속에 들어 있는 유전정보와 컴퓨터 프로그램의 정보는 서로 유사하기는 하지만, 다음과 같은 본질적인 차이를 갖는다.

첫째, 유전자가 발현되는 과정은 컴퓨터처럼 외부의 지시에 의한 타율적인 것이 아니라 전적으로 자율적인 과정이다.

둘째, 유전자는 컴퓨터 프로그램이 결과와 1대1 대응하는 것과는 달리, 개체를 이루는 많은 유전자가 발현과정에서 상호작용하며 이러한 과정을 통하여 개별 유전자의 속성과는 전혀 다른 새로운 속성을 나타낸다.

셋째, 유전정보가 발현되는 과정에는 끊임없이 외부 환경의 정보가 유입되며 이러한 외부 환경의 영향에 의해 새로운 발현과정이 창발(創發)될 수 있다.[7]

일란성 쌍둥이의 사례는 흔히 유전자결정론에 대한 반박으로 많이 거론된다. 일란성 쌍둥이는 자연적인 복제인간이기 때문이다. 많은 연구 결과 같은 유전자를 가지더라도 영양공급 이후 생활방식 등의 자라나는 환경이 다를 경우, 성격이나 정신적 특성은 말할 것도 없고 신체적으로도 상당한

---

6 『생명공학과 인간의 미래』, 99.
7 『생명공학과 인간의 미래』, 99f.

차이를 나타낼 수 있다는 사실이 밝혀졌다. 그래서 유전자결정론을 반대하는 대표적인 생물학자 중 한 사람인 하버드대학의 생물학자 리처드 르원틴(Richard Lewontin, 1929-2021)과 같은 과학자들은 "우리는 유전자 안에 없다"라는 말을 통해 단적으로 유전자결정론의 폐해를 지적하기도 했다.[8]

생명을 들여다보는 창문은 여럿이 있다. DNA를 연구하는 것처럼 분자적으로 접근하는 것도 생명을 보는 중요한 통로이다. 그렇지만 그것이 다른 모든 관점보다 우월한 관점이라고는 할 수 없다. 생명을 바라보는 수준은 여럿이 있다. 생명에 대한 분자적 관점에서의 인식만이 생명의 본질을 밝혀낼 수 있는 것은 아니다.[9]

'생명공학'(bio-technology)이란 말은 1917년에 헝가리의 칼 이레키(Karl Ereky, 1878-1952)에 의해 처음으로 만들어졌다고 한다. 원래 그 의미는 당시까지와는 다른 생물학적 원료를 이용한 기술을 뜻하는 것이었다. 공학(engineering)의 전형은 화학공학이며 그 특성은 자본과 에너지 집약적인 공정을 이용하여 그 산물을 대량 생산하는 것이다. 따라서 생명공학은 'bio'와 'technology'라는, 얼핏 보기에 서로 잘 어울리지 않는 두 가지 개념이 하나로 결합된 것으로 종전에 화학공학의 효소 기술(zymotechnology)과 양조 기술(brewing-technology)에서 사용되던 공학적 개념이 그 대상을 생물로까지 자기 확장한 것이라고 할 수 있다.[10]

생물학자이자 시민운동가로 생명공학의 위험성에 대해 가장 먼저 문제를 제기한 인물 중 한 사람은 제레미 리프킨(Jeremy Rifkin, 1945-)이다. 그는 1998년에 쓴 『바이오테크 시대』(The Biotech Century)라는 저서의 1장에서 이렇게 말하고 있다. "향후 25년 동안 우리의 생활 양식은 우리가 과거 200년 동안 겪었던 것보다 더 근본적인 변화를 겪게 될 것이다. 2025년까지 우리와 우리의 후세들은 인류가 일찍이 과거에 경험했던 세계와는 전혀 다른

---

8 『생명공학과 인간의 미래』, 100.
9 『생명공학과 인간의 미래』, 105.
10 『생명공학과 인간의 미래』, 36.

세계에서 살게 될지도 모른다."¹¹

이러한 리프킨의 이야기를 단순한 수사나 경고로 치부할 수 없는 이유는 크게 두 가지로 요약할 수 있다.

첫째, 1953년 왓슨과 크릭의 DNA 이중 나선 구조 발견 이후 생명공학의 발전과정은 리프킨이 거론한 지난 200년 동안의 기술발전과는 다른 특성을 갖는다. 17세기의 과학혁명과 뒤이은 산업혁명은 세계의 모습을 바꾸어 놓았다. 그러나 인간게놈프로젝트(Human Genome Project)의 완성으로 본격화되고 있는 생명공학 혁명은 인간과 생명 그 자체의 변화를 의미한다. 이전까지의 변화는 인간을 둘러싼 조건에 가해진 변화였다면, 생명공학은 인간과 생명현상 그 자체에 변화를 가하려 한다는 것이다.

둘째, 생명공학이 전개되고 있는 역사적 맥락의 특수성이다. 생명공학의 급격한 발전은 주로 경제적 동기에서 비롯된, '거대사업(big business)과 거대과학(big science)의 결합'이라고 볼 수 있다. 물론 지금까지의 모든 기술이 정치 경제적 동기 없이 개발된 것은 없었지만, 생명공학은 게놈프로젝트의 경우에서 알 수 있듯이 지금까지 그 유례를 찾아볼 수 없을 정도로 '의도적인' 경제적 동기에서 출발하였다.¹²

DNA 이중 나선 구조의 발견으로 제임스 왓슨(James Watson, 1928-)과 프랜시스 크릭(Francis Crick, 1916-2004)은 이 공로를 인정받아 모리스 윌킨스(Maurice Wilkins, 1916-2004)와 함께 1962년 노벨상을 받았다. 그런데 안타깝게도 그들의 연구에 결정적인 근거를 제공한 X선 회절 사진을 제공한 로절린 프랭클린(Rosalind Franklin, 1920-58)이라는 여성 과학자는 젊은 나이에 요절하여 영예를 함께 하지 못했다.¹³

---

11 『생명공학과 인간의 미래』, 30에서 재인용.
12 『생명공학과 인간의 미래』, 30f.
13 James Watson, 『이중 나선: 생명 구조에 대한 호기심으로 DNA 구조를 발견한 이야기』

이중 나선 구조의 발견이 왜 그렇게 중요한가?

DNA 이중 나선 구조의 발견이 중요시된 것은 그것이 중요하게 해석될 수 있었던 맥락 때문이었다고 할 수 있다. 다시 말해, 1900년 이래 이른바 생명에 대한 물리적 해석이라는 생명에 대한 새로운 해석이 사회적으로 요구되고 있었다고 말할 수 있다.[14]

재조합 DNA (recombinant DNA) 기술은 생명공학의 발전에서 1953년의 DNA 이중 나선 구조 발견에 필적할 정도로 중요한 의미가 있다. 이 기술은 1973년에 스탠리 코헨(Stanley Cohen, 1922-2020)과 허버트 보이어(Herbert Boyer, 1936-)에 의해 최초로 개발되었으며, 종의 경계를 뛰어넘는 유전자 이식이라는 새로운 가능성을 열어 놓았다.[15]

오늘날 우리 사회에 엄청난 영향을 주는 생명공학을 이해하기 위해서는 이 새로운 과학 분야가 등장하게 된 역사적 배경을 이해할 필요가 있다. 그 중요한 특성이 2차 세계대전 이후에 형성된 새로운 연구방식, 즉 거대과학이라는 연구 프로그램이다. 이러한 거대과학의 사례 중 대표적인 것은 전쟁기와 냉전 시대에 이루어진 맨해튼 프로젝트와 아폴로 계획을 들 수 있다. 맨해튼 프로젝트는 일본의 히로시마와 나가사키에 투하되어 2차 세계대전을 종결시킨 원자 폭탄을 만든 과학연구 프로젝트였다. 맨해튼 프로젝트가 전쟁이라는 상황에서 이루어진 거대과학의 전형적인 모습이었다면, 아폴로 계획은 냉전이라는 새로운 국제정치적 상황에서 이루어진 거대과학의 사례에 해당한다.[16]

한편 오늘날의 생명공학을 탄생시켰다고도 할 수 있는 인간게놈프로젝트는 흔히 냉전 이후의 맨해튼 프로젝트라고 불린다. 냉전 시대의 거대과학을 출발시킨 동기가 주로 정치적인 목적이었던데 비해, 포스트-냉전 상

(궁리, 2019).
14 『생명공학과 인간의 미래』, 34f.
15 『생명공학과 인간의 미래』, 43.
16 『생명공학과 인간의 미래』, 62f.

황에서 잉태된 이 계획은 주로 경제적인 동기에서 시작되었다. 다시 말해서, 냉전 시대에는 체제경쟁에서의 승리, 즉 사회주의 소련에 대해 자본주의 미국이 승리하고 세계의 주도권을 잡는 것이 중요한 목적이었지만, 90년대 이후의 세계는 경제력이 국가의 안보를 좌우하게 되고 이른바 국가경쟁력을 높이기 위한 무한 경쟁이 시작되었다.[17]

영국의 노화 연구가 중에 커크우드(Thomas Kirkwood, 1951-)라는 학자가 있다. 그는 현대 생명공학이 노화 과정을 멈추게 할 수 있으리라는 희망을 품고 있다. 그는 『우리 생명들의 시간: 인간 노화의 과학』(Time of Our Lives: The Science of Human Aging, 2002)이라는 저서에서 노화를 정지시킬 수 있게 된 사회, 그 사회 속에서의 개인의 삶을 상당히 흥미진진하게 그려 냈다. 그는 이 책에서 노화는 극복될 수 없는 것이 아니라는 이야기를 과학적인 연구 결과들을 제시하며 상세하게 논하고 있는데, 마지막에 노화가 멈추어진 사회에서의 삶이 어떻게 될 것인지를 상상해보고 있다. 그가 상상한 이야기의 주인공은 미란다라는 죽을 운명의 여성이다. 나이는 220세, 사랑하는 사람이 있고 아들과 딸이 있다. 미란다와 함께 살다가 죽은 연인의 나이는 150세였다. 그와 70세나 나이 차이가 나는 것이다. 그녀는 이미 여러 차례 연인들을 사귀었고, 아들까지 낳았다. 딸은 마지막 연인과 살면서 낳은 것이다.[18]

그녀가 사는 사회는 죽음이 극복된 사회이다. 그러므로 그녀는 사고를 당하지만 않으면 죽지 않을 수도 있다. 그런데 그녀는 죽음을 택했다.

왜 죽음을 택했을까?

그리고 어떻게 해서 그녀는 죽지 않고 영원히 살 수 있게 된 것일까?

그녀가 죽어야만 했던 이유는 바로 그녀 스스로 아이를 둘씩이나 낳겠다고 결정했기 때문이다. 사실 영원히 아이를 계속 낳으면서 살아간다는 것은 지구가 하나뿐인 이상, 그리고 인류가 지구에서 살아야만 하는 한 불가

---

17 『생명공학과 인간의 미래』, 67.
18 『생명공학과 인간의 미래』, 243.

능하다. 누군가가 죽어야만 새로 태어나는 아이들이 살아갈 영역이 마련되는 것인데, 그러므로 그 사회에는 자기 아이를 낳은 사람이 죽음으로써 자기 자리를 새로 태어난 아이에게 물려준다는 엄격한 규칙이 마련된 것이다.

여기에서 우리는 생명공학의 극단적인 발전이 사회를 어떻게 변화시키는지 알 수 있다. 생명의 탄생과 죽음까지도 규제하는 사회, 현재의 사회와는 정말 크게 다른 사회가 바로 그 사회인 것이다.[19]

커크우드는 이렇게 노화를 정지시키고 죽음을 극복한 사회가 그냥 단순하게 도래하는 것으로 그리지는 않는다. 생명공학으로 인해 전 지구적 혼란이라는 굉장한 우여곡절을 거친 끝에 안정을 되찾은 후의 모습이 바로 그가 묘사하는 미란다가 사는 사회이다. 그는 노화를 멈추게 하는 기술이 도입되었을 초기에는 사람들의 엄청난 반발과 기술 실패로 인한 각종 기형 인간들의 등장이 지구 전체를 혼란의 도가니 속으로 몰아넣었다고 이야기한다.

결론만 말하자면 한 달 동안 전 세계 60억 인구의 10분의 1이 사망하고, 그 후 몇 년간 남은 인구의 4분의 3인 40억 명 이상이 추위와 기근, 가뭄과 전염병에 희생되어 죽게 된다는 것이다.[20]

이것으로 과학기술의 발달에 힘입은 높은 수준의 물질적 정신적 번영에 도달했던 인류문명 자체가 붕괴하여 버린 것인데, 커크우드는 이로써 모든 것이 끝났다고 말하지는 않는다. 물론 붕괴 후 몇 세대 동안 전통적인 농사 방법도 잊혔고, 사람들은 암흑시대를 살 수밖에 없었지만 남아 있던 과학 문헌들을 통해 20세기 말과 21세기 초의 발달한 과학기술을 되살린 결과 결국 죽음을 극복한 세상을 만들게 된다는 것이다.

그리고 사람들은 그 혼란의 시절에 사람들이 오직 이윤추구만을 위해 생명공학을 연구하고 이에 따라 발생할 수 있는 윤리적인 면에 대해서는 제대로 고려하지 않았기 때문에 전 지구적인 혼란과 문명의 붕괴가 도래했다

---

19 『생명공학과 인간의 미래』, 243.
20 『생명공학과 인간의 미래』, 246f.

는 판단을 내리고, 이러한 역사적 사실을 교훈 삼아 매우 정교한 관리 시스템을 도입하여 혼란을 방지하려 한다. 그리고 이러한 노력은 성공을 거두게 된다.[21]

이러한 "노화가 정지된 사회는 바람직한가?"

이런 질문을 던진 후 『생명공학과 인간의 미래』의 저자들은 대답하고 있다.

> 이 사회 자체는 어떤 면에서는 바람직하지 않은 사회라고 말할 수는 없다.

전쟁이 없는 평화로운 세상에서 모든 사람은 영원히 살면서 자기 인생을 즐길 수 있다. 아이를 낳음으로써 죽음을 선택할 수도 있다. 그러나 문제는 있다.

첫째, 그 사회에 도달할 때까지의 과정이다.

둘째, 그 사회 속에서 나타나는 문제들이다. 상상이기는 하지만 그러한 사회에 도달하는데 60억 인구 중에서 45억이 사망했다.

그리고 암흑의 시기가 200년이나 지속되었다. 사람들이 가장 가깝다고 느끼는 자손과 손자 세대만을 고려한다면 생명공학을 거부하는 것이 마땅하다.

수백 년 후 우리와는 거의 관계없는 사람들이 우리의 희생을 바탕으로 영원한 삶을 살아가게 된다면 그것이 무슨 의미가 있을 수 있겠는가?[22]

---

21 『생명공학과 인간의 미래』, 247.
22 『생명공학과 인간의 미래』, 250.

제11장

쇼클리와 실리콘 벨리의 출현

　우리나라 경제의 무역 의존도는 2019년 기준으로 68.8%라고 한다. 일본은 28.1%로 우리나라의 3분의 1수준이다. 무역 의존도가 높다는 것은 내수만으로 살아갈 수 없기에 대외적인 상황에 많이 휘둘린다는 이야기가 된다. 사드 배치 문제로 불거진 중국의 한한령(限韓令)이나 반도체 관련 3가지 원료들에 대한 일본의 수출규제 등에 영향을 받을 수밖에 없는 구조이다.

　신명기 33장에는 하나님의 사람 모세가 죽기 전에 이스라엘 백성들을 축복하는 내용이 기록되어 있다. 그 가운데 19절 말씀은 잇사갈 지파에 대한 축복의 말씀이다. "그들이 백성들을 불러 산에 이르게 하고 거기에서 의로운 제사를 드릴 것이며 바다의 풍부한 것과 모래에 감추어진 보배를 흡수하리로다." 바로 이 "모래 속에 보배가 있다"는 모세의 축복이 유리와 반도체의 발견으로 이어졌다고 홍익희 전 세종대 교수는 말하고 있다.[1]

　유리의 발명은 가나안 사람들에 의해 이루어졌다. 1세기 입으로 부는 대롱 불기 기법이 개발되면서 유리 공예품이 대량생산 되었고 로마 시대 유대인 유리 세공업자들은 제조기법 기밀을 지키기 위해 베네치아 외딴섬에서 유리 공예품을 만들어 수출했다. 로마 시대의 유리 공예품은 고구려나 백제 유적에서는 출토되지 않지만, 신라 고분에서는 출토되고 있다고 하는데 그 이유는 이 물건들이 실크로드가 아닌 해상 교역망을 통해 들어온 것이기 때문이다.

1　조선일보 2021년 2월 2일 "홍익희의 신 유대인 이야기" [3]

16-17세기 네덜란드 유대인 공동체는 보석 무역을 독점해 독보적인 보석 및 유리 연마 기술을 갖고 있었는데 자연히 안경 직공도 많았다고 한다. 바로 이들이 볼록렌즈와 오목렌즈를 이용해 망원경과 현미경을 만들어 과학과 의학 발전에 크게 이바지하였다. 다소의 논란이 있기는 하지만 1608년 네덜란드의 안경 직공이었던 한스 리페르세이는 최초로 망원경을 발명하였고 이듬해 갈릴레오는 자신이 개발한 망원경을 통해 달을 비롯한 천체를 관측하였고 천동설을 허물고 지동설로 패러다임을 전환하는 대역사를 이루었다.

1660년경 네덜란드의 안톤 판 레이우엔훅은 오목렌즈와 대물렌즈를 이용해 100-300배율의 현미경을 만들어 미생물과 세균들을 관찰하였다. 현미경의 발명은 이후 의학과 물리학 발전에 결정적인 역할을 하였다.

1930-40년대 라디오와 TV 시대가 열리게 되었다. 초기 라디오와 TV에 사용되던 진공관은 부피가 크고, 전기 소비가 많고, 자주 꺼져 수시로 교체해야 하는 불편함이 있었다. 미국 최대 통신회사 AT&T(미국전화전신회사, American Telephone and Telegraph)는 진공관을 대체할 수 있는 깨지지 않고 오래가는 전자 증폭기를 원했다. 이를 해결한 과학자가 바로 유대인 윌리엄 쇼클리(William Shockley Jr., 1910-89)였다.

매사추세츠공과대학(MIT) 출신의 자신만만한 젊은 물리학자 쇼클리는 1937년 27살의 나이에 팀장으로 AT&T의 벨 연구소에 부임하게 된다. 점접촉 정류기에 바탕을 둔 고체 3극진공관을 만드는 것이 그의 팀에게 주어진 임무였다. 쇼클리는 "큰 그림을 볼 줄 알고 팀의 리더로서 역할을 할 수 있는 최고의 고체물리학자"로 발탁이 된 것이다. 그의 밑에는 바딘(John Bardeen, 1908-1991)이나 브래튼(Walter Houser Brattain, 1902-1987)처럼 나이가 더 많은 팀원도 있었다.

1947년 12월 16일 바딘과 브래튼은 점접촉 트랜지스터 실험에 성공하였다. 자신을 빼고 바딘과 브래튼 두 사람만 영예를 얻게 된 데 자극받은 쇼클리는 마침내 바딘과 브래튼의 점접합 트랜지스터보다 더 나은 솔루션을 찾아냈다. 바딘과 브래튼이 자신들의 점접촉 트랜지스터를 시연하고 2주가 채 안 되었을 시점이었다.

> 쇼클리는 자기의 생각을 누구와 논의한 적이 결코 없었다. 2주 만에 오로지 혼자의 힘으로 머릿속에 흩어져 있던 아이디어를 끌어모아 걸작을 탄생시켰다. 그것이 바로 점접촉 기술에 의존하지 않는 트랜지스터 설계였다.[2]

1948년 6월 30일 벨 연구소는 뉴욕시 사무실에서 특별 기자회견을 열고 새로운 시대를 열게 될 발명품인 새로운 고체 3극 진공관을 소개했다. 이 고체 3극 진공관은 '트랜지스터'(transistor)라고 명명되었는데 처음에는 의외로 많은 주목을 끌지 못했다. 그 이유는 "1948년에 트랜지스터가 처음 소개되었을 때는 그것이 향후 얼마나 큰 영향을 미칠지 아무도 상상하지 못했기 때문이다."[3]

1956년 바딘, 브래튼, 쇼클리 3사람은 트랜지스터 개발에 기여한 공로를 인정받아 노벨 물리학상을 공동으로 수상했다. 트랜지스터는 전자의 힘을 이용하려는 인류의 지속적 노력에 있어서 매우 중요한 진전이라고 할 수 있다. 트랜지스터의 중요성은 때로 바퀴의 발명에 비유되기도 한다.

> 바퀴가 운송의 혁명을 가져온 것처럼 트랜지스터는 오늘날 우리가 살고 있는 정보사회를 근본적으로 가능하게 했기 때문이다.[4]

트랜지스터는 당초 게르마늄이란 물질(반도체)로 만들어졌다. 그러나 게르마늄은 약 80℃ 정도에서 파괴되는 결점이 있다. 반면 실리콘은 약 180℃ 정도의 열에도 견딜 수 있는 물질이다. 그래서 지금은 대부분의 트

---

2 데릭 청, 에릭 브랙, 『전자 정복』(서울: 지식의 날개, 2015), 284.
3 데릭 청, 에릭 브랙, 『전자 정복』, 280.
4 데릭 청, 에릭 브랙, 『전자 정복』, 311.

랜지스터가 실리콘으로 만들어진다. 가격 면에서도 실리콘은 게르마늄에 비해 장점이 있다. 게르마늄은 비싼 반면 실리콘은 지금도 저렴하다. 또한 실리콘은 모래에서 추출해 낼 수도 있기에 그 원료가 무궁무진하게 공급될 수 있는 장점이 있다.

> 더군다나 실리콘은 무독성이고, 화학적으로 안정적이고, 기계적으로 강하며, 뛰어난 열전도성을 가지고 있다.[5]

쇼클리와 바딘은 트랜지스터 개발에 성공한 이후 둘 다 벨 연구소를 떠나게 된다. 1951년 바딘은 벨 연구소를 떠나 일리노이대학 교수가 되었으며 1957년 초전도 이론을 완성하여 1972년 두 번째 노벨 물리학상을 받았다. 한 번도 받기 어려운 노벨물리학상을 두 번이나 수상하는 영예를 안은 것이다. 1962년에는 그의 제자 중에 닉 홀로니악(Nick Holoynak, 1928-)이 LED(Light Emitting Diode, 발광 다이오드)를 발명하기도 하였다.

쇼클리도 바딘과 마찬가지로 벨 연구소를 떠났다. 하지만 쇼클리가 향한 곳은 대학이 아니었다. 쇼클리는 더 이상 순수 기술 문제를 해결하거나 과학 논문을 발표하는 것에는 관심이 없었다. 그는 돈과 사업적 성공을 원했다. 쇼클리는 『월스트리트 저널』에서 자신의 이름을 보기를 원했던 것이다. 쇼클리는 자신이 직접 회사를 차려 최신 반도체 장비를 만들기를 원했다. 하지만 투자자를 구하기가 쉽지 않았다. 왜냐하면, 쇼클리를 만나 본 사람들은 모두 그가 사업 능력이 너무나 부족하고 성격이 완고한 것을 알고는 뒤로 물러났다.

쇼클리도 자신의 꿈을 접으려는 순간 쇼클리가 학부 과정 때 캘리포니아공과대학(Caltech)에서 만났던 옛 친구 아놀드 벡맨(Arnold Beckman, 1900-2004)이라는 성공한 사업가가 자신의 사업체의 한 지분으로 "쇼클리 반도

---

5   데릭 청, 에릭 브랙, 『전자 정복』, 301.

체 연구소"(Shockley Semiconductor Laboratory) 설립에 자금을 댔다.

1955년 쇼클리 반도체 연구소가 문을 연 곳은 캘리포니아 마운틴 뷰(Mountain View)였다. 가까운 곳 캘리포니아 팰로앨토(Palo Alto)에는 쇼클리의 노모가 살고 있었다. 쇼클리는 미국 동부에서의 생활을 정리하고 자기 고향으로 돌아가고 싶었다.

> 하지만 LA가 아니라 북부 캘리포니아에 회사를 세우기로 한 그의 결정이 바로 실리콘벨리의 탄생을 이끌게 될 줄은 그 누구도-아마 쇼클리 자신조차-알지 못했다.[6]

쇼클리는 함께 일할 전국 최고의 인재들을 뽑기 위해 엄청난 노력을 기울였다. 그러나 벨 연구소의 오랜 동료 중 단 한 명도 그의 회사에 오지 않았다. 그의 성격적인 결함을 생각하면 놀랄 일은 아니었다. 다행히 쇼클리는 뛰어난 기술 인재들을 본능적으로 잘 알아보았다. 그중에는 MIT에서 박사 학위를 받고 실바니아에서 근무하다 온 연구원 로버트 노이스(Robert Noyce, 1927-1990)와 쇼클리와 같은 칼텍 출신의 두뇌가 비상한 고든 무어(Gordon Moore, 1929-)도 있었다.

하지만 이렇게 시작된 쇼클리 반도체 연구소는 오래가지 못했다. 쇼클리가 불러 모은 인재들은 쇼클리가 회사를 경영하기에는 적합하지 않다는 것을 금방 알아차렸다. 그들은 쇼클리 몰래 회사의 재정 후원자인 벡맨을 만나 이야기하기로 결심했다. 로버트 노이스, 고든 무어, 셸던 로버츠(Sheldon Roberts), 유진 클라이너(Eugene Kleiner), 빅터 그리니치(Victor Grinich), 줄리어스 블랭크(Julius Blank), 장 회르니(Jean Hoerni), 그리고 제이 래스트(Jay Last) 등 여덟 명이 이 거사에 참여했다. 이른바 '8인의 반역자들'(traitorous eight)이다.

---

6 데릭 청, 에릭 브랙, 『전자 정복』, 316.

8인의 반역자들

노이스를 비롯한 여덟 명은 쇼클리의 회사를 떠나기로 결심했다. 하지만 그들은 흩어질 생각이 없었다. 1957년 9월에 새 회사를 차릴 준비가 모두 끝났다. '8인의 반역자'는 동시에 쇼클리 회사에 사직계를 제출하고, 바로 다음 날 페어차일드 반도체(Fairchild Semiconductor)로 출근했다.

그들이 세를 내어 새롭게 둥지를 튼 공장 자리는 쇼클리의 반도체 회사에서 겨우 몇 마일 떨어진 비어 있던 건물이었다. 두 달 후, 그들은 IBM으로부터 50만 달러 상당의 첫 주문을 받았다. 이 수입으로 본격적인 성장의 발판이 마련되면서, 전국적으로 숙련된 전문가들을 대거 채용했다. 페어차일드 반도체는 새 공장 건물로 입주한 지 10개월 만에 IBM으로부터 주문받은 트랜지스터를 성공적으로 생산하여 납품했다. 이제 사실상 새 회사가 탄생한 것이다.

8인의 반역자가 떠난 쇼클리 반도체 연구소는 8인의 경고 그대로 심각한 위기를 만나 결국에는 문을 닫고 말았다. 쇼클리는 인재를 알아보는 날카로운 눈을 가지기는 했지만, 이들 인재의 전문성을 제대로 활용하여 회사의 수익성을 높이고 그토록 바랐던 부를 창출하는 지도력은 부족했다. 쇼클리는 이후 스탠퍼드대학의 교수로 지내면서 실리콘밸리가 눈부신 성장을 하는 동안 조용히 옆으로 물러나 있어야만 했다.

> 쇼클리가 반도체의 역사에 가장 많은 영향을 미친 사람이라는 것은 의심의 여지가 없는 사실이다. 하지만 그는 결함 있는 천재였다.[7]

서문에서 밝힌 것처럼 나는 이공계열이 아니라 인문계열 출신이다. 자연과학의 여러 이론에 대해 이해하는 데에도 어려움과 제약이 있고 마찬가지로 기술공학과 관련해서도 별반 소양이 없다고 할 수 있다. 물론 인문계 출신이라고 다 그런 것은 아니다. 인문계 출신임에도 컴퓨터에 조예가 깊은 사람들이 얼마든지 있을 수 있기 때문이다.

데릭 청의 『전자 정복』에 대하여

살림출판사의 "살림지식총서"라고 하는 시리즈물이 있다. 작은 판형에 페이지는 100페이지를 넘지 않는다. 전문적인 책들이라기보다는 가볍게 읽을 수 있는 책들이다. 내가 처음 알게 된 이 총서의 책은 89번 『커피 이야기』였다. 4번 『두 얼굴을 가진 하나님: 성서로 보는 미국 노예제』는 성경해석과 관련하여 유익한 토론을 담고 있기에 신학을 공부하는 학부 학생들에게 독후감 과제로 내주곤 하였다.

시리즈 가운데 349번은 『빌 게이츠』이고 350번은 『스티브 잡스』이다. 개인적으로는 『빌 게이츠』와 『스티브 잡스』를 읽고 나니 어느 정도 IT쪽에 대한 이해를 할 수 있게 되었다는 마음이 들었다. 그래서 학생들에게 두 권의 책을 추천하곤 하였다. 그러다가 지식의 날개에서 펴낸 『전자 정

---

7   데릭 청, 에릭 브랙, 『전자 정복』, 326.

> 복』을 읽게 되었다. 468페이지에 달하는 꽤 분량이 되는 책이었다. 책의 부제는 "상상이 현실이 되기까지 천재과학자들이 써 내려간 창조의 역사" 이다.

『전자 정복』의 공저자 중 한 사람인 데릭 청(Derek Cheung)은 스탠퍼드에서 쇼클리에게 직접 수업을 들은 사람이다. 페어차일드 반도체에서 실험 엔지니어로 1969년부터 1972년까지 4년간 일하기도 하였다. 하지만 그가 페어차일드 반도체에 몸담고 있던 시절 노이스나 무어는 이미 그곳을 떠나 '인텔'(integrated electronics products, 통합 전자 제품)을 창업한 상태였다. 노이스와 무어가 떠난 페어차일드는 심각한 타격에 허덕였고 결국 역사의 뒤안길로 사라졌다.

하지만 페어차일드 반도체의 영향과 발자취는 오늘날까지도 뚜렷이 남아 있다.

> 오늘날 400개가 넘는 실리콘밸리의 회사들이 직접 혹은 간접적으로 페어차일드의 기반 위에 탄생했다. 산업 발전의 역사상 한 회사가 이렇게 많은 번창하는 회사들을 탄생시킨 것은 상당히 특이한 현상이다.[8]

데릭 청은 자신이 페어차일드 반도체에 근무하던 시절을 회상하며 "비록 페어차일드 반도체가 사업적으로는 적절하게 운영되지 못했을지 몰라도 회사의 기술 훈련 프로그램의 수준은 아주 최고였다"고 말하고 있다. 결론적으로 자신의 페어차일드 반도체에서의 4년의 경험에 대해 "창의력과 기업가 정신이 소용돌이치는 역사적 진원지에 있으면서, 그러한 경험을 한 것은 아직도 큰 행운이라고 생각한다"고 말하고 있다.[9]

---

8   데릭 청, 에릭 브랙, 『전자 정복』, 349.
9   데릭 청, 에릭 브랙, 『전자 정복』, 353.

『전자 정복』의 내용은 어찌 보면 창조신학의 내용과 직접적인 관계는 없을지 모른다. 하지만 그럼에도 이 책은 우리 주변에 성큼 다가와 있는 과학 기술 특별히 전자공학과 관련한 유익한 내용들을 담고 있기에 나는 수업 시간을 할애하여 이 내용들을 학생들과 나누곤 하였다. 최근에는 서울대 과학사 및 과학철학 협동 과정에서 가르치는 홍성욱 교수의 『모던테크』라는 책을 읽었는데 "자전거에서 인공지능까지 우리 삶을 바꾼 기술"이라는 부제를 달고 있는 이 책도 여러 면에서 많은 도움이 되었다. 과학기술과 관련된 여러 유익한 이야기를 담고 있는 좋은 책이라고 할 수 있다.

데릭 청이 『전자 정복』에서 인텔에 관하여 이야기하고 있는 일화를 조금 더 다루어보자. 데릭 청은 인텔의 창업자 노이스에 대해 칭찬을 아끼지 않고 있다. "실리콘밸리의 시장님"이라는 별명의 노이스는 1957년 쇼클리반도체연구소를 박차고 나와 페어차일드 반도체를 창업한 '8인의 반역자' 가운데 리더였으며 1968년에는 고든 무어와 함께 인텔을 공동으로 창업하였다. 만일 그가 1990년 심장마비로 죽지 않았다면 2000년 집적회로를 발명한 공으로 노벨 물리학상을 공동으로 수상할 수도 있었다.

역사에 구애받지 말라. 박차고 나가 뭔가 신나는 일을 하라.[10]

이것이 노이스의 구호였다고 한다.

노이스는 매우 창의적이고 혁신적인 아이디어의 사람이었다. 하지만 이런 노이스의 과감성과 충동성은 그의 큰 장점인 동시에 그의 아킬레스 건이기도 했다. 데릭 청은 이런 노이스의 단점에 대한 해결 방안이 바로 인텔의 공동창업자 고든 무어라 말하고 있다. 데릭 청은 무어에 대해 대단히 영리하고 꼼꼼했으며 참을성 있고 겸손하기까지 한 사람이었다고 말한다. 가장 수동적인 스포츠의 하나인 낚시가 무어의 취미였다.

---

10 데릭 청, 에릭 브랙, 『전자 정복』, 344.

대부분의 모임에서 무어는 거의 말을 하지 않고 다른 사람들의 이야기를 주의 깊게 들었다고 한다. 마지막에 가서야 몇 마디 했는데, 그것은 늘 간결하고 정확하면서도 실행 가능한 것이었다.[11]

데릭 청은 인텔에서의 노이스와 무어의 리더십에 대해 말하고 있다. 노이스와 무어는 통상적인 조직의 권위주의를 혐오하였다. 그들은 강력한 회사 규율을 세우는 한편 위계질서를 강요하는 것은 피했다. 그 이유는 자신들이 쇼클리의 지배와 페어차일드에서의 노쇠한 관료주의에 치를 떨었던 경험 때문이었다. 그래서 인텔에서는 아침 일찍 나오는 사람이 원하는 자리에 먼저 차를 댄다. 회사의 임원이라고 해도 주차 특권을 갖지 않았다. 임원들이나 직원들이 같이 편하게 구내식당에서 점심 식사하며 기술에 대한 수다를 떨기도 하였는데 "오늘날에는 이러한 관행이 흔하지만, 당시에는 대부분의 회사와 확연히 대비되는 것이었다."[12]

하지만 마냥 풀어주는 것만 가지고는 하나의 조직이 제대로 돌아갈 수가 없다. 노이스에 이어 무어가 인텔의 사장 및 최고경영자 자리를 넘겨받아 역할을 잘 수행하였지만 시간이 지날수록 누군가 좀 더 얼굴이 두꺼운 사람이 필요하다는 것이 분명해졌다. 데릭 청의 표현대로 하면 "회사와 직원들을 가차없이 휘어잡고 책임지는, 그러면서도 기술과 사업에 대한 선견지명을 가지고 있는 그런 냉혹하면서도 철권을 행사할 줄 아는 사람"이 필요했다.

마침 인텔에는 그런 사람이 딱 한 명 있었다. 그의 이름은 앤디 그로브(Andy Grove, 1939-2016)였다.[13]

---

11 데릭 청, 에릭 브랙, 『전자 정복』, 400-402.
12 데릭 청, 에릭 브랙, 『전자 정복』, 402f.
13 데릭 청, 에릭 브랙, 『전자 정복』, 403f.

앤디 그로브는 페어차일드에서 일하다가 노이스와 무어가 인텔을 창업할 때부터 함께 하였다. 그로브는 헝가리에서 20살까지 공산당 치하에서 자란 유대인 소년 시절의 아픈 경험으로 항상 '최악의 경우'에서 생각하는 경향이 있었다.

> 그로브는 노이스나 무어와는 경영 스타일이 달랐다. 그는 사람들을 바짝 휘어잡으며 능숙하게 이끌어 나갔으며, 엄격하고 세부적인 것을 중요시하는 원칙주의자였다.

그로브는 현 상태에 안주하는 분위기를 결코 용납하지 않았다. 그의 좌우명은 "편집증이 있는 사람만이 살아남는다"였는데 1979년 인텔 사장이 된 그로브는 자신의 편집증적 기질을 기업 경영에 활용하였다. 의심이 많고 완벽에 집착하는 그의 성미가 날카로운 생존 감각과 위험 지각 능력을 키우는 데 도움이 되었다. 1986년 앤디 그로브는 메모리칩 사업에서 과감하게 손을 떼기로 하였다. 마이크로프로세서 사업에 주력하기로 한 것이다.

> 인텔의 장기간에 걸친 성공은 그로브의 지도력이 유효했음을 입증해주고 있다.[14]

이야기를 스티브 잡스로 이어가 보자. 변호사의 아들로 태어난 빌 게이츠(Bill Gates, 1955-)와 달리 스티브 잡스(Steve Jobs, 1955-2011)는 태어나자마자 입양이 되었다. 스티브 잡스를 입양하는 가정에 생모는 딱 한 가지 조건을 걸었다고 한다. 그것은 대학을 보내주는 것이었는데 넉넉하지 못한 형편이었지만 잡스의 양부모들은 이 약속을 지켰다. 하지만 잡스는 대학을 졸업하지 못했다. 하버드에 진학하였던 빌 게이츠도 마찬가지였다. 두 사

14　데릭 청, 에릭 브랙, 『전자 정복』, 405.

람 다 막 등장하던 개인컴퓨터 시장에 뛰어들었다.

스티브 잡스는 신앙적으로는 선불교에 경도되어 있었던 사람으로 알려져 있다. 심지어 인도를 여행하기도 했다. 대학에서는 동양의 서체를 취미 삼아 공부하기도 했다. 1976년 애플을 창립하고 맥킨토쉬 컴퓨터가 성공을 거두었지만, 자신이 영입한 전문경영인인 존 스컬리(John Sculley III, 1939-)에 의해 1987년 애플에서 쫓겨났다. 하지만 스티브 잡스는 10여 년 만인 1997년 다시 애플로 복귀하여 이른바 애플 신화를 쓰게 되었다.

내가 LA에서 공부하던 시절 LA다운타운에 가면 빌딩에 위에서 아래로 플랭카드가 걸려 있었는데 "다르게 생각하라"(Think Different)는 문구였다. 2004년 췌장암으로 수술을 받은 스티브 잡스는 2005년 스탠포드대학 졸업식에 연사로 초대되어 연설하게 되었다. 그 내용은 크게 세 가지다.

첫째, "점 잇기에 관한 것"이다. 잡스는 자신의 입양, 대학 자퇴, 서체 공부에 관해 이야기하고 있다. 우리는 과거의 이런 점들이 미래에 어떤 식으로든 이어진다고 믿어야 한다. 이 부분을 우리는 섭리와 관련하여 이해하면 좋을 것 같다.

> 하나님을 사랑하는 자 곧 그 뜻대로 부르심을 입은 자들에게는 모든 것이 합력하여 선을 이루느니라(롬 8:28).

둘째, "열정과 실패에 관한 것"이다. 잡스는 20살에 부모님의 차고에서 애플을 창업한 이야기를 시작으로 애플의 성장, 그리고는 30살에 애플에서 쫓겨난 이야기를 한다. 다음 5년 동안의 넥스트(NeXT)와 픽사(Pixar)의 창업, 연애, 최초의 컴퓨터 애니메이션 〈토이 스토리〉(Toy Story)의 제작, 넥스트와 애플의 합병, 그리고 결혼에 대해 말하며 잡스는 연애뿐만 아니라 자신이 하는 일에 대한 열정을 말하고 있다.

셋째, "죽음에 관한 것"이다. 잡스는 자신이 죽음에 가장 가깝게 다가갔던 경험에 대해 말한다. 1년 전 자신의 췌장암 발병과 치료에 대해 말하고 그 누구도 죽음을 원하지 않지만 죽음은 우리가 모두 공유하는 삶의 종착역이며 인생이 우리에게 주는 선물이라고 말한다.

그러면 어떻게 살아야 할 것인가?

여기서 잡스는 스튜엇 브랜드(Stewart Brand, 1938-)가 만든 『지구 백과』(The Whole Earth Catalog)라는 책의 최종판 뒤표지 아래 있던 "늘 갈망하고 우직하게 전진하라"(Stay Hungry. Stay Foolish)라는 말을 인용하고 있다.

아무래도 스티브 잡스의 가장 큰 업적은 2007년 스마트 폰을 출시한 것이라고 할 수 있다. "20세기를 연 기술이 헨리 포드의 대량 생산된 자동차 T였다면, 21세기를 연 기술은 2007년에 처음으로 출시된 스마트 폰인 애플의 아이폰(iPhone)이라고 할 수 있다."[15] 잡스 자신의 회고에 의하면 멀티 터치 스크린에 주목한 사람도, 휴대전화를 만들자고 제안한 사람도 잡스 본인이었다.

하지만 홍성욱에 의하면 실제로 아이폰의 개발에 있어서 잡스의 역할은 훨씬 제한적이었다. 그 사실관계를 떠나서 어쨌거나 아이폰의 출시는 이후 인류의 문명사를 바꾼 중요한 사건이라고 할 수 있다. 급기야 우리나라에서는 『포노 사피엔스: 스마트 폰이 낳은 신인류』라는 책이 등장하기도 하였다.

---

15 홍성욱, 『모던테크』 (고양: EBS Books, 2020), 279.

제12장

4차 산업혁명과 『호모 데우스』

　많은 사람이 인정하듯이 중세 이후 세 가지 기술이 사회와 인간 행동을 형성하는 글로벌 혁명에 영감을 불러일으켰다. 첫째는 18세기 영국에서 시작된 원조 산업혁명이다. 제임스 와트(James Watt, 1736-1819)의 증기기관은 사람, 말 혹은 소의 태생적인 물리적 한계를 극복하는 동력을 제공해 주었다. 핵심은 이 혁명이 물리적이었다는 것이다. 산업혁명은 수천 년간의 인간 생활방식과 사회 구조를 급격하게 바꾸었다. 19세기 후반부에는 통신, 에너지, 그리고 운송 기술에 획기적 발전이 있었고, 그 결과 2차 산업혁명이 나타났다.
　미국은 이러한 2차 산업혁명의 중심지였으며, 이 혁명에 중요한 역할을 한 것은 새로운 전자기 기술이었다. 1970년대 중반부터 인류는 3차 산업혁명에 돌입했다. 3차 산업혁명은 정보 지향적이었고, 이것은 전자 기술과 소프트웨어 지향의 정보 기술에 의해 가능했다. 3차 산업혁명은 정보와 지식의 엄청난 가치를 강조하기 때문에 통상 정보혁명이라 일컬어진다. 정보혁명 시대에는 전자 기술이 주역을 맡게 된다.
　제4차 산업혁명이라는 말은 2016년 세계 경제 포럼의 설립자 클라우스 슈밥(Klaus Schwab, 1938-)이 처음으로 사용하였는데 로봇이나 인공지능을 통해 실제와 가상이 통합돼 사물을 자동적·지능적으로 제어할 수 있는 가상 물리 시스템의 구축이 기대되는 산업상의 변화를 일컫는다. 컴퓨터, 인터넷으로 대표되는 제3차 산업혁명(정보혁명)에서 한 단계 더 진화한 혁명으로도 일컬어진다.

제1차에서 제3차에 이르는 산업혁명은 전반적으로 인정받는 가운데 있지만 제4차 산업혁명에 대해서는 여전히 논란이 존재한다. 제4차 산업혁명과 관련하여 사람들이 가장 우려하는 것 가운데 한 가지는 일자리가 줄어드는 것이다.

자동현금인출기(ATM)에 대해 생각해보자. ATM은 1968년 개발되었으며, 다음 해에 맨해튼의 케미컬 뱅크 지사의 벽에 구멍을 뚫고 처음으로 설치되었다. 알랑드 보통(Alain de Botton, 1969-)은 『불안』이라는 책에서 ATM 기계의 등장으로 미국에서는 1980년에서 1995년 사이에 일반인을 상대하는 은행 업무에 종사하던 노동자들 가운데 반 정도인 50만 명이 일자리를 잃었다고 말하고 있다.[1]

노동에 대해 우리는 그것이 타락 이전에 주어진 것임을 기억할 필요가 있다.

> 여호와 하나님이 그 사람을 이끌어 에덴동산에 두어 그것을 경작하며 지키게 하시고 (창 2:15).

물론 과도한 노동은 죄로 인한 저주의 결과라고 할 수 있다.

> 네가 흙으로 돌아갈 때까지 얼굴에 땀을 흘려야 먹을 것을 먹으리니 네가 그것에서 취함을 입었음이라 너는 흙이니 흙으로 돌아갈 것이니라(창 3:19).

가정에서 주부들의 수고는 끝이 없다. 삼시세때 식사 준비에 돌아서면 산더미 같이 설거짓거리가 쌓이기가 다반사다. 세탁기가 없었던 시절 추운 겨울 아낙네들은 냇가의 얼음을 깨고 빨래를 해야 했다. 돌아보면 어떻게 살았을까 하는 장탄식이 나오게 된다. 여성들의 수많은 가사노동으로부터

---

[1] Alain de Botton, 『불안』, 정영목 역 (서울: 은행나무, 2011), 126.

의 해방을 우리는 축하해야 마땅하다. 하지만 육체노동이 필요 없는 세상이 꼭 좋은 세상일까? 그렇게 되면 자아실현이라고 하는 것은 어떻게 될까 우리는 질문하지 않을 수 없다.

1996년 초판이 출간된 제러미 리프킨(Jeremy Rifkin, 1945-)의 『노동의 종말』(The End of Work)은 이른바 기계의 출현으로 일자리를 잃게 되는 사람들에 대해 말하며 노동의 종말을 예언하고 있다. 남북전쟁으로 해방된 흑인 노예들은 백인들이 소유한 농장에서 목화 따는 일을 했다. 그런데 1944년 목화 따는 기계가 도입되었다. 한 시간에 일꾼은 20파운드의 목화를 땄다면 그 기계는 똑같은 시간에 1,000파운드의 목화를 딸 수 있었다. 50명분의 일을 할 수 있었던 것이다.

유발 하라리(Yuval Noah Harari, 1976-)는 4차 산업혁명이라고 하는 말을 사용하지는 않지만, 인류의 미래에 대해 비슷한 전망을 하고 있다. 하라리는 『사피엔스』라고 하는 책에서 역사의 진로를 형성한 세 개의 혁명에 관해서 이야기하고 있다.

> **첫째** 혁명은 약 7만 년 전 일어난 인지 혁명이다. 이 인지 혁명은 역사의 시작을 알렸다.
> **둘째** 혁명은 약 12,000년 전 발생한 농업혁명이다. 이 농업혁명은 역사의 진전 속도를 빠르게 했다.
> **셋째** 혁명은 과학혁명인데 세 번째 혁명인 과학혁명이 시작한 것은 불과 5백 년 전이다. 이 과학혁명은 역사의 종말을 불러올지도 모르고 뭔가 완전히 다른 것을 새로이 시작하게 될지도 모른다.[2]

흥미로운 것은 유발 하라리는 인류가 수렵 채집인의 상태에서 농경으로 전환하게 된 것을 역사상 최대의 사기였다라고 보고 있다는 것이다. 그 이

---

2   Yuval Noah Harari, 『사피엔스』, 조현욱 역 (서울: 김영사, 2015), 19.

유는 평균적인 농부가 평균적인 수렵 채집인보다 더 열심히 일했지만, 그 대가로 얻은 것은 더 열악한 식사였다는 것이다.[3]

일반적으로 알려진 바에 의하면 지금 현대인의 사회적·심리적 특성 중 많은 부분이 농경을 시작하기 전의 기나긴 시대에 형성되었다는 것이다.[4]

> 오늘날 우리의 마음이 수렵 채집인 시대의 것이라면 우리의 부엌은 고대 농부의 그것과 다르지 않다.[5]

하라리는 호모 사피엔스가 세상을 정복한 것은 언어 덕분이었다고 주장한다. 언어를 통해 호모 사피엔스는 협업을 할 수 있게 되었다. 수십만 명이 거주하는 도시, 수억 명을 지배하는 제국을 건설할 수 있게 된 것이다. 하라리는 돈, 제국, 종교를 대표적인 허구로 본다. 이런 허구나 공통의 신화를 믿으면 서로 모르는 수많은 사람이 성공적 협력을 할 수 있다.[6]

유발 하라리는 중세 전쟁사를 전공한 역사학자이다. 예루살렘 히브리대학의 교수이다. 『사피엔스』라는 책에서 유발 하라리는 인간이 어떻게 유인원에서 사이보그까지 진화하게 되었는지를 보여주고 있다. 10만 년 전 지구상에는 호모 사피엔스뿐 아니라 네안데르탈인이나 호모 에렉투스 등 최소 6종의 인간 종이 살고 있었다. 이후 호모 사피엔스는 유일한 승자로 지구상에 살아남게 되었고 이제 그들은 신의 영역을 넘보고 있다.

> 인간이 신을 발명할 때 역사는 시작되었고, 인간이 신이 될 때 역사는 끝날 것이다.

---

3 Harari, 『사피엔스』, 124.
4 Harari, 『사피엔스』, 70.
5 Harari, 『사피엔스』, 122.
6 Harari, 『사피엔스』, 53.

『사피엔스』라는 책의 부제는 "인류의 간략한 역사"이다. 2011년 『사피엔스』에 이어 2016년에 쓴 『호모 데우스』의 부제는 "미래에 대한 간략한 역사"이다.

많은 그리스도인이 『호모 데우스』에서 유발 하라리가 이제 인간이 신이 되려 한다고 주장하고 있다고 생각하여 분노하고 있다. 분명 『호모 데우스』나 유발 하라리의 존재 자체만으로도 그리스도인들에게는 기분이 상하고 빈정이 상하는 부분이 있는 것이 사실이다. 유발 하라리는 말하자면 세속 유대인이다. 거기에 동성애자이기도 하다. 진화론을 받아들이는 데서 더 나아가 신이나 종교는 허구라고 간단하게 치부해버린다. 그런 부분에서 도무지 그리스도인들과는 접촉점이 없어 보이는 것이 사실이다.

인류의 역사는 한 마디로 기근과 전염병 그리고 전쟁을 극복하기 위한 몸부림의 과정이었다. 이제 인류는 불멸, 행복, 신성을 목표로 추구하고 있다.

> 짐승 수준의 생존 투쟁에서 인류를 건져 올린 다음 할 일은 인류를 신으로 업그레이드하고, '호모 사피엔스'를 '호모 데우스'로 바꾸는 것이다.[7]

하라리는 인간을 신으로 업그레이드하는 세 가지 방법을 소개하고 있다. 생명공학, 사이보그 공학(인조인간 만들기) 그리고 비유기체 합성이 그것이다. 생명공학은 40억 년의 진화의 역사에서 사피엔스가 종착역이라고 생각할 필요가 없다는 통찰에서 출발한다.

> 기껏해야 돌칼 정도를 만들 수 있었던 호모 에렉투스를 우주선과 컴퓨터를 만드는 호모 사피엔스로 탈바꿈시키는 데는 유전자, 호르몬, 뉴런의 비교적 작은 변화로 충분했다.[8]

---

7   Yuval Noah Harari, 『호모 데우스』, 김명주 역 (서울: 김영사, 2017), 39.
8   Harari, 『호모 데우스』, 69f.

아메바에서 파충류와 포유류를 거쳐 사피엔스가 된 인간은 유전암호를 바꾸고 뇌 회로를 바꾸고, 생화학 물질의 균형을 바꾸는 것은 물론 새로운 팔다리를 자라게 하여 신이 될 것이다.

> 그렇게 탄생한 초인류는 우리가 호모 에렉투스와 다른 만큼이나 지금의 사피엔스와 다를 것이다.[9]

1996년 2월 10일 서양의 장기인 체스 세계 챔피언 가리 카스파로프(Garry Kasparov, 1963-)는 IBM의 딥블루에게 패배하였다. 2016년 3월 이세돌 9단은 알파고와 벌인 바둑 대결에서 패배하였다.[10] 하지만 그럼에도 컴퓨터가 곧 의식을 보유하고, 감정과 감각을 경험하게 될 것 같지는 않다고 하라리는 보고 있다. 지난 몇십 년 동안 컴퓨터의 지능은 엄청나게 발전했지만, 컴퓨터의 의식은 전혀 발전하지 않았다.[11]

21세기는 소규모 엘리트 집단의 업그레이드된 초인간들인 호모데우스가 지배하는 사회이다. 이런 사회에서 하라리가 제기하는 가장 중요한 질문 가운데 하나는 '일하지 않는 사람들'인 '잉여 인간은 무엇을 해야 하는가?' 이다.

> 거의 모든 것을 더 잘할 수 있는 높은 지능의 비의식적 알고리즘이 생긴다면, 의식을 가진 인간은 무엇을 할 것인가?[12]

이들은 말하자면 경제적, 정치적, 예술적으로 어떤 가치도 없으며, 사회의 번영, 힘과 영광에 아무런 기여도 하지 못하는 사람들이다. 거대한 규모

---

9 Harari, 『호모 데우스』, 70.
10 Harari, 『호모 데우스』, 438f.
11 Harari, 『호모 데우스』, 425.
12 Harari, 『호모 데우스』, 435.

의 새로운 계급인 이 "'쓸모없는 계급'은 그저 일자리를 구하지 못한 사람들이 아니라, 일자리를 구할 수 없는 사람들일 것이다."[13]

하라리에게는 실리콘벨리가 종교적 관점에서 볼 때 세계에서 가장 흥미로운 장소다. 실리콘벨리의 첨단기술 전문가들은 사실상 전통적인 의미에서의 신과는 별 관계가 없고 기술과 관계 있는 용감한 신흥 종교들을 만들어내고 있다.

> 이 신흥 종교들은 기존의 종교들이 약속한 모든 보상(행복, 평화, 번영, 심지어 영생까지도)을 사후에 천상의 존재들을 통해 이루는 것이 아니라 이곳 지상에서 기술을 통해 이루겠다고 약속한다.[14]

이런 신흥 기술 종교들은 크게 두 유형으로 나눌 수 있는데, 기술 인본주의와 데이터 종교(데이터교, dataism)이다. 데이터교에 비해 기술 인본주의는 보다 전통적이다. 기술 인본주의에서 인간은 여전히 창조의 정점이다. 전통적인 인본주의의 여러 가치를 고수하며 기술 인본주의는 우리가 아는 형태의 호모 사피엔스가 역사의 행로를 완주했으며 미래에는 할 일이 없다는 데 동의한다. 하지만, "바로 그것 때문에 우리가 기술을 이용해 호모 데우스(훨씬 우수한 인간 모델)를 창조해야 한다는 결론을 내린다." 기술 인본주의의 한계는 분명하다.

> 우리는 몸과 뇌를 업그레이드하는 데는 성공한다 해도, 그 과정에서 마음을 잃게 될 것이다. 사실 기술 인본주의는 결국 인간을 다운그레이드할 것이다.[15]

---

13 Harari, 『호모 데우스』, 445f.
14 Harari, 『호모 데우스』, 481.
15 Harari, 『호모 데우스』, 497.

데이터교는 두 모태 학문에 단단히 뿌리내리고 있다. 그것은 바로 컴퓨터 과학과 생물학인데 둘 중 생물학이 더 중요하다.

> 컴퓨터 과학 분야에 한정된 변화가 생명의 본성 자체를 완전히 바꿀 수 있는 엄청난 파급력을 지닌 격변으로 바뀐 것은 생물학이 데이터교를 수용하면서부터였다.[16]

데이터교의 관점에서 인간은 단일한 데이터 처리 시스템이고, 개인은 시스템을 이루는 칩에 불과하다. 데이터교도들은 '만물인터넷'(Internet-of-All-Things)이라 불리는 새롭고 훨씬 더 효율적인 데이터 처리 시스템이 만들어지게 되면 호모 사피엔스는 사라질 것이라고 말한다.[17]

인본주의자들에 의하면 "신은 인간 상상력의 산물"이다. 데이터교는 인본주의자들에게 그들이 한 대로 똑같이 돌려준다.

> 신은 인간 상상력의 산물이지만, 인간 상상력은 생화화적 알고리즘의 산물이다.

18세기에 등장한 인본주의는 신 중심의 세계관에서 인간 중심의 세계관으로 이동함으로써 신을 밀어냈다면 21세기에 데이터교는 인간 중심의 세계관에서 데이터 중심의 세계관으로 이동함으로써 인간을 밀어낼 것이다. 그래서 "먼 훗날 되돌아본다면, 인류는 그저 우주적 규모의 데이터 흐름 속 잔물결이었음을 알게 될 것이다."[18]

하라리는 자신이 제시한 모든 시나리오가 예언이라기보다는 가능성으로 받아들여지기를 바란다. 즉 단 하나의 결정적인 시나리오를 예측함으로써

16　Harari, 『호모 데우스』, 504f.
17　Harari, 『호모 데우스』, 521.
18　Harari, 『호모 데우스』, 542.

우리의 지평을 좁히는 대신, 지평을 넓혀 우리가 선택할 가능성의 스펙트럼이 우리가 생각하는 것보다 훨씬 더 넓다는 사실을 깨닫게 하는 것이 자신의 책의 목적이라고 말하고 있다.[19]

정리해보자. 하라리는 책의 뒷부분에서 자신의 주장을 다음과 같이 세 가지로 요약하고 있다.

> ① 과학은 모든 것을 아우르는 하나의 교의로 수렴하고 있고, 이 교의에 따르면 유기체는 알고리즘이며 생명은 데이터 처리 과정이다.
> ② 지능이 의식에서 분리되고 있다.
> ③ 의식은 없지만, 지능이 매우 높은 알고리즘이 곧 우리보다 우리 자신을 더 잘 알게 될 것이다.[20]

하지만 이런 주장에 대하여 세 가지 의문을 제시하며 하라리는 자신의 책을 마무리하고 있다.

> ① 유기체는 단지 알고리즘이고, 생명은 실제로 데이터 처리 과정에 불과할까?
> ② 지능과 의식 중에 무엇이 더 가치 있을까?
> ③ 의식은 없지만, 지능이 매우 높은 알고리즘이 우리보다 우리 자신을 더 잘 알게 되면 사회, 정치, 일상에 어떤 일이 일어날까?[21]

영화 〈2001 스페이스 오디세이〉를 처음 보았던 것은 10여 년 전 초등학교 저학년의 아들과 함께였다. 영어 공부를 겸해야 하니 자막이 없이 보았는데 보다보다 그만두었던 기억이 있다. 나중에 알고 보니 "이 세상 모든

---

19 Harari, 『호모 데우스』, 542f.
20 Harari, 『호모 데우스』, 544.
21 Harari, 『호모 데우스』, 544.

SF 영화들의 바이블"이라는 극찬을 받는 영화였다. 스탠리 큐브릭(Stanley Kubrick, 1928-99)이라고 하는 감독에 의해 만들어진 이 영화는 1968년에 만들어진 영화다. 인류가 달에 첫발을 딛기 전에 제작된 영화라고 할 수 있다.

인류에게 문명의 지혜를 가르쳐준 검은 돌기둥의 정체를 밝히기 위해서 목성으로 향하는 디스커버리호 안에는 선장 '보우만'과 승무원 '폴,' 전반적인 시스템을 관장하는 인공지능 컴퓨터 '할'이 타고 있다.

평화롭던 우주선은 '할'이 스스로 '생각'하기 시작하면서부터 위기를 맞는다. 질문은 과연 이런 일이 가능하냐는 것이다. 인공지능이 과연 인간이 내리는 명령을 거부할 수 있는지, 자신에게 부과된 임무를 따분해하고 그것을 사보타지할 수 있는지를 〈2001 스페이스 오디세이〉는 미래의 어느 날 그것이 가능하다는 전제 위에 제작되었다.

하지만 하라리에 의하면 이 부분은 아직도 여전히 논란이 되는 부분이다.

> 몇 세기에 걸친 광범위한 연구를 한 뒤에도 생물학자들은 뇌가 어떻게 의식을 만들어내는지 좋은 설명을 전혀 얻지 못했다고 인정하고 있다. 물리학자들도 무엇이 빅뱅을 일으켰는지, 양자역학과 상대성이론을 어떻게 조화시킬 것인지 모른다고 인정한다.[22]

2016년 미국 OBS에서 제작한 〈웨스트월드〉(Westworld)라고 하는 드라마는 "인공지능의 역습"이라는 부제가 붙어 있다. 기본적인 내용은 테마파크에서 인간들의 노리개로 쓰이던 로봇들이 반란을 일으킨다는 이야기다. '웨스트월드'는 '서부시대'를 테마로 한 마을과 산, 그리고 시나리오에 따라 살고 있는 인공지능 로봇들이 있는 테마파크다. 이곳을 이용하는 사람들은 사람들을 죽일 수도 있고 자기가 원하는 마음대로 행동할 수 있다.

---

22 Harari, 『호모 데우스』, 359.

웨스트월드에서는 살인과 폭행을 저질러도 처벌받지 않는다. 하루 이용료는 무려 4만 달러(약 4,400만 원). 인간을 연기하는 '호스트'뿐만 아니라 이 세계에서는 개와 소, 늑대, 뱀까지 모두 로봇이다. 이용자에 의해 파괴된 로봇들은 직원들에 의해 회수되어 수리한 후 다시 같은 곳에 배치된다. 〈웨스트월드〉 시즌1의 본격적인 이야기는 호스트들이 자신의 존재를 새롭게 각성하면서 시작된다. 동일한 질문을 제기할 수 있다.

이러한 일이 실제로 가능할 것인가? 하라리에 의하면 여전히 이 부분이 논란이 되고 있다.

하라리에 의하면 정치 사회적 질서를 안정시키려는 현대의 모든 노력은 두 가지 비과학적 방법에 의지하는 수밖에 없었다.

첫 번째 비과학적 방법은 하나의 과학이론을 택해서 통상의 과학적 관례와는 반대로 그것이 궁극적인 절대 진리라고 선포하는 것인데 이것은 나치당원과 공산주의자들이 사용한 방법이었다.

> 나치당원들은 자기네 인종 정책이 생물학적 사실들의 필연적인 귀결이라고 주장했다. 공산주의자는 마르크스와 레닌의 경제적 진리는 절대적이고 신성한 것이며 여기에는 결코 반박이 불가능하다고 주장했다.[23]

히틀러의 나치는 다윈의 진화론에 따라 자연선택이 작동하게 내버려 두어서 능력 없는 자들을 도태시키고 가장 우수한 자들만 생존하고 번식하게 해야 한다고 주장했다면 자유주의와 공산주의는 약자를 원조함으로써 적응하지 못한 개인의 생존을 허용할 뿐 아니라 번식할 기회를 주어 자연선택을 약화했다.[24]

---

23 Harari, 『호모 데우스』, 360.
24 Harari, 『호모 데우스』, 332.

정치 사회적 질서를 안정시키려는 **두 번째** 비과학적 방법은 과학은 내버려 두고 과학과 무관한 절대 진리에 따라 사는 것인데 이것은 자유주의적 인본주의의 전략이었다. 자유주의적 인본주의는 말하자면 인간의 가치와 권리에 대한 도그마적인 신조를 토대로 건설된 이념이다. 그런데 이 신조들은 "호모 사피엔스에 대한 과학적 연구 결과와는 당황스러울 정도로 공통점이 없다."[25]

하라리는 미국 독립선언문의 유명한 구절에 대한 생물학적 번역을 시도하고 있다.

> 우리는 다음의 진리가 자명하다고 믿는다. 모든 사람은 평등하게 창조되었으며, 이들은 창조주에게 생명, 자유, 행복의 추구를 포함하는 양도 불가능한 권리를 부여받았다.[26]

이에 대한 하라리의 생물학적 번역은 다음과 같다.

> 우리는 다음의 진리가 자명하다고 본다. 모든 사람은 각기 다르게 진화했으며, 이들은 변이가 가능한 모종의 특질을 지니고 태어났고 여기에는 생명과 쾌락의 추구가 포함된다.[27]

인간의 자아라는 것도 없고 신도 없다. 창조주를 인정하지 않으니 평등이나 자유, 행복, 인권은 부정이 되는 것이다. 그런 것 없다는 것이다.

하나님을 인정하지 않고 인권을 말할 수 있을까?

유튜브 영상 중에 "과학박사이자 무신론자 김상욱이 생각하는 종교를 완전히 부정할 수 없는 이유"라는 동영상이 있다. 〈알쓸신잡〉(알아두면 쓸데없

---

25 Harari, 『호모 데우스』, 360.
26 Harari, 『사피엔스』, 162.
27 Harari, 『사피엔스』, 165.

는 신비한 잡학사전)이라고 하는 프로의 한 내용을 담고 있다. 충남 해미를 방문하여 대화하는 가운데 천주교 신자들이 순교한 이야기가 나오자 유시민이 종교에 대해 부정적인 말들을 쏟아낸다. 이에 대해 김상욱이 이의를 제기하며 말한다.

> 종교는 인간이 해야 하는 가장 근본적인 합의가 있는 측면이 있다. 왜 인간은 돼지보다 소중한가? 과학적으로는 인간과 돼지는 별 차이가 없다. 종교는 물론 나쁜 면도 있다. 그러나 좋은 면도 있다. 그것을 분리해서 볼 줄 알아야 한다.

하라리의 책 가운데 가장 충격이 되었던 것은 『사피엔스』나 『호모 데우스』에 나오는 사육되고 있는 동물들에 관한 내용들이었다. 개체수의 증가가 꼭 진화의 과정에서 성공을 의미하지 않는다는 것을 하라리는 주장하고 있는데 소나 돼지 그리고 닭 등의 개체수는 역사상 그 유래를 찾아볼 수 없을 정도라고 할 수 있다. 하지만 이들 동물이 사육되고 있는 상황은 매우 비참하다. 특별히 돼지는 지능이 상당히 높은 동물인데 사육 과정에서 상당한 심정적인 충격을 받는 것으로 묘사되어 있다. 〈웨스트월드〉를 보면서 느꼈던 "사람이 참 잔인하다"라는 생각을 하라리의 책들을 읽을 때도 하게 되었다.

2018년에 출간된 하라리의 책 『21세기를 위한 21가지 제언』의 부제는 "더 나은 오늘은 어떻게 가능한가"이다. 『사피엔스』와 『호모 데우스』와 함께 이른바 하라리 3부작의 하나라고 할 수 있다. 『사피엔스』나 『호모 데우스』 곳곳에서 종교의 허구성에 대해 비판하였던 하라리는 『21세기를 위한 21가지 제언』의 20장 "의미"에서 기독교와 불교를 비롯한 기성종교들에 대해 비판하고 있다. 그런데 마지막 장인 21장 "명상"에서 자신이 옥스퍼드에 재학 중일 때 시작한 윗빠사나 명상(Vitpassana meditation)에 대해 언급하고 있다.

윗빠사나 명상은 붓다가 창안하였다고 알려진 수행 방법인데 그것이 자기 삶을 바꾸었다고 하라리는 말하고 있다. 지금도 그는 매일 2시간씩 명상하고 있으며 매년 30일 이상의 시간을 책이나 쇼셜 미디어 없이 명상하는 리트릿의 시간을 보낸다. "15년의 윗빠사나 명상의 수행이 없었다면 사피엔스나 호모 데우스와 같은 책의 저술도 불가능하였을 것이다"라고 하라리는 말하고 있다.[28]

영혼의 존재를 부정하는 하라리가 윗빠사나 명상을 언급하고 있는 것은 다소 의아하게 느껴진다. 사람들은 "영혼은 출생에서 죽음까지 지속되며, 삶을 한데 묶는다"라고 말하지만, 하라리는 영혼을 관찰한 적이 있느냐고 반문한다. 하지만 영혼을 탐사할 수는 있다라고 하라리는 주장하고 있다.

우리는 죽음의 순간뿐만 아니라 어떤 순간에도 영혼을 탐사할 수 있다.[29]

하라리는 이른바 빅 히스토리(Big History)를 다루는 작가이다. 그는 자신에게 가장 큰 영향을 미친 책으로 제러미 M. 다이아몬드(Jared M. Diamond) 교수의 『총·균·쇠』를 들고 있다.

이런 하라리가 윗빠사나 명상을 자신의 책에서 다루고 있는 이유는 무엇인가?

온갖 이야기와 종교, 이데올로기에 회의적인 사람이 "어떻게 아침에 기분 좋게 일어날 수 있는지 그 비결을 설명하는 것이 공평"하리라고 하라리는 생각한다. 물론 하라리는 자신에게 맞는 것이 다른 사람에게 맞으리라는 인상을 주기를 원하지 않는다. 다만 독자들이 적어도 자신이 "어떤 색깔의 안경을 끼고 세상을 보는지, 그리고 그것에 의해 내 시야와 글쓰기가 어

---

28 Yuval Noah Harari, 『21세기를 위한 21가지 제언: 더 나은 오늘은 어떻게 가능한가?』, 전병근 역 (서울: 김영사, 2018), 471.
29 Harari, 『21세기를 위한 21가지 제언』, 468.

떻게 변조되는지" 알게 되면 좋겠다는 바람을 피력하고 있다.[30] 즉 윗빠사나 명상은 하라리가 끼고 있는 안경이다.

　이런 동양의 명상에 대한 하라리의 주장은 사실 새로운 것은 없다. 현대 문명의 위기를 극복하기 위한 사고방식의 과감한 전환의 필요를 인식하면서 시작된 신과학운동(new science movement)은 종교(영성)와 과학의 조화·융합, 더 나아가서 통합과 일치를 궁극적인 목표로 내세우며 일부 과학자들에 의해 전개되고 있는데 그 대표자는 프리초프 카프라(Fritjof Capra, 1939-)이다. 카프라도 하라리와 같이 그 자신 동양적 명상 수련을 실천하는 사람이다.[31] 우리로서는 하라리가 종교를 허구라고 보면서 명상을 실천하는 것은 조화되기 어렵다는 점만을 지적하는 것으로 충분하리라 생각한다.

　통상적인 과학사는 고대 그리스로부터 시작한다. 하지만 이 책은 코페르니쿠스로부터 시작하였다. 본격적인 근대 과학이 등장하는 시기부터 논의를 시작하였다. 지동설과 고전 물리학 그리고 진화론과 관련한 논의를 시작으로 최근의 4차 산업혁명까지를 다루어보았다. 전체적으로는 최근의 내용을 다루는 데 힘에 부친다고 생각했다. 물론 16세기 코페르니쿠스에서 19세기 다윈에 대해서 다루기도 쉽지는 않았지만 20세기에 들어와서 이루어진 과학적인 발전에 대한 것을 따라잡는 것이 훨씬 힘들었다. 가능한 대로 기독교 신앙과 관련지어 설명해보려고 했고 에피소드 중심으로 기술해 보았다. 기본적으로 사실(fact)에 대한 파악이 바르게 이루어져야 하기에 이 부분에 대한 꾸준한 업데이트가 필요하다고 할 수 있다. 지레짐작으로 함부로 비판하는 것은 책임 있는 자세가 아니라고 할 수 있다.

30　Harari, 『21세기를 위한 21가지 제언』, 465.
31　Fritjof Capra, 『현대 물리학과 동양사상』, 김용정·이성범 역 (고양: 범양사, 2008).

제2부

젊은 지구론에서 유신 진화론까지

제1장   창조론의 중요성
제2장   창조론의 역사
제3장   자연과학과 신학의 관계
제4장   이데올로기로서의 과학주의
제5장   과학주의의 몰락
제6장   환원주의
제7장   맥그래스의 도킨스 비판
제8장   '설계'에 대한 맥그래스의 견해
제9장   자연과학에 대한 개혁신학의 자세
제10장   성경무오
제11장   창조의 연대
제12장   점진적 창조론-창조 내에서의 발전
제13장   복음주의와 유신 진화론
제14장   유신 진화론에 대한 웨인 그루뎀의 비판
제15장   유신 진화론 비판에 대한 평가
제16장   인간중심주의에 대한 반성

제1장

창조론의 중요성

복음주의 신학(evangelical theology)은 때로는 가톨릭 신학과 대조하여 개신교 신학 전체를 아우르는 말로 쓰이기도 한다. 때로는 개신교 내의 진보적 신학에 대비되는 보수적인 신학을 가르치기도 한다. 다소 애매한 말이라고 할 수 있다. 하지만 복음주의를 말 그대로 복음을 중요하게 생각하는 신학 운동을 의미하는 것이라고 정의한다면 복음주의 신학에서는 복음이 가장 우선적인 가치로 존중된다. 기독교 복음의 핵심에는 예수 그리스도의 십자가와 부활이 자리하고 있다. 예수 믿으면 구원을 받는다는 것이 바로 기독교 복음의 요체라고 말할 수 있을 것이다.

이런 복음주의 신학이 꽃을 피운 곳 가운데 미국에서는 서부 개척 시대에 엄청난 부흥의 역사를 경험하였다. 그때 중요하게 강조되었던 2가지 핵심적인 가치는 개인 영혼의 회심과 자발성이었다. 한 영혼이 복음으로 새로워지고 변화되는 것은 참으로 중요하다. 하지만 이런 개인의 회심과 변화는 어떤 면에서는 하나의 출발점이라고 할 수 있다. 복음으로 새로워진 다음에는 별반 할 이야기가 없는 것은 복음주의의 약점 가운데 하나라고 할 수 있다.

이 이야기를 예수님의 지상명령과 관련해서 해 볼 수도 있다.

> 그러므로 너희는 가서 모든 민족을 제자로 삼아 아버지와 아들과 성령의 이름으로 세례를 주고 내가 너희에게 분부한 모든 것을 가르쳐 지키게 하라(마 28:19-20).

복음 전도를 통해 어떤 사람을 신자로 삼은 다음에 해야 할 것은 "내가 너희에게 분부한 모든 것을 가르쳐 지키게" 하는 것이다. 예수님께서 제자들에게 '분부한 모든 것'에는 창세기 1:28에 나오는 문화명령도 포함되어 있다고 말할 수 있다.

> 하나님이 그들에게 복을 주시며 하나님이 그들에게 이르시되 생육하고 번성하여 땅에 충만하라, 땅을 정복하라, 바다의 물고기와 하늘의 새와 땅에 움직이는 모든 생물을 다스리라 하시니라(창 1:28).

현대의 환경 위기에 대한 주요 책임이 기독교 신학 그것도 창세기 1:28에 뿌리를 두고 있다는 생각이 광범위하게 퍼져 있다. 이런 생각은 1967년 린 화이트(Lynn White Jr., 1907-87)의 "우리 시대의 생태적 위기의 역사적 뿌리"(The Historical Roots of Our Ecological Crisis)라는 논문에서 처음 제기되었다.[1]

화이트는 산업혁명 이후 도래한 생태계의 위기를 자연에 대한 중세 기독교 신학의 태도에서 찾고 있다. 모든 형태의 생명체는 자신의 상황을 수정한다. 과학은 전통적으로 귀족적이며 사변적이고 지성적이었다. 그런가 하면 기술은 하층민의 것이었고 경험적이며 행동 지향적이었다. 이 둘의 갑작스런 융합이 19세기 중엽에 이루어졌다. 우리 시대의 생태계 위기는 최근에 등장한 전적으로 새로운 민주적인 문화의 산물이다.

화이트는 근대 기술과 근대 과학은 명백하게 서구적이라고 확신하고 있다. 이전에 인간은 자연의 한 부분이었다. 하지만 이제 인간은 자연의 약탈자가 되었다. 인간과 자연은 별개의 것이 되었고 인간이 그 주인이 되었다. 인간의 생태학은 자연과 운명에 대한 우리의 신념, 즉 종교에 의하여 깊이 영향을 받는다.

---

1 Lynn White, Jr., "The Historical Roots of Our Ecological Crisis," *Science* 155 (1967), 1203-07. 이 논문은 https://www.cmu.ca/faculty/gmatties/lynnwhiterootsofcrisis.pdf에서 찾아볼 수 있다.

화이트는 이런 생태계 위기에 대한 대안적인 해결책으로 대표적인 중세 기독교 성자 성 프랜시스(St. Francis of Assisi, 1181/82-1226)의 삶을 제안하고 있다. 성 프랜시스는 창조 세계에 대한 인간의 지배를 대신하여 인간을 포함한 모든 피조물의 평등을 주장하였지만 실패하였다. 그래서 화이트는 생태학자들을 위한 수호성인으로 성 프랜시스를 제안하는 것으로 논문을 마무리하고 있다.

자연에 대한 도구적 견해를 가지고 있는 기독교 특별히 중세신학에 환경 위기의 책임이 있다는 린 화이트의 이런 주장에 대해 여러 반론이 제기되고 있다. 창세기 1:28에서 '정복하라'와 '다스리라'는 폭력이나 남용을 의미하는 단어가 아니다. 즉 화이트의 주장은 창세기의 히브리어 본문에 대한 잘못된 이해에 근거하고 있다.[2]

기독교 신앙은 복음으로만 환원될 수는 없는 것이다. 물론 예수 믿고 구원받는 것이 가장 중요하다면 중요하다고 할 수 있지만 예수 믿고 구원받는 것으로만 기독교 신앙을 이해하는 것은 지나친 협소화라고 말할 수밖에 없다. 이 부분을 우리가 다루고 있는 주제와 관련해서 말한다면 창조론의 중요성이 여기에서 요청된다고 할 수 있다.

1. 창조의 일식

창조를 배제하고 구원을 이야기하는 것은 자칫 영지주의(gnosticism)로 흐를 위험성을 그 가운데 내포하고 있다. 영지주의란 말 그대로 비밀스러운 영적 지식(gnosis)을 통해 구원에 이를 수 있다고 주장하였다. 창조는 열등한 신의 작품이며 물리적인 것은 영적인 것과 날카롭게 구별되는 것이라고

---

2   Christopher Wright, 『현대를 위한 구약 윤리』, 김재영 역 (서울: 기독학생회, 2006), 163f.

영지주의는 주장한다.

유진 피터슨(Eugene H. Peterson, 1932-2018)의 『현실, 하나님의 세계』(서울: 기독학생회, 2006)라는 책의 원제는 "수많은 곳에서 놀이하시는 그리스도"(*Christ Plays in Ten Thousand Places: A Conversation in Spiritual Theology*)인데 삼위일체론을 그 구조와 맥락으로 삼고 있다. 즉, 성부와 창조, 성자와 역사, 성령과 공동체를 삼위일체론적으로 관련시키고, "수많은 곳에서 놀이하시는 그리스도"를 중심 은유로 삼아, "창조 안에서 놀이하시는 그리스도," "역사 속에서 놀이하시는 그리스도," 그리고 "공동체 안에서 놀이하시는 그리스도"를 각각의 장에서 다루고 있다.

"창조 안에서 놀이하시는 그리스도"와 관련하여 기독교 영성이 직면하는 대표적인 위협으로 유진 피터슨은 영지주의를 말하고 있다.

> 영지주의는 종교의 혈관 안에 있는 바이러스이며 대략 매 세대 새 상표를 달고 아주 새로운 것인 양 광고를 하며 계속해서 재부상하고 있다. 하지만 잘 관찰하면 홍보사만 갈아치운 옛 것임이 판명된다.
>
> 영지주의는 단지 지나간 세대의 이단적인 종교 사상이 아니다.
>
> 영지주의는 오늘날 세계 곳곳에 퍼져 있다.

그리고 더욱 심각한 것은 영지주의는 오늘날 "교회 안에도 가득하다." 한마디로 "영지주의는 우리에게 창조의 불편함이 없는 영성을 제안한다. 영지주의는 우리에게 하나님이 없는, 적어도 나 자신 안에서 내가 감지하는 신성의 불꽃을 제외하고는 그 어떤 신도 없는 영성을 제안한다."[3]

---

[3] Eugene Peterson, 『현실, 하나님의 세계』, 이종태, 양혜원 역 (서울: 기독학생회, 2006), 119.

이런 영지주의가 함축하고 있는 오류는 마르시온(Marcion, 85-160)이라고 하는 이단을 통해 잘 드러났다. 마르시온은 구약성경의 정경성을 부정하였다. 구약성경이 없는 신약성경만의 정경을 주장한 것이다. 거기에 신약성경 중에서도 디모데전후서와 디도서 등의 목회서신을 제외한 바울서신 일부와 유대교적 색채를 제거한 누가복음만을 정경으로 인정하는 극단적인 모습을 드러내었다. 창조를 배제한 구원을 주장할 때 이르게 되는 귀결을 잘 보여주는 이야기가 아닐 수 없다.

『나와 너』(Ich und Du)라는 책으로 유명한 유대교 종교철학자 마르틴 부버(Martin Buber, 1878-1965)의 책 가운데『신의 일식』(The Eclipse of God, 1952)이라는 책이 있다. 일식이라고 하는 것은 지구와 태양 사이에 달이 들어가 일시적으로 태양이 보이지 않게 되는 현상을 이르는 말이다. 마찬가지로 신과 인간 사이에 무언가가 끼어들어 신이 인간에게 보이지 않게 된 현실을 이르는 말이라고 할 수 있다.

신학자들은 이런 신의 일식을 패러디하여 "창조의 일식"(the eclipse of creation)에 대해 말하고 있다. 심지어 저명한 구약 신학자인 게하르트 폰 라드(Gerhard von Rad, 1901-71)마저도 비록 그의 학자로서의 경력의 초기이기는 하지만 창조의 일식이라는 잘못을 범하고 있다. 폰 라드에 의하면 우리는 신명기 26:5에서 히브리 성경을 읽기 시작해야 한다.

> 너는 또 네 하나님 여호와 앞에 아뢰기를 내 조상은 방랑하는 아람 사람으로서 애굽에 내려가 거기에서 소수로 거류하였더니 거기에서 크고 강하고 번성한 민족이 되었는데 (신 26:5).

이 말씀에서 우리는 구약성경의 첫 여섯 권, 즉 창세기에서 여호수아까지의 주요한 주제인 애굽에서의 하나님의 구원에 대한 이스라엘의 감사를 발견한다. 그러므로 폰 라드는 창조에 관한 기사를 그러한 주제에 대한 후대의 사소한 첨가 즉, 후대의 신학적 생각이라고 간주한다. 이렇게 될 때 창조는 구원 역사라고 하는 "중요한 요소"에 대해 일종의 배경으로 그 빛을 잃게 된다.

풀러신학교에서 필자의 박사논문 지도교수였던 윌리엄 더니스(William A. Dyrness, 1943-)는 창조에 대한 폰 라드의 견해에 대해 다음과 같이 논평하고 있다.

> 하나님이 훼손된 이 놀라운 세계에 대해 어떤 일을 행하시려 하느냐는 질문에 대답하는 것이 신명기의 고백이다. 반면에 창조 기사는 단지 '아브라함과 그리고 시내 산에서 언약을 맺으신 이러한 야웨 하나님이 또한 세계의 창조주가 되신다는 증언을 통해 이러한 신앙을 뒷받침할' 뿐이다.[4]

물론 다행스럽게도 폰 라드는 이런 초기의 입장을 극복하고 창조에 대한 균형 잡힌 견해를 제시하였다는 평가를 받고 있다.

구약성경 연구에 있어 창조의 '일식'은 최소한 그의 초기 저작에서 창조를 구원 역사에 종속시켰던 게하르트 폰 라드의 범주에 의해 주로 결정되고 있다. 하지만 폰 라드마저도 그의 마지막 저작에서 이 문제에 대한 자기 생각을 의미심장한 방식으로 바꾸었다.[5]

2. 새 창조로서의 구원

보통 기독교 세계관이라고 하면 창조 타락 구속 완성을 이야기한다. 성경을 따라 이를 구분하면 창조는 창세기 1-2장에, 타락은 창세기 3장에, 그리고 구속은 창세기 4장 이후부터 거의 모든 성경의 내용을 포괄한다. 성

---

4   William A. Dyrness, *The Earth is God's*, 27. 이 인용문은 Gerhard von Rad, *Genesis*, ed. and trans. John Mark (Philadelphia: Westminster Press, 1961), 43, 44의 것이다.
5   Bernhard W. Anderson, *From Creation to New Creation* (Minneapolis: Fortress Press, 1994), vii에 있는 이 책의 시리즈 편집자 월터 부르그만(Walter Brueggemann, 1933-)의 서문의 한 부분이다.

경의 마지막 장들인 요한계시록 21-22장에서 우리는 완성의 이야기를 발견하게 된다. 그런 면에서 성경은 창조과학회에서 주장하는 과학교과서가 아니라 타락한 인류를 구원하시는 하나님의 구원의 이야기를 기록한 구속사라고 말해야 할 것이다.

성경의 이야기를 구속사라고 요약을 해 놓으면 당연히 창조의 이야기는 매우 제한된 지면에서만 다루어지는 주제라고 할 수 있다. 그것도 성경 맨 처음 두 장에서 창조 이야기는 반짝 다루어질 뿐 그 이후의 성경의 구속사와는 무관한 것으로 여겨지기 쉽다. 하지만 창조는 단지 과거의 이야기로만 끝나지 않는다. 왜냐하면 성경의 분량 거의 대부분을 차지한다고 할 수 있는 구속에 대해 성경은 창조의 이미지로 설명하고 있기 때문이다. 하나님이 창조하신 피조세계가 타락했고, 하나님은 이 타락한 세상을 회복하실 것인데 그것은 마치 창조에 버금가는 새로운 창조의 사역이 될 것이다.

십계명은 구약성경 가운데 출애굽기 20장과 신명기 5장 두 곳에 기록되어 있다. 대부분 내용이 동일하지만, 가장 다른 부분이 있다면 그것은 4계명인 안식일 계명을 지켜야 하는 이유라고 할 수 있다. 두 말씀을 비교해보자.

> 이는 엿새 동안에 나 여호와가 하늘과 땅과 바다와 그 가운데 모든 것을 만들고 일곱째 날에 쉬었음이라 그러므로 나 여호와가 안식일을 복되게 하여 그날을 거룩하게 하였느니라(출 20:11).

이 말씀은 창세기에서의 하나님의 창조 사역을 언급하시며 이스라엘 백성들에게 일곱째 날에 안식할 것을 명하고 계신다. 하지만 신명기에서는 안식일을 지켜야 할 이유가 창조에서 구원으로 바뀐다.

> 너는 기억하라 네가 애굽 땅에서 종이 되었더니 네 하나님 여호와가 강한 손과 편 팔로 거기서 너를 인도하여 내었나니 그러므로 네 하나님 여호와가 네게 명령하여 안식일을 지키라 하느니라(신 5:15).

이 말씀에서 이스라엘 백성들이 안식일을 지켜야 하는 이유는 그들이 경험한 애굽에서의 구원이라고 할 수 있다.

고린도후서 4:6의 말씀은 일반적으로 사도행전 9장에서의 바울의 다메섹 도상에서의 경험이 그 배후에 있다고 알려져 있다. 그런데 바울은 자신이 경험한 그 사건이 마치 창세기 1:3에서 하나님이 빛을 창조하신 것에 비견하고 있다.

> 어두운 데에 빛이 비치라 말씀하셨던 그 하나님이 예수 그리스도의 얼굴에 있는 하나님의 영광을 아는 빛을 우리 마음에 비추셨느니라(고후 4:6).

바울이 말하고 있는 바는 명확하다. 그 자신뿐 아니라 우리 모두가 예수 그리스도의 얼굴에 있는 하나님의 영광을 아는 빛을 하나님으로부터 받지 않고는 아무라도 그리스도인이 될 수 없다는 것이다.

3. 삼위일체적 창조

사도신경의 구조가 삼위일체론적이라는 사실은 잘 알려진 사실이라고 할 수 있다. 사도신경은 성부에게 창조를 돌리고 있지만 창조라고 하는 것은 유독 성부에게만 해당하는 사역이라고 할 수는 없다. 이른바 창조 구속 성화는 삼위 하나님의 외적 사역이라고 할 수 있다.[6] "삼위일체의 외적 사역은 분리불가"(*Opera Trinitatis ad extra sunt indivisa*. The external works of the Trinity are undivided)라고 하는 말은 창조 구속 성화에 삼위 하나님이 모두 관여하심을 의미한다.

---

[6] 삼위 하나님의 내적 사역으로는 낳으심(begetting) 나심(generation) 나오심(procession) 등을 말할 수 있다. 하나님의 내적 사역은 외적 사역과는 달리 분리가 가능하다 (*Opera Dei ad intra sunt divisa*. The internal works of God are divided).

창조에서의 성자의 사역에 대해서는 요한복음의 유명한 서문에 잘 나타나있다.

> 태초에 말씀이 계시니라 이 말씀이 하나님과 함께 계셨으니 이 말씀은 곧 하나님이시니라 그가 태초에 하나님과 함께 계셨고 만물이 그로 말미암아 지은 바 되었으니 지은 것이 하나도 그가 없이는 된 것이 없느니라(요 1:1-3).

여호와의 증인과 같은 이단 종파에서는 1절 하반절의 "이 말씀은 곧 하나님이시니라"는 말씀에서 '하나님'이라는 헬라어(theos) 앞에 정관사가 붙어 있지 않다는 것을 빌미로 "이 말씀이 신적인 존재였다"는 식으로 해석하고 있지만 이런 해석은 잘못된 해석이다.

> 헬라어에서는 하나님 앞에 관사가 전혀 붙지 않기 때문에, 그 용어는 그 말씀의 한 가지 특성을 제시하는 것으로 받아들여야 한다. '하나님'이 명사이기 때문에, 요한이 그 말씀의 신위(Godhead)를 확증하고 있는 것임이 틀림없다.[7]

이는 골로새서에도 잘 나타나 있다.

> 그는 보이지 아니하는 하나님의 형상이시요 모든 피조물보다 먼저 나신 이시니 만물이 그에게서 창조되되 하늘과 땅에서 보이는 것들과 보이지 않는 것들과 혹은 왕권들이나 주권들이나 통치자들이나 권세들이나 만물이 다 그로 말미암고 그를 위하여 창조되었고 또한 그가 만물보다 먼저 계시고 만물이 그 안에 함께 섰느니라(골 1:15-17).

---

7   D. A Carson, R. T. France, eds., 『IVP 성경주석 신약』 (서울: 기독학생회, 2005), 258.

물론 '모든 피조물보다 먼저 나신 이'라는 말은 그 자체만 가지고 보면 그리스도가 피조물이라는 진술처럼 들리기 때문에 문제가 된다. 그러나 문맥상으로 보면 전혀 그럴 수 없다. 이어지는 구절에서 "만물이 그에게서 창조되되"라고 말하고 있기에 만물의 창조주가 피조물에 속할 수는 없다.[8]

문제는 창세기 1장의 본문을 기독론적으로 읽을 수 있느냐 하는 것인데 우리의 기대와는 달리 칼빈은 기독론적으로 창세기 1장 읽기를 거부하고 있다. 스트라스부르그의 종교개혁자였던 카피토(Wolfgang Capito, c. 1478-1541)는 '태초'를 하나님의 제 2위이신 말씀과 결부시켰는데 이것은 아리우스가 그리스도를 하나님이 아니라 '최고의 피조물'(optima creatura)로 정의하는 것에 대해 반대한다는 점을 분명히 하기 위해서였다. 하지만 칼빈은 카피토와는 달리 "태초라는 용어를 그리스도와 연관시켜" 설명하는 것은 너무나도 천박하다고 지적하였다.[9]

보통 잠언 8:22-26은 "세상보다 먼저 창조된 지혜"에 대해 말씀하고 있는 것으로 해석되곤 한다.[10]

> 여호와께서 그 조화의 시작 곧 태초에 일하시기 전에 나를 가지셨으며 만세 전부터, 태초부터, 땅이 생기기 전부터 내가 세움을 받았나니 아직 바다가 생기지 아니하였고 큰 샘들이 있기 전에 내가 이미 났으며 산이 세워지기 전에, 언덕이 생기기 전에 내가 이미 났으니 하나님이 아직 땅도, 들도, 세상 진토의 근원도 짓지 아니하셨을 때에라(잠 8:22-26).

여인 지혜는 하나님과 함께 세상의 창조에 참여했다. 하나님은 태초부터 세상이 창조되기 전부터 지혜를 가지고 계셨다. 어떤 사람들은 잠언 8장에서의 지혜를 피조된 뜻으로 해석하기도 한다. 대표적으로 아리우스주의자

---

8   Donald Guthrie, 『신약신학 2: 그리스도, 그리스도의 사역』, 224.
9   황대우, "칼빈의 창세기 주석과 카피토의 하나님의 6일 사역에 나타난 하나님의 창조," 『성경과 신학』 61 (2012), 216f.
10   송병현, 『엑스포지멘터리 잠언』 (서울: 도서출판이엠, 2020), 228.

들이 그러하다. 하지만 이런 주장은 문맥을 무시할 때만 가능하다.

창조에서의 성자의 역할과는 달리 성령 하나님의 역할은 비교적 명확하게 창세기 1장에 나타나 있다.

> 땅이 혼돈하고 공허하며 흑암이 깊음 위에 있고 하나님의 영은 수면 위에 운행하시니라 (창 1:2).

> 주의 영을 보내어 그들을 창조하사 지면을 새롭게 하시나이다(시 104:30).

시편 8편과 시편 19편 그리고 시편 104편은 창조 시편으로 알려져 있다. 시편 8편은 밤 하늘의 별들을 바라보며 지은 시편이라면 시편 19편은 그 시간대가 대낮이라고 할 수 있다. 시편 104편에서는 피조 세계 전반을 향한 하나님의 주권자적인 관심과 돌보심을 노래하고 있다.

창조 사역에 있어 성부가 전면에 드러나고 있는 것은 사실이다. 하지만 창조를 성부만의 사역이라고 생각하는 것은 양태론적 오류라고 할 수밖에 없다. 그런 면에서 창조론의 삼위일체론적 차원을 견지하는 것은 매우 중요하다고 할 수 있다.

제2장

창조론의 역사[1]

신학에 대해 우리가 가지고 있는 일반적인 오해 중의 하나는 신학을 하늘에서 뚝 떨어진 것으로 생각하는 것이다. 하지만 신학이나 교리는 진공 상태에서 만들어지는 것이 아니다. 물론 신학의 기본 자료는 하나님의 말씀인 성경이다. 성경을 기초로 시대마다 신학자들은 그 시대 특유의 문제와 도전들에 응답함으로써 신학을 세워나갔고 때로는 시대 정황에 맞게 성경에 대한 해석을 바꾸어갔다.

창조론과 관련한 신학의 역사는 크게 3가지로 분류해 볼 수 있다.

첫째, 초대교회가 영지주의의 위협에 대항하여 정통적인 창조론(doctrine of creation)을 정립해나가는 과정이다.

둘째, 자연과학의 태동과 관련하여 중세 아퀴나스로부터 19세기 프린스턴 신학자들을 살펴보는 것이다.

셋째, 신학의 과제 자체가 자연과학과의 대화가 없이는 불가능하게 된 현대적인 상황에서의 창조론이다. 이 세 가지 과정을 차례대로 살펴보자.

---

[1] "신학자들의 창조론"이라는 제목의 논문으로 『목회와 신학』 2020년 12월호에 게재되었던 논문을 일부 수정한 것이다.

1. 초대교회 : 영지주의와의 대결

기독교 창조론의 형성은 초대교회의 영지주의(gnosticism)라는 이단의 도전에 대한 응전 가운데 이루어졌다. 영지주의는 헬라철학의 영향을 받은 영육이원론을 그 기초로 한다. 영은 거룩하고 깨끗한 것이지만 육은 더럽고 죄악 된 것이다. 이런 생각을 조금 확대하면 영적인 세계만이 중요하고 물질세계는 무가치하다는 생각으로 흘러갈 수 있다. 심지어 창조주 하나님은 구속주 하나님보다 열등하다고 생각하게 된다. 그렇게 되면 구약의 야웨 하나님은 신약의 예수 그리스도의 아버지 하나님과는 다른 하나님이 되고 만다. 이런 영지주의의 극단적인 경우는 구약성경의 정경성을 부정하였던 마르시온에게서 발견할 수 있다.

초대교회는 이런 위협 앞에 성경적인 창조론의 정립이라는 중요한 과제에 착수하게 된다. 이런 기독교 창조론의 모습을 가장 분명하게 볼 수 있는 것은 사도신경의 맨 앞부분이라고 할 수 있다.

> 나는 전능하신 아버지 하나님 천지의 창조주를 믿습니다.

사도신경의 유래와 기원에 대해서는 여러 논란이 있겠지만 분명한 것은 사도신경이 "전능하신 창조주 하나님 아버지"에 대한 신앙고백을 전면에 내세우고 있다는 것이다. 이것은 당시 교회를 위협하고 있던 영지주의를 염두에 두고 있었던 것이다. 신약에서 예수 그리스도께서 아버지라 부르셨던 그 하나님이 바로 구약성경의 창조주 하나님이라고 선언하고 있다.

교회사 속의 격언 가운데 "이단은 정통의 어머니다"라는 말이 있다. 듣는 것 따라 매우 이상한 주장이라고 할 수도 있지만 이단의 출현은 기독 교회가 정통 교리를 정립하는데 중요한 주된 원인이 되었음을 부인할 수 없다. 초대교회 기독교 창조론 형성에 지대한 공헌을 한 사람으로 우리는 프랑스 남부의 리용(Lyon)의 주교였던 이레니우스(Irenaeus, c. 130-c.202)를 들 수 있다. 창조론의 발전에 있어서 이레니우스의 공헌은 두 가지로 생각할 수 있다.

첫째, 물질을 포함하여 하나님에 의하여 창조된 모든 것이 선하다는 그의 강한 확신이다. 피조된 세계 전체에 대한 이레니우스의 긍정적인 태도의 기초에는 그리스도의 성육신이 있다.

둘째, 이레니우스의 창조신학에서 발견할 수 있는 중요한 점은 이레니우스가 하나님이 무로부터 온 세상을 창조하셨음을 확신했다는 것이다.

물론 이레니우스가 무로부터 창조 교리를 가르친 첫 번째 사람은 아니었다. 하지만 이레니우스는 무로부터의 창조를 철저하게 주장하고 있다는 점에 주목할 필요가 있다.

> 정말이지 사람은 무로부터 어떤 것을 만들 수 없고 단지 이미 존재하는 물질로부터만 어떤 것을 만들 수 있는 반면에, 하나님은 이 점에 있어 사람보다 훨씬 뛰어나시다. 하나님 자신은 창조의 실체를 그 이전에 존재하지 않았을 때에 존재하게 하셨다(*Against the Heresies*, 2.10.4).

이레니우스는 창조라는 하나님의 자유로운 행동에 앞서 존재하는 어떤 것도 없어야 하는데 만일 무엇이 있었다면 그것이 하나님에게 모종의 제한을 가하였을 것이며 그렇게 되면 하나님의 자유와 전능성과 상충한다고 주장하였다(2.5.4).

'6일 창조'를 의미하는 『헥사메론』(*Hexameron*)이라는 제목의 책을 쓴 최초의 교부는 가이사랴의 바실(Basil the Great, 330-379)로 알려져 있다. 콜린 건톤(Colin E. Gunton, 1941-2003)은 초대교회 교부 중에 바실과 필로포누스(John Philoponus, c. 490-c. 570)를 매우 중요하게 생각한다. 건톤은 이들을 통해서 하늘의 영역에 대한 비신화화라고 하는 것이 이루어지지 않았다면 근

대 과학의 출현은 불가능하였을 것이라고 주장하고 있다.[2]

사실 초대교회 교부들 가운데 가장 중요한 사람은 북아프리카 히포의 주교였던 어거스틴(Augustine, 354-430)이었다. 어거스틴의 전 생애에 걸친 관심은 악의 문제였다. 어거스틴은 악의 문제 때문에 마니교 이단에 빠지기도 했고 악의 문제의 극복이라고 하는 문제에 대한 해답을 플라톤적인 기독교에서 발견하였고 기독교로 개종하게 되었다. 하지만 창조론과 관련해서는 어거스틴이 다소 뒷걸음질한 것으로 이해할 수도 있다.

어거스틴도 이레니우스와 마찬가지로 무로부터의 창조에 대해서 확신하였다. 하지만 어거스틴은 이레니우스와 달리 성육신을 통해 피조 세계의 선함으로까지 나아가지는 못했고 마니교 이단을 벗어났음에도 여전히 물질세계에 대한 불신이 그 가운데 남아 있다는 비판을 받곤 한다.

어거스틴은 하나님의 창조 행위를 무시간적 행동으로 보았다. 어거스틴은 창조가 무시간적인 하나님의 행동이기 때문에 하나님의 모든 행동은 무시간적으로 고려되어야만 한다고 결론짓고 있다. 그래서 어거스틴은 하나님의 창조 행위를 동시적인 것으로 이해하였으며 창세기의 날들을 문자적이 아닌 비유적인 것으로 이해하였다.

창세기 1장은 기독교 세계관을 수립하기 위한 중요한 근거 자료가 된다. 천년이 훨씬 넘는 기간 동안 창세기 1장에 대한 해석은 아리스토텔레스-프톨레미 세계관에 의해 틀이 잡혔는데, 이 프톨레미의 세계관은 6일의 기간에 대한 주석에 영향을 끼쳤다. 창세기 1장의 6일에 대해서는 사상적으로 두 학파가 있다.

첫째, 어거스틴을 그 대표로 하는 해석인데 6일의 시간적 성격을 부정한 채 대체로 그날들에 가상적 의미를 부여하여 온 세계가 한순간에 동시적으로 창조되었다고 간주하는 해석이다.

---

[2] Gunton, *The Triune Creator*, 97.

둘째, 창조 기사의 문자적 의미를 고수하는 입장인데, 로마 가톨릭 스콜라주의와 개신교 신학은 문자적 의미를 고수하는 입장을 따랐지만, 어거스틴의 해석도 존중하였으며, 결코 이단적이라는 낙인을 찍지 않았다고 바빙크는 주장하고 있다.[3]

2. 중세 시대

중세에서 우리가 살펴보아야 할 창조론은 토마스 아퀴나스(Thomas Aquinas, 1225-1274)의 것이다. 그 이유는 17세기 본격적으로 등장하게 되는 근대적인 의미에서의 자연과학의 출현과 관련이 있다. 서양에서의 근대 과학의 출현은 잘 설명되지 않는 부분이 많이 있고 심도 있는 연구가 필요한 부분이다. 사실은 서양 기독교 세계가 선진국가가 된 것은 그렇게 오래된 일은 아니라고 할 수 있다. 중세기 동안 서구에서 보았을 때 동쪽 지역이었던 오리엔탈, 즉 회교권의 아랍지역이 서구 기독교 사회보다 더 선진이었다고 할 수 있다. 중국은 말할 것도 없다.

지금 미국이 누리는 세계 유일 강대국의 지위를 상당 기간 중국이 누렸다고 하는데 별다른 이견이 없다. 종이와 인쇄술, 그리고 화약과 나침반이라고 하는 중국의 4대 발명 가운데 종이를 제외한 세 가지 발명은 송나라 시대(960-1279)에 이루어졌다고 알려져 있다. 회교권을 통해 서양에 전해진 이들 발명품들은 서양의 근대사회 형성에 크게 이바지하였다.

서양 기독교권에서 근대 과학이 시작된 것에 대해서는 여러 주장이 존재한다. 신학과 자연과학의 대화를 선구적으로 시작한 공로로 1978년 템플턴상을 받기도 하였던 토렌스(T. F. Torrance, 1913-2007)와 같은 신학자는 16세기 가톨릭에 대한 개신교 종교개혁에서 그 기원을 찾기도 한다. 하지만 교

---

[3] Bavinck, 『개혁 교의학 2』, 605(#271).

회사가인 후스토 곤잘레스(Justo Gonzale, 1937-)는 아퀴나스를 지목하고 있다. 아퀴나스는 중세기 동안 아랍권에서 보존됐던 아리스토텔레스(Aristotle, BC 384-322)의 저술이 서구로 번역되어 소개되던 시대에 살았고 아리스토텔레스를 "그 철학자"로 부르면서 그의 글에 권위를 부여하여 성경이나 여러 교부의 글과 함께 자신의 저술 속에서 인용하고 있다.

라파엘(Raphael, 1483-1520)의 "아테네 학당"이라는 그림에는 아리스토텔레스가 자신의 스승인 플라톤과 함께 중앙에 나란히 그려져 있다. 스승인 플라톤(Plato, BC 427-347)의 손가락은 위를 가르키고 있지만 아리스토텔레스의 손가락은 지상을 향하고 있다. 워필드(B. B. Warfield, 1851-1921)의 초청으로 이루어진 1898년의 스톤 강좌 『칼빈주의 강연』에서 아브라함 카이퍼(Abraham Kuyper, 1837-1920)는 "한 사람 아리스토텔레스가 교부 전체보다 우주에 대하여 더 많이 알았으며, 이슬람의 통치하에서 우주론이 유럽의 대성당과 수도원의 학파에서보다 음성했으며, 아리스토텔레스 저술의 발견이 불충분하긴 하지만 새로운 연구를 조장하는 첫 번째 자극제였다"라고 주장하고 있다.[4]

이런 아리스토텔레스 철학에 대한 아퀴나스의 수용이 지니는 의미에 대해 곤잘레스는 다음과 같이 말하고 있다.

> 서양의 과학기술은 토마스와 그의 추종자들이 가져온 이러한 혁명 없이는 결코 불가능했을 것이며, 따라서 서양 문명의 기초 중 하나가 적절히 이해되고 적용된 창조론에서 유래한 세계관이라고 제안하는 것은 지나친 과장이 아니다.[5]

건톤은 이러한 주장들이 다 나름의 타당성이 있는 주장임을 인정하고 있으면서도 더욱 심도 있게 한 부분 한 부분을 살펴보고 있다. 건톤은 아퀴나

4　Abraham Kuyper, 『칼빈주의 강연』 (고양: 크리스챤다이제스트, 1996), 143.
5　Justo Gonzales, 『간추린 교리사』 (서울: 컨콜디아사, 2010), 86.

스의 창조론의 문제점과 한계를 밝히고 있고 아퀴나스를 통해 아리스토텔레스의 사상이 소개된 것을 통해 과학이 태동할 수 있게 되었다는 주장에 대해서도 획일화된 주장을 하기가 불가능함을 지적하고 있다. 건톤은 도리어 초대교회 교부들이었던 바실과 기독교 철학자 필로포누스에 의해 아리스토텔레스의 사상이 거부된 것이 서양에서 근대 과학이 발전할 수 있는 실마리가 되었으며 갈릴레오가 자신의 시대에 가톨릭교회와 힘겨운 싸움을 할 때 주로 의지했던 신학자가 바로 필로포누스임을 지적하고 있다.

건톤은 갈릴레오(Galileo Galilei, 1564-1642)가 도리어 당시의 가톨릭교회보다 기독교 창조론을 잘 대변해 준다고 말하고 있다. 아울러 건톤은 이슬람에서의 수학의 발전이 서구에 유입된 것을 통해 근대 과학의 발전에 일정한 공헌을 하였음을 기꺼이 인정하고 있다.

3. 종교개혁 시대

마르틴 루터(Martin Luther, 1483-1546)를 위시한 개신교 종교개혁의 핵심적인 주제가 이신칭의였기에 이 시대에 신학자들의 관심은 구원론과 교회론에 모아졌다고 할 수 있다. 존 칼빈도 『기독교 강요』 I권과 II권에서 신론과 인간론 그리고 기독론을 다루고 있는데 III권과 IV권에서 다루고 있는 구원론과 교회론에 비하면 그 양은 많지 않다고 할 수 있다. 하지만 이들 종교개혁자는 지동설을 주창한 코페르니쿠스(Nicolaus Copernicus, 1473-1543)와 동시대를 살았다.

물론 코페르니쿠스는 죽을 때까지 자신의 주장을 출판하는 것을 미루었기에 갈릴레오와는 달리 별다른 박해 없이 살아갈 수 있었다. 하지만 그가 죽기 바로 직전에 출판된 『천구의 회전에 관하여』(*De revolutionibus orbium coelestium*)는 루터교 신학자인 안드레아스 오시안더(Andreas Osiander, 1498-1552)의 감수를 받아서 출간되었다.

『천구의 회전에 관하여』가 출판되기 이전인 1539년 루터는 지동설에 대한 소문을 듣고 이에 대해 여호수아 10:12에 근거하여 여호수아가 멈추라고 한 것은 지구가 아니라 태양이었음을 성경은 우리에게 말씀하고 있음을 지적하며 지동설을 주장하는 사람은 천문학 전체를 거꾸로 만들려 하는 바보라고 지칭하고 있다. 이런 영향 아래 오시안더는 엉뚱하게도 『천구의 회전에 관하여』의 서문에 그 책의 주장을 아무런 물리적 실체가 없는 하나의 유용한 수학적 허구로 보아야 한다고 적고 있다.

칼빈(John Calvin, 1509-1564)도 루터와 마찬가지로 지구 중심의 천동설을 받아들이고 있다. 지구는 6천 년의 역사를 지니고 있으며 하나님은 6일 동안 온 세상을 창조하셨다. 이것을 칼빈은 하나님의 부성애적인 사랑에서 비롯된 것으로 설명하고 있다. 과학을 가지고 성경의 진리를 운운하는 사람들을 향하여 반박하면서 칼빈은 성경을 과학으로 판단하려는 자세를 경계하고 있으며 천문학에 대해 배우려면 천문학자들에게 갈 것을 추천하고 있다.

젊은 지구론을 주장하는 사람들이 루터나 칼빈의 권위를 빌어 자신들의 입장이 바로 교회의 정통적인 견해였음을 주장하곤 하는데 이렇게 주장하는 사람들은 루터나 칼빈이 천동설을 받아들였던 사실에 대해서도 유념할 필요가 있다. 루터나 칼빈의 견해는 근대 과학이 등장하기 전까지 매우 상식적인 견해였지 지금 우리가 따라야 할 표준이 될 수는 없는 것이다.

지구의 역사가 6천 년 되었다는 주장은 청교도들과 동시대를 살았던 아일랜드의 대주교 제임스 엇셔(James Ussher, 1581-1656)의 연대기에 근거하고 있다. 지구의 역사가 6천 년 되었다는 이런 견해는 심지어 아이작 뉴턴(Isaac Newton, 1642-1726/27)에 의해서도 공유되었을 정도로 자연과학이 본격적으로 발전하기 이전의 상식적인 견해였다고 할 수 있다. 하지만 19세기가 되면 이미 상황은 많이 달라져 있음을 확인하게 된다.

4. 19세기 구프린스턴 신학자들

일반적으로 구프린스턴 신학자로 알려진 찰스 핫지(Charles Hodge, 1797-1878)는 1859년 찰스 다윈의 『종의 기원』이 출간되고 10년 정도 지난 1871년에 다윈의 진화론에 대한 단행본을 출간하였는데 맨 앞머리에서 단도직입적으로 다윈주의를 무신론적이라고 선언하고 있다. 이렇듯 진화론에 대해 부정적이었던 핫지였지만 라플라스(Pierre-Simon Laplace, 1749-1827)가 제안하였던 성운가설은 받아들이고 있다. 성운가설은 빅뱅 이론과 같이 세계의 기원과 관련 있는 가설이었다. 찰스 핫지는 막 등장한 진화론은 반대하였지만 이른바 오래된 지구론은 아무런 문제 없이 수용하고 있다.

그런가 하면 찰스 핫지와 같이 구프린스턴을 대표하는 신학자로 알려진 벤자민 워필드(B. B. Warfield. 1851-1921)는 진화론에 대해 긍정적이었던 것으로 알려져 있다. 이른바 성경의 무오를 믿으면서 진화론적인 사고를 수용한 것으로 알려져 있다. 물론 워필드가 현대적인 의미에서 유신 진화론을 수용했는지는 여러 논란이 있기는 하지만 그의 저작 가운데 진화라는 말이 꽤 여러 번 등장하고 칼빈이 순수한 진화를 주장하였다는 다소 이해하기 어려운 주장까지 하는 것도 사실이다.[6]

5. 현대신학의 창조론

20세기에 창조론(doctrine of creation)은 진화론과의 소모적이고 과도한 대립 구도 하에 젊은지구론을 뜻하는 창조주의(creationism)로 축소되기도 하였다. 하지만 21세기에 신학은 단지 기원에 대한 문제뿐 아니라 신학 전반의 주제들에 관해서도 자연과학과의 대화가 없이는 연구할 수 없는 상황

---

[6] 이 부분과 관련된 자세한 논쟁을 보려면 박찬호, "칼빈의 창조론," 「조직신학연구 35」 (2020)을 보라.

이 되었다고 할 수 있다. 많은 과학자와 신학자들이 공통의 연구 분야를 놓고 대화를 나누고 있으며 서로의 목소리에 귀 기울이려 노력하고 있는 것이 작금의 현실이고 이는 바람직한 것이라고 할 수 있다. 테드 피터스(Ted Peters, 1941-)는 이러한 자연과학과 신학의 관계를 다루는 모험적인 기획을 잠정적으로 "신학과 자연과학"이라는 말로 명명할 것을 제안하고 있다.[7]

이론 물리학자로 신학을 공부하고 성공회사제가 된 존 폴킹혼(John Polkinghorne, 1930-2021)은 『과학 시대의 신론』(*Belief in God in an Age of Science*)이라는 책에서 20세기 신학의 전반적인 방향이 신앙적(Barth) 음색을 내거나 실존적(Bultmann) 목소리를 낼 수밖에 없었고, 따라서 과학적 문화와는 담을 쌓은 게토(ghetto)들 속으로 후퇴해 들어가게 되었다고 개탄해하면서 이러한 과학으로부터 일정한 거리를 유지한다는 신학의 정책에도 불구하고, 몇몇 존경할만한 예외적 인물이 있었는데 그 대표적인 경우로 토마스 토렌스(Thomas T. Torrance, 1913-2007)와 위르겐 몰트만(J. Moltmann, 1926-), 그리고 볼프하르트 판넨베르크(W. Pannenberg, 1928-2014)를 언급하고 있다.[8]

20세기 신학을 대표하는 칼 바르트(Karl Barth, 1886-1968)의 창조론은 창조의 내적 근거는 언약이고 언약의 외적 근거는 창조라는 말로 요약할 수 있을 것이다. 이 말에 대해서는 다소의 비판도 존재하지만, 일단은 창조와 구속을 연결한 것으로 긍정적으로 평가되기도 한다. 바르트는 자연과학과 신학의 관계를 무관하고 독립적인 것으로 이해한 것으로 알려져 있으나 바르트의 제자인 토마스 토렌스가 자연과학과 신학의 관계에 대해 공헌한 공로를 인정받아 1978년 템플턴 상을 받으면서 자신의 스승인 바르트에게서 그런 혐의를 벗겨주었다.

---

7 Ted Peters, "Theology and Natural Science," David F. Ford, ed., *The Modern Theologians: An Introduction to Christian Theology in the Twentieth Century* (Oxford: Blackwell Publishers, 1997, 2판), 649.

8 John Polkinghorne, 『과학 시대의 신론』 (동명사, 1998), 92-94.

나는 풀러신학교에서 박사과정 코스웍을 마친 후 종합시험을 보게 되었을 때 과학철학자인 낸시 머피(Nancey Murphy, 1951-)와 "과학과 신학"이라는 과목의 종합시험을 치르게 되었다. 다른 시험과 달리 낸시 머피는 종합시험에 대한 제안서를 제출할 것을 요구했다. 그래서 나는 3페이지 정도의 분량으로 과학과 신학의 관계에 대한 제안서를 제출하였다.

첫째, 무관 또는 독립 또는 두 언어이론인데 이 입장의 대표자로 나는 칼 바르트를 제시하였다.
둘째, 갈등 또는 대립 모델이다. 여기에는 창조과학자들과 무신론적 진화론자들이 함께 소속되어 있다.
셋째, 대화 내지는 통합을 주장하는 견해인데 대다수의 주류 신학자들이 이에 속한다.

나의 이런 제안에 대해 낸시 머피는 딱 한 곳을 수정하여 돌려주었다. 머피는 내가 첫 번째인 무관 또는 독립의 견해를 주장한 대표자로 제시한 칼 바르트의 이름을 지우고 그 위에 슐라이어마허의 이름을 써넣었다. 그때 나는 "아 요즈음 칼 바르트에 대한 해석이 바뀌고 있구나"라고 직감할 수 있었다.

바르트는 창세기 앞부분을 원 역사(Saga)로 이해하였고 보수적인 신학자들에게는 이것이 창세기의 역사성을 부정하는 것으로 비쳐졌기에 이에 대한 비판이 이어졌다. 그 대표적인 경우가 프랜시스 쉐퍼(Francis Schaeffer, 1912-84)의 『창세기의 시공간성』(*Genesis in Space and Time*)일 것이다. 창세기 앞부분의 역사성에 대한 이런 논란이 2010년 이래로 미국에서 복음주의권 신학자들 사이에서 특별히 아담의 역사성 또는 역사적 아담과 관련하여 재현되고 있는 것을 볼 수 있다.[9]

---

9 Ardel B. Caneday, Matthew Barrett, eds., 『아담의 역사성 논쟁: 아담의 역사성에 대한 네 가지 관점과 목회적 적용』(서울: 새물결플러스, 2015)을 보라.

과학자들로서 신학을 공부하고 "신학과 자연과학"의 관계에 대하여 기여하고 있는 사람들을 폴킹혼은 과학 신학자들(scientist-theologians)이라 부르고 있는데 그 대표적인 경우가 폴킹혼 자신을 비롯하여 이안 바버(Ian Barbour, 1923-2011), 아더 피코크(Arthur Peacocke, 1924-2006) 등이다.

그런 의미에서 알리스터 맥그래스(Alister E. McGrath, 1953-)는 자연과학과 신학 두 분야에서 모두 박사 학위를 가지고 있는 사람이기에 "신학과 자연과학" 분야에 기여할 수 있는 자격을 갖추고 있다고 할 수 있다. 맥그래스의 주된 논적은 무신론적 진화론자인 리처드 도킨스(Richard Dawkins, 1941-)이다. 진화론이 무신론에 이르는 지적인 고속도로를 제공해준다는 도킨스의 주장에 대해 맥그래스는 진화론이 그 자체로는 무신론에도 유신론에도 회의론에도 열려 있다라고 반론을 제기하고 있다.

또한 맥그래스는 진화론에 대한 도킨스의 주장은 과학자들의 세계에서 평가받을 것이고 자신이 하는 일은 도킨스가 생물학의 범위를 넘어서서 신학적인 주장을 하는 월권행위에 대한 것임을 분명히 하고 있다.[10]

신학의 다른 분야와 마찬가지로 창조론도 시대의 당면한 문제와의 씨름을 통해 상당 부분 변천을 해오고 있다. 결국 그것은 성경해석의 문제와 연결된다고 할 수 있을 것이다. 성경은 무오하지만 신학은 얼마든지 오류가 있을 수 있다. 자신의 신학이나 성경 해석만이 옳다는 독선적인 자세를 버리고 다양한 해석의 가능성에 대해 열어 놓고 살펴볼 필요가 있다.

---

10 최근의 맥그래스의 주장에 대해서는 Alister E. McGrath, 『정교하게 조율된 우주』(서울: 기독학생회출판부, 2014)를 보라.

제3장

자연과학과 신학의 관계[1]

지난 세기 가장 활발하게 토론되고 핵심적으로 부상하였던 조직신학의 주제는 삼위일체론이다. 그래서 20세기는 바야흐로 소위 삼위일체론의 부흥 시대 또는 르네상스 시대라는 평가를 받고 있다. 그런가 하면 지난 세기의 미완의 과제이자 21세기 조직신학의 중심 과제로 떠오르고 있는 주제 중 하나가 자연과학과 신학의 관계이다.

어쭙잖게 신학이 자연과학에 관여하였다가 낭패당한 대표적인 경우를 우리는 갈릴레오에 대한 당시 가톨릭교회의 정죄에서 볼 수 있다. 성경은 지동설이 아니라 천동설을 지지한다는 것이요 그 근거 구절로 여호수아 10:13을 언급하였다. 이에 대해 갈릴레오는 "성경은 우리가 천국으로 가는 길을 말해 주지, 결코 하늘의 운행에 관해서 말해 주는 책이 아니다"라는 세자르 바로니오 (Cesare Baronio, 1538-1607) 추기경의 말을 인용하고 있다. 결국은 이러한 싸움이 성경을 어떻게 해석할 것인가의 문제와 관련이 있음을 비교적 정확하게 지적한 말이다.

우리의 신앙과 삶에 있어 성경이 가지는 권위는 아무리 강조해도 지나치지 않을 것이다. 하지만 그렇다고 성경이 이 세상의 모든 문제에 대하여 망라된 (exhaustive) 지식을 제공하고 있지는 않음을 유의해야 한다. 예컨대 공룡이나 담배는 성경에서 언급하고 있지 않다. 물론 성경이 공룡에 대하여 전혀 언급하고 있지 않지만, 공룡이 실재하였음을 부인하기는 어려울 것이

---

1 「복음과 상황」 2008년 4월호에 "자연과학과 신학, 통하라"는 제목으로 게재되었다.

며 성경이 담배를 전혀 언급하고 있지는 않지만, 성경적 원리를 통해 그리스도인이 담배를 피우는 것이 정당한지를 토론할 수는 있을 것이다.

성경은 구속사적인 관심으로 쓰인 책이다. 그래서 성경은 우리에게 구원에 관한 충분한 (sufficient) 지식을 제공해준다. 하지만 성경은 이 세상에 있는 모든 문제들에 관하여 이야기하고 있지는 않다. 요한복음 말미(요 21:25)에 나오는 표현처럼 복음서가 예수님의 생애에 대한 것을 망라해주지 않듯이 성경도 마찬가지로 선별된 주제만을 다루고 있다고 보아야 정당할 것이다.

> 예수께서 행하신 일이 이 외에도 많으니 만일 낱낱이 기록된다면 이 세상이라도 이 기록된 책을 두기에 부족할 줄 아노라(요 21:25).

창조과학회는 시대정신인 진화론에 용감하게 맞서서 하나님의 창조를 주장한다는 면에서 칭찬받아야 할 부분이 있을 수도 있다. 하지만 결정적으로 성경을 잘못 읽고 있다는 점은 지적되어야 할 것이다. 성경의 관심은 잃어버린 세상의 구속이다. 이런 성경적 관심을 넘어서서 과학적인 관심으로 성경을 읽어서 성경이 과학적으로 보아도 무오하다는 주장을 창조과학은 하게 되는데 이는 일견 대단히 고무적인 결과인 것처럼 비친다.

하지만 과학 이론 자체가 갖는 잠정성 때문에 이런 시도는 무모하다 못해 자체적인 모순을 배태할 수밖에 없다. 이런 점 때문에 창조론을 지지하면서도 창조과학회의 주장에 선뜻 동조할 수 없는 많은 그리스도인이 존재하게 되는 것이다.

보통 자연과학과 신학의 관계에 대하여 3가지 정도의 입장이 있다고 볼 수 있다.

첫째, 둘 사이에는 아무런 관계가 없다는 식의 생각인데 슐라이어마허 이래로 자연과학과 신학의 갈등을 손쉽게 해결하는 방법이다. 자연과학은 자연현상의 '어떻게'(how)를 다루는 것이라고 한다면 신학은 자연현상의 '이유'(why)를 탐구하는 것이라는 식이다. 이런 입장에서는 창조론과 진화론 사이의 갈등은 발생하지 않는다. 창조론이나 진화론 모두 통용되는 각각의 독자적인 영역이 있다는 것이다. 교회에서는 창조론을, 학교에서는 진화론을 배우면서도 아무런 갈등을 일으킬 필요가 없다는 것이다. 위에서 갈릴레오가 인용한 세자르 추기경의 입장이 바로 여기에 해당한다.

자연과학과 신학이 전혀 다른 영역을 다루기 때문에 자연과학과 신학은 무관하며 서로 갈등을 일으킬 필요가 없다는 주장과는 반대로 자연과학과 신학은 갈등 관계에 있다고 주장하는 사람들도 있다. 바로 진화론과 창조론이 날카로운 대립의 각을 세우는 것은 자연과학과 신학의 관계에 대해 이러한 이해를 할 때 발생한다. 그리고 이런 입장에는 흥미롭게도 과학주의(scientism)와 창조과학을 주장하는 사람들이 함께 속하여 있다. 가장 대중적인 지지를 받고 있지만 이 또한 바른 대안이 될 수는 없다.

처음의 입장이 자연과학이나 신학 양자의 주장 모두를 긍정하는 쪽이라면 두 번째 입장은 자연과학이나 신학의 주장 중 어느 한 주장만이 옳다고 주장한다. 자연과학과 신학에 대한 다소 애매한듯하지만 가장 바른 관계 정립은 서로 간에 대화가 필요하다는 입장일 것이다. 이 점에서는 아인슈타인의 명언이 있다.

> 종교 없는 과학은 불완전하며, 과학 없는 종교는 맹목이다
> (Science without religion is lame, religion without science is blind).

서로 무관하다고 비껴가지도 말고, 반대로 불필요한 정면 대결도 하지 말고, 서로 간에 배우려는 자세로 진지한 대화를 나눌 필요가 있다는 것이다.

과학이 우리에게 제시해 주는 우주라는 공간과 그 시간은 우리의 상상을 초월한다. 문자적으로 성경을 읽으면 성경은 인간이 사는 지구를 중심으로

비교적 짧은 시간을 그 관심의 대상으로 하는 듯하다. 즉, 6천 년에서 만 년이면 커버할 수 있는 것이 인류의 역사요 성경 전체의 역사이다. 물론 이런 주장은 과학의 연구 결과와는 많은 차이가 있다. 인류와 우주의 역사에 대하여 짧게는 40억 년을 길게는 138억 년을 이야기하니 차이가 커도 너무 크다고 볼 수 있다.

138억 년은 만년의 138만 배에 해당하는 기간이다. 어떤 사람은 이런 과학의 연대 측정법에 오류가 있을 수 있다는 가능성을 주장한다. 하지만 성경의 역사를 6천 년으로 제한하는 것은 이런 과학의 연대 측정법이 잘못될 수 있다는 주장을 떠나 성경 내적인 증거를 통해서도 잘못되었음을 확인할 수 있다.

나는 올리버 버스웰(J. Oliver Buswell, Jr., 1895-1977)의 『조직신학』(*A Systematic Theology of the Christian Religion*)을 동료 교수님과 공역한 적이 있다. 버스웰은 대단히 보수적인 신학자로 알려진 분인데 놀라운 것은 그의 인간론에 보면 소위 창세기의 족보가 망라된 족보가 아니라는 주장이 나와 있다. 그 증거로서 버스웰 박사는 창세기 11장에는 없는 '가이난'이라는 사람이 누가복음 3장의 족보에 들어가 있는 것(눅 3:36)을 들고 있다.

우리가 성경의 영감을 받아들인다면 이러한 증거는 창세기의 족보가 망라된 족보가 아니라는 결론에 도달하게 한다. 즉, 6천 년을 인류의 연대로 주장하는 것이 성경 안의 증거를 통해서도 지지 될 수 없음을 보여주는 것이다. 그렇다면 오류 가능한 과학의 측정 방법을 통해 나온 결과인 20만 년도 정확한 것이 아니라면, 성경을 나름의 방법으로 읽어 추론해낸 6천 년도 정확하지 않다는 것을 인정해야 할 것이다. 그렇게 되면 창세기 1장의 '날'을 24시간의 날로만이 아니라 지질학적인 연대로 읽을 수 있는 여지가 발생한다.

버스웰의 『조직신학』을 번역하며 느낀 것은 벌코프의 『조직신학』(*Systematic Theology*)과 함께 버스웰의 조직신학이 좀 더 빨리 번역이 되었더라면 하는 아쉬움이었다. 두 분 다 보수적인 신학자이지만 서로 견해를 달리하는 부분을 확인할 수 있었다. 우리는 하나의 모범답안만을 인정하고 정답을 두개 이상 인정하게 되면 심정적으로 불안해한다. 한국 교회가 최근까지 개역 성경이라는 통일된 성경을 가지고 있었던 것은 나름의 커다란 축복이라고 할 수 있다. 하지만 어떤 면에서는 잘못된 성경관을 갖도록 조장한 측면 또한 없지 않았나 생각한다.

그런 면에서 요즈음 개정 개역이라든가 다양한 번역 성경이 사용되는 것은 평신도 입장에서 겪는 혼란도 있겠지만 긍정적인 부분 또한 많이 있다. 성경의 원본은 무오하지만, 무오한 유일의 성경 번역본은 존재하지 않는다는 겸허한 인정이 필요하다. 하물며 어떤 성경 구절에 대한 해석에 있어서 어떤 견해만을 무오한 성경해석으로 고집하는 것은 매우 위험한 발상이라 할 수 있다.

창세기 1장의 6일을 각각 24시간의 날로 해석하는 분들은 구약 신학자 영(E. J. Young, 1907-68)의 견해를 추종하는 사람들이요 그렇게 주장하는 나름의 이유가 있을 것이다 (그중 가장 주된 이유는 십계명의 제4계명인 안식일 계명과 관련이 있다). 하지만 글리아슨 아처(Gleason L. Archer, Jr., 1916-2004) 같은 구약 신학자는 창세기 1장의 날을 지질학적 연대로 해석하고 있다. "창세기 1장의 '날들'은 문자적 24시간의 하루들이 아니라 구체적으로 명시되지 않은 기간의 단계를 묘사하는 것이 분명하다"(『구약 총론』, 210). 즉, 창조의 과정이 24시간을 하루로 하는 6일 만에 이루어졌다는 것은 히브리 저자의 참된 의도가 아니라 의심스러운 추론에 불과하다고 아처는 보고 있다(204). 두 분 다 훌륭한 구약 신학자이지만 그 부분에 있어서 서로 견해를 달리하고 있다.

이렇듯 글리아슨 아처는 창세기 1장의 '날'을 24시간의 하루로 해석하기를 거부하고 있지만 아담의 연대를 정하는데 있어서는 그래도 보수적 입장을 견지하고 있다. 아처는 창세기 5장과 10장의 족보에 수많은 갭이 있음을 인정하고 있지만 마태복음 1장의 예수님의 족보에서 42개의 계보 중에 7개의 가능한 고리가 빠져 있음을 지적하며 그 비율이 1/6임에 비추어 아담이 20만 년 전에 있었던 인물로 보는 것은 창세기의 기록을 지극히 의심스럽게 만든다고 주장하고 있다.

즉, 글리아슨 아처는 24시간의 6일 창조를 부정하며 오래된 지구론을 받아들이는 견해지만 아담에서 아브라함까지의 시간을 5, 6천 년으로 보고 있다. 그렇게 되면 아담의 연대는 9천 년에서 만 년 정도가 된다.

창조론을 지지하는 사람들 안에서도 세부적인 부분에 있어서 이렇듯 의견이 갈리고 있다. 누구는 창조과학회의 입장과 같이 창세기 1장의 '날'을 24시간이요 아담의 연대는 6천 년이라는 견해를 고수하기도 하고 누구는 자연과학의 결과들과 조화를 이루도록 창세기 1장의 '날'을 지질학적인 연대로 보기도 하고 누구는 심지어 아담의 연대를 6천 년 보다 훨씬 오래된 것으로 가정하기도 한다. 서로 배척해야 할 상황이 아니라 함께 창조론의 맥락 안에서 토론되어야 할 입장들이다.

자연과학의 연구 결과들을 존중한다고 해서 그 모든 입장들을 진화론 또는 유신론적 진화론으로 매도해서는 안 된다. 하나님의 창조를 부정하는 무신론적 진화론이 우리의 주된 논적임은 주지의 사실이다. 하지만 유신론적 진화론을 어떻게 보아야 할 것인지에 대해서는 더욱 심도 있는 논의가 필요하다. 미국이나 유럽의 많은 복음주의 신학자들은 진화를 하나님의 지속적인 창조의 도구로 보고 있다.

나는 미국 유학 중 풀러신학교에서 캘리포니아 레드랜즈대학(University of Redlands) 물리학 교수인 리처드 칼슨(Richard F. Carlson)이 가르치는 자연과학과 신학의 문제를 다루는 수업을 택하여 토론하는 중에 유신론적 진화론의 입장에 서 있는 교수와 서로의 전제가 다른 것을 확인하고 적지 않게 당황했던 기억이 있다. 나중에 확인한 것이지만 우리나라에서는 아직 유신론적 진화론을 입 밖에도 내지 못하는 상황이었지만 미국 복음주의 내에서는 이미 유신론적 진화론이 어느 정도 수용되는 상황이었다.

우리 주변에는 리처드 도킨스와 같은 매우 호전적인 진화론자도 있다. 한마디로 말하면 도킨스의 견해는 과학주의의 극단적인 모습을 드러낸 것이요 비록 대중적이기는 하지만 과학자들 사이에서도 지지될 수 없는 치우친 입장이다. 여전히 도킨스는 자연과학과 신학 또는 신앙을 그 대척점에 놓고 싸움을 걸어오고 있다.

그에 비하면 자연과학과 인문과학의 "통섭"(consilience)으로 유명한 하버드대 명예교수 에드워드 윌슨(E. O. Wison, 1929-2021)은 비록 도킨스와 같이 무신론자이기는 하지만 보다 온건하게 기독교를 향해 대화를 제안하고 있다. 인류가 처한 환경 위기의 극복을 위해 과학과 종교가 함께 손을 잡아야 한다는 것이다.

사실상 학문의 분과 현상은 다른 학문 영역은 고사하고 같은 학문 분과 안에서도 깊이 있는 대화를 불가능하게 만들고 있다. 나는 신학을 공부한 사람이기에 세부적인 과학 이론 자체를 논하게 되면 절로 입이 막히게 된다. 자신의 한계를 인정하고 겸허히 듣게 된다. 자연과학자들과 신학자들이 서로를 향해 열린 마음으로 들으려는 자세가 필요하다.

제4장

이데올로기로서의 과학주의

자연과학과 신학의 관계를 어떻게 설정할 것인가 하는 문제는 "자연과학이란 무엇인가?"하는 문제와 직결되어 있다.

"자연과학이란 무엇인가?"

이와 같은 문제를 다루는 학문 분야가 과학철학이다. 칼빈대학의 과학철학 교수인 델 라치(Del Ratzsch)는 "과학철학은 기본적으로 과학은 무엇이고, 무엇을 하며, 어떻게 작동하며, **왜** 작동하는가? 그리고 과학을 어떻게 만들어야 하는가에 관한 연구"라고 말하고 있다.[1] 그의 책의 영문 원제목은 "과학과 그 한계: 기독교적 조망 안에서의 자연과학들"(*Science & Its Limits: Natural Sciences in Christian Perspective*)이다. 과학이 할 수 있는 일이 무엇이며 또 할 수 없는 한계가 무엇인지를 바르게 인식하는 것은 참으로 중요하다. 자연과학 또는 과학의 능력을 일방적으로 무시하는 것도 문제이지만 (일부 기독교인들이 이런 오류를 범하곤 한다) 반대로 과학의 한계를 인정하지 않고 그 기본적인 전제를 과학만능으로 가지게 되면 그것 또한 커다란 문제가 아닐 수 없다.

'과학주의'(scientism)는 '자연주의'나 '과학적 유물론' 또는 '세속적 휴머니즘' 등으로 불리기도 한다. 모든 주의와 마찬가지로 과학주의 역시 하나의 이데올로기로서 과학이 우리가 알 수 있는 모든 지식을 제공한다는 전제 위에 서 있다. 과학주의에 따르면

---

1   Del Ratzsch, 『과학철학: 자연과학에 대한 기독교적 조망』(서울: 기독학생회, 2002), 10.

세상에는 오직 한 가지 실재 즉, 자연 밖에 없으며, 과학은 우리가 자연에 대해 갖는 지식에 독점적인 권한을 가진다.[2]

종교가 제시하는 소위 초자연적인 것들에 관한 지식은 실제로는 '사이비 지식,' 즉 존재하지 않는 허구에 대한 거짓된 인상만을 제공할 뿐이라는 것이다.

과학주의의 대표적인 주장은 나폴레옹 황제 앞에서 자신의 우주론을 설명한 다음 "왜 당신의 우주론에는 뉴턴의 우주론과는 달리 하나님이 없느냐?"라는 나폴레옹의 질문에 "폐하, 저는 그 가설을 더 이상 필요로 하지 않습니다"라고 대답했던 라플라스(Pierre Simon Laplace, 1749-1826)의 말에 잘 나타나 있다.[3] 20세기 초 영국의 철학자이자 무신론자인 버트란트 러셀(Bertrand Russell, 1872-1970)은 BBC 방송에서 "과학이 우리에게 말해 줄 수 없는 것을 인류는 알 수 없다"라고 말하였으며, 노벨상 수상자인 프랑스의 생물학자 자크 모노(Jacques Monod, 1910-76) 또한 "오직 객관적 지식만이 진리의 진정한 원천"이며 이제는 현대 과학이 과거의 종교적 설명들을 대체하고 있다고 주장하였다.

물리학자 스티븐 호킹(Stephen Hawking, 1942-2018)과 칼 세이건(Carl Sagan, 1934-1996)은 이구동성으로 우주는 존재하는 또는 존재했든 또는 앞으로 존재할 모든 것이라고 주장했다. 이들에 따르면 우주는 시간상으로 자기 충족적이며 그리하여 창조주가 할 일은 아무것도 없으며 이런 주장에 근거하여 칼 세이건은 "신의 부재"를 자신 있게 선언하기까지 하였다. 그래서 "과학과 신학의 전쟁에서 과학주의는 적을 섬멸할 것을 요구한다."[4]

---

2 Ted Peters, "과학과 신학: 공명을 향하여," 『과학과 종교: 새로운 공명』 (서울: 동연, 2002), 32f.
3 Cf. Ian G. Barbour, 『과학이 종교를 만날 때』 (서울: 김영사, 2002), 129.
4 Peters, "과학과 신학: 공명을 향하여," 33.

때로 과학 제국주의(scientific imperialism)는 과학주의와 함께 묶여 설명되기도 한다. 하지만 과학주의와 별도로 과학 제국주의 항목을 구별하기도 한다.

> 과학주의가 무신론적인 반면, 과학 제국주의는 신적인 어떤 것의 존재를 인정한다. 하지만 신적 존재에 대한 지식은 종교적 계시가 아닌 과학적 연구를 통해서만 얻어질 수 있다고 주장한다.[5]

과학 제국주의는 과학주의와는 달리 적을 섬멸하려 하기보다는 이제껏 신학이 점령했던 영역을 정복해서 이를 자신의 영역이라고 주장하려 한다. 폴 데이비스(Paul Davies, 1946-)는 "색다른 주장처럼 들릴지 모르지만, 과학은 신에게 접근하는 길을 종교보다 더 확실하게 제시해준다는 것이 나의 생각이다"라고 말하고 있다.[6]

스티븐 호킹은 신이 할 일이 아무것도 없다고 주장하기는 하지만 물리학에 대한 자신의 견해를 제시하기 위해 신적인 이미지나 신학적 용어를 계속해서 사용한다. 마가렛 버트하임에 의하면 스티븐 호킹은 "두 가지를 동시에 원하는 듯하다. 그는 신을 우주 바깥으로 완전히 추방해 버리면서 동시에 신을 자신의 작업을 위한 지속적인 하위 맥락으로서 불러들인다."[7]

말하자면 스티븐 호킹은 과학자가 자연법칙을 알게 됨으로써 '신의 마음'(the mind of God)을 알게 된다고 보고 있다. 그의 유명한 『시간의 역사』(*A Brief History of Time: From the Big Bang to Black Holes*, 1988)의 마지막 문장에서 호킹은 다음과 같이 말하고 있다.

---

5 Peters, "과학과 신학: 공명을 향하여," 34.
6 Paul Davies, 『현대 물리학이 발견한 창조주』(서울: 정신세계사, 2003), 17.
7 Margaret Wertheim, *Pythagoras' Trousers: God, Physics, and the Gender Wars* (New York: Random House, Times Books, 1995), 219. Peters, "과학과 신학: 공명을 향하여," 에서 재인용.

만약 우리가 [시간이 무엇인가에 대한] 답을 찾아냈다면 그것은 인간 이성의 최종적인 승리가 될 것이다. 왜냐하면 그때 비로소 우리는 신의 마음을 헤아릴 수 있게 되기 때문이다.[8]

이 마지막 문장에 나오는 "하나님이라는 지성" (the mind of God) 또는 "하나님의 마음"이라는 표현을 차용하여 폴 데이비스는 1993년 *The Mind of God* (New York: Simon & Schuster, 1993)이라는 책을 썼고 이 책은 1995년 폴 데이비스에게 템플턴 상을 수상하는 영예를 가져다주었다.

영화 《어바웃 타임》에 대하여

남자 주인공 팀은 21세가 되던 날 아버지로부터 자기 가족의 비밀을 듣게 된다. 자신의 가문의 남자들에게는 시간을 되돌릴 수 있는 능력이 있다는 것. 어두운 밀폐된 공간에 들어가 주먹을 쥐고 가고 싶은 시간의 사건을 연상하면 된다. 영화 마지막에서 주인공 팀은 시간을 되돌릴 수 있는 능력을 전혀 쓰지 않고 살기로 결심하는 것으로 영화는 마무리된다. 런던에서 함께 사는 아버지의 오랜 친구 극작가가 처한 낭패를 해결하기 위해 시간을 되돌렸더니 첫눈에 반한 매리와의 만남이 사라져 버린다. 어렵사리 매리가 좋아하는 여 모델의 사진전을 관람하러 가서 오랜 기다림 끝에 매리를 만나지만 매리에게 그 사이에 남자 친구가 생긴 이후였다.

다시 시간을 되돌려 매리에게 남자 친구가 달라붙지 못하게 한 팀은 결국 매리와의 만남을 이어가게 된다. 여동생의 불행한 결혼 생활을 되돌리려 하였던 팀은 다른 아이가 자신의 아이가 되어 있는 것을 보고 그 부분을 원래대로 되돌린다. 아버지는 암에 걸리고 얼마 남지 않는 여생을 보내게 된다. 셋째 아이의 출산이 가깝고 팀은 마지막으로 아버지와 과거로 여

---

8   Stephen W. Hawking, 『시간의 역사』 (서울: 삼성이데아, 1988), 259.

행한다. 자신의 어린 시절로 잠시 돌아가 보기도 한다. 그것을 마지막으로 팀은 아버지와 이별한다. 셋째 아이가 태어나면 그 이전 과거로의 여행은 불가능해진다. 아버지는 하루하루를 다시 살아볼 것을 추천한다. 하지만 그것마저도 팀은 별다른 의미가 없음을 깨닫게 된다. 시간을 되돌릴 수 있는 능력을 전혀 사용하지 않고 매 순간 최선을 다하여 사랑하며 사는 것이 최선임을 깨달았기 때문이다. 설정 자체는 황당한 이야기다. 하지만 영화 제목 그대로 "시간에 대하여" 돌아보게 하는 영화라고 할 수 있다.

하버드의 사회생물학자 에드워드 윌슨은 사회생물학(sociobiology)이란 "인간을 포함한 모든 유기체에서 나타나는 모든 사회적 행위들의 생물학적 기반에 관한 과학적 연구"라고 정의하면서, 종교는 사회적 행위의 한 형태이며, 따라서 생물학적으로 설명될 수 있다고 주장한다.

> 존재의 모든 부분은 그 어떤 외부 조작도 필요 없는 물리 법칙들의 지배를 받는다고 여겨진다. 과학자는 최대한 설명을 자제하려 하며, 따라서 신적 영혼이나 그 밖의 외부적 작인 따위를 배제한다. 가장 중요한 것은, 종교 자체가 자연과학으로 설명될 때 우리는 생물학의 역사에서 결정적인 단계에 도달하게 되었다는 점이다.[9]

칼 세이건의 "코스모스"는 책뿐 아니라 영상물의 맨 첫 시작을 "우주는 존재하는 또는 존재하던 또는 존재할 모든 것이다"(The Cosmos is all that is or was or ever will be)라는 말로 시작한다. 과학주의의 전형적인 주장이라고 할 수 있다. 하지만 여러 면에서 세이건은 우리가 그냥 지나칠 수 없는 사람이라고 할 수 있다.

---

9   Edward O. Wilson, *On Human Nature* (New York: Bantam, 1978), 200. Peters, "과학과 신학: 공명을 향하여," 35에서 재인용.

최근에 칼 세이건과 앤 드류얀(Ann Druyan, 1949-)의 딸 사샤 세이건(Sasha Sagan, 1982-)의 책 『우리, 이토록 작은 존재들을 위하여』가 번역되었다. 사샤 세이건은 자신의 부모님의 말이라며 "우리처럼 작은 존재가 이 광대함을 견디는 방법은 오직 사랑뿐이다"라는 말을 인용하고 있다.[10] 꽤 오래 전 「동아일보」 이기우 기자가 쓴 기사가 생각이 났다. 세이건이 미국 교회협의회 사무총장인 캠벨 목사와 만났던 에피소드를 소개하고 있다. 말하자면 미국 교회협의회는 우리나라 한국기독교교회협의회(KNCC)와 비슷한 단체인 것으로 보인다. 캠벨 목사는 여성 목회자였다. 세이건은 캠벨 목사에게 물었다.

"당신 같이 똑똑한 사람이 어떻게 하나님의 존재를 믿는가."

그러자 캠벨 목사는 바로 그에게 반문했다.

"당신 같이 똑똑한 사람이 어떻게 하나님을 믿지 않는가."

캠벨은 실제 두 눈으로 본 사람이 아무도 없는 블랙홀의 존재는 믿으면서 그런 질문을 하는데 깜짝 놀랐다. 그러나 '오직 증거가 있어야 믿는다'는 세이건의 고집은 확고했다. 캠벨은 답답했다. 그래서 캠벨은 묻는다.

"당신은 사랑을 믿는가?"

"그렇다"라고 세이건이 대답하자, 캠벨은 다시 "사랑의 존재를 입증할 수 있는가?"라고 되물었다. 그리고 세이건은 사랑도 신앙과 마찬가지로 그 한 가운데에 입증하지 못할 무엇이 있지만 그렇다고 해서 존재하지 않는 것은 아니라는 데 동의할 수밖에 없었다.

이어지는 기사는 세이건이 외계생명체에 대한 엄청난 열정을 가지고 있었음을 소개하고 있다. 이런 외계생명체에 대한 세이건의 관심을 잘 보여주는 것이 그의 소설이자 영화로도 만들어진 『콘택트』(Contact)라고 할 수 있다.

---

10 Sasha Sagan, 『우리, 이토록 작은 존재들을 위하여』, 홍한별 역 (서울: 문학동네, 2021), 15.

영화 《콘택트》에 대하여

칼 세이건의 1985년 소설을 영화화한 1997년 영화인데 나는 1999년 풀러신학교 수업 시간에 소개받았다. 이 영화에서 가장 유명한 대사는 영화의 마지막에 "이 광활한 우주에 우리뿐이라면 그것은 공간의 엄청난 낭비다"라는 여주인공 앨러웨이의 말일 것이다. 평소 칼 세이건의 주장을 앨러웨이의 입을 빌어 말하고 있는 것이다.

장대익의 『쿤&포퍼: 과학에는 뭔가 특별한 것이 있다』에는 영화《콘택트》에 대한 설명이 나오는데 내가 영화를 보고 느꼈던 감회와는 다소 차이가 있는 것 같다. 세이건의 소설 『콘택트』와 이를 각색해 만든 같은 제목의 영화에서 그는 주인공인 천문학 박사 엘로웨이와 복음 전도자 자스를 통해 과학과 종교에 대한 문제를 진지하게 다루고 있다. 여기까지는 별로 문제 될 것이 없다. 그리고 이 부분도 별반 문제될 것이 없다.

> 이 영화 곳곳에서 세이건은 엘로웨이 박사의 입을 통해 우주와 자연의 광대함에 대한 경외심과 그 신비들을 조금씩 벗겨 나가는 인간 정신의 능력에 대한 강한 신뢰감을 인상적으로 피력한다.

문제는 그 다음인데 복음 전도자 자스를 '오캄의 면도날'이 뭔지도 모르는 사람이라고 말하고 있는 것은 조금 오해인 듯하다. 어쨌거나 복음 전도자 자스의 모습에 대해 장대익은 영화에서 다소 부정적으로 그리고 있다고 보고 있다.

> 이런 이미지는 과학과 종교의 관계에 대한 전형적인 모습, 즉 '종교는 아무것도 모르면서 언제나 과학에 딴죽을 걸다가 결국에는 과학을 이해하게 된다'는 낡은 리듬의 변주이다.

마지막으로 운반체를 타고 베가성에 다녀왔다는 엘로웨이 박사의 진술에 감동한 자스의 다음과 같은 결론도 장대익은 "표면적으로는 과학과 종교의 정당성을 동시에 주장하는 듯이 보이지만, 실제로는 과학에 항복하고 변명하는 종교의 궁색함을 드러내주는 것 같다"라고 부정적으로 이해하고 있다.

나로서는 꼭 그렇게 봐야 되는지 선뜻 동의가 되지 않았다. 물론 세이건의 무신론을 배경으로 이해한다면 그렇게 볼 수도 있을지 모르지만, 꼭 그렇게 보아야 하는지는 독자들의 판단에 맡겨둔다.

[기자들] (자스에게) 당신은 무엇을 믿습니까?
[자스] 신앙인이기 때문에 저는 엘로웨이 박사와 입장은 다르지만, 우리의 목표는 동일합니다. 진리의 추구입니다. 저는 엘로웨이 박사를 믿습니다.

세이건의 "창백한 푸른 점"(Pale Blue Dot, 1994)

미국 부통령 출신인 앨 고어(Al Gore, 1948-)는 2006년 《불편한 진실》(An Inconvenient Truth)이라는 다큐멘터리를 호스팅하였으며 2007년 노벨평화상을 수상하였다. 《불편한 진실》은 세 가지 지구에 대한 사진 또는 영상으로 시작하고 있다.

첫 번째 사진은 1968년 크리스마스이브에 아폴로 8호가 찍은 사진인데 일명 '떠오르는 지구'라는 이름이 붙여졌다. 이 사진은 잠든 인류의 양심을 일깨웠고 그로부터 18개월 후 근대적 환경 운동이 시작되었다.
두 번째 사진은 마지막 아폴로 탐사선인 아폴로 17호가 1972년 12월 11일에 찍은 사진인데 역사상 가장 많이 현상된 사진이다.

세 번째는 1989년 무인 탐사선인 갈릴레오가 지구의 자전을 24초로 압축한 동영상이다.

칼 세이건을 이어 《코스모스》를 호스팅한 닐 타이슨은 《코스모스》의 마지막 13편에서 위에서 알 고어가 소개하고 있는 두 번째 사진을 언급하고 있다. 그것은 한 세대 전 아폴로 17호에 탔던 우주비행사가 지구 전체의 사진을 찍은 것인데 그 국경 없는 한 세계의 모습은 새로운 의식의 상징이 되었다.

세이건은 그 다음 단계를 실현한다. 세이건은 보이저 1호가 해왕성을 지날 때 나사를 설득해 카메라를 지구 쪽으로 돌리게 했다. 우주선은 세이건이 말한 창백한 푸른 점을 마지막으로 돌아보았다.

저 점이 우리가 있는 이곳입니다. 저곳이 우리의 집이자, 우리 자신입니다. 여러분이 사랑하는, 당신이 아는, 당신이 들어본, 그리고 세상에 존재했던 모든 사람이 바로 저 작은 점 위에서 일생을 살았습니다. 우리의 모든 기쁨과 고통이 저 점 위에서 존재했고, 인류의 역사 속에 존재한 자신만만했던 수천 개의 종교와 이데올로기, 경제체제가, 수렵과 채집을 했던 모든 사람, 모든 영웅과 비겁자들이, 문명을 일으킨 사람들과 그런 문명을 파괴한 사람들, 왕과 미천한 농부들이, 사랑에 빠진 젊은 남녀들, 엄마와 아빠들, 그리고 꿈 많던 아이들이, 발명가와 탐험가, 윤리와 도덕을 가르친 선생님과 부패한 정치인들이, "슈퍼스타"나 "위대한 영도자"로 불리던 사람들이, 성자나 죄인들이 모두 바로 태양 빛에 걸려있는 저 먼지 같은 작은 점 위에서 살았습니다.

우주라는 광대한 스타디움에서 지구는 아주 작은 무대에 불과합니다. 인류 역사 속의 무수한 장군과 황제들이 저 작은 점의 극히 일부를, 그것도 아주 잠깐 차지하는 영광과 승리를 누리기 위해 죽였던 사람들이 흘린 피의 강물을 한 번 생각해보십시오. 저 작은 점의 한쪽 구석에서 온 사람들이 같은 점의 다른 쪽에 있는, 겉모습이 거의 분간도 안 되는 사람에게 저지른 셀 수 없는 만행을 생각해보십시오. 얼마나 잦은 오해가 있었는지, 얼마나 서로를 죽이려고 했는지, 그리고 그런 그들의 증오가 얼마나 강했는지 생각해보십시오. 위대한 척하는 우리의 몸짓, 스스로 중요한 존재라고 생각하는 우리의 믿음, 우리가 우주에서 특별한 위치를 차지하고 있다는 망상은 저 창백한 파란 불빛 하나만 봐도 그 근거를 잃습니다. 우리가 사는 지구는 우리를 둘러싼 거대한 우주의 암흑 속에 있는 외로운 하나의 점입니다. 그 광대한 우주 속에서 우리가 얼마나 보잘것없는 존재인지 안다면, 우리가 스스로를 파멸시킨다 해도 우리를 구원해줄 도움이 외부에서 올 수 없다는 사실을 깨닫게 됩니다.

현재까지 알려진 바로는 지구는 생명을 간직할 수 있는 유일한 장소입니다. 적어도 가까운 미래에 우리 인류가 이주할 수 있는 행성은 없습니다. 잠깐 방문을 할 수 있는 행성은 있겠지만, 정착할 수 있는 곳은 아직 없습니다. 좋든 싫든 인류는 당분간 지구에서 버텨야 합니다. 천문학을 공부하면 겸손해지고, 인격이 함양된다고 합니다. 인류가 느끼는 자만이 얼마나 어리석은 것인지를 가장 잘 보여주는 것이 바로 우리가 사는 세상을 멀리서 보여주는 이 사진입니다. 제게 이 사진은 우리가 서로를 더 배려해야 하고, 우리가 아는 유일한 삶의 터전인 저 창백한 푸른 점을 아끼고 보존해야 한다는 책임감에 대한 강조입니다.

이 내레이션의 내용은 닐 타이슨이 호스팅한 《코스모스》 13편의 마지막 부분에 들어가 있다. 그 자체로 세이건의 유려한 필력을 엿볼 수 있는 감동적인 내용이다. 그런데 유튜브에는 이 내용을 무신론자들이 자신들의 주장에 대한 증빙자료로 사용하고 있는 영상도 볼 수 있지만 꼭 그렇게 볼 필요는 없다.

2021년 모 대학의 문학상 시부문 당선작의 제목은 "칼 세이건, 리쳐드 도킨스, 그리고 나"였다. 대표적인 무신론 과학자 두 사람의 이름이 시의 제목에 등장하기에 당연히 내 눈길을 끌게 되었고 그 내용을 읽어보게 되었다. 그런데 전체적인 내용은 삼계탕을 준비하는 과정을 상세하게 묘사하고 있는 내용이었다.

숭고함은 어디서 올까 누군가 나로 하여금 닭을 잡게 한다 난생처음 배를 가르게 한다 오밀오밀 장기들을 맨손으로 매만진다 미끌미끌 따뜻하다 의사가 나의 심장을 만져도 이럴까….

그리고는 마지막 연에서 자신의 무신론을 살짝 드러낸다.

기도는 사절, 다만 낮아서 아름다웠으면.

감옥에 복역 중인 무기수의 작품이라고 하니 조금은 안타까운 마음이 한 켠에 들었다. 어디에서 이런 무신론적 확신을 가지게 되었을까?

제5장

과학주의의 몰락

뉴턴과 뉴턴주의(Newtonianism)는 사뭇 그 주장 내지는 함축하는 바가 정반대라 할 수 있다. 뉴턴은 과학 법칙을 발견하는 것이 하나님의 신실하심을 확인하는 것이라고 생각한 반면 그의 이름을 가지고 명명된 뉴턴주의는 하나님을 배제한 결정론적인 주장에 붙여진 이름이며 라플라스적인 결정론(Laplacian determinism)과 뉴톤적인 결정론(Newtonian determinism)은 동의어로 사용되고 있다.[1]

과학주의 또는 과학제국주의적인 태도는 뉴턴주의에서 극명하게 드러났으며 다윈의 진화론을 통해 그 최종적인 승리를 보장받은 듯하였다. 하지만 이런 지적인 상황은 20세기 들어 과학 자체에서의 새로운 발견과 과학철학에서의 새로운 주장에 의해 변화하였다. 20세기 물리학의 2대 발견은 아인슈타인(Albert Einstein, 1879-1955)의 상대성 이론과 닐스 보아(Niels Bohr, 1885-1962) 등의 양자 이론이다.

그 발전들의 철학적인 결론은 여전히 논쟁의 여지가 있지만 몇 가지 기본적인 함의는 매우 분명하다. 상대성 이론은 개인이 수행하는 다양한 관찰상의 계측이 부분적으로는 관찰자의 상태에 따른 결과라는 것을 함축하며 양자 역

---

1 이에 대해서는 Edward B. Davis, "Newton's Rejection of the 'Newtonian World View': The Role of Divine Will in Newton's Natural Philosophy," *Fides et Historia* 22 (1990년 여름), 6-20을 참조하라.

학은 관찰자와 관찰 대상 사이의 깊은 연관성을 함축하는 것으로 여겨진다.[2]

짐짓 무관하게 보이는 이 두 이론은 공히 절대적인 것으로 간주되었던 뉴턴의 고전물리학의 근간을 뒤흔들게 되었고 소위 퇴출 위기에 내몰려 있던 하나님의 자리를 어느 정도 회복시켜 주는데 일조하게 되었다. 이와 관련하여 콜린 건톤은 세 가지 영역을 지칭하고 있다.

> 양자 이론과 생물학, 그리고 혼돈 이론과 같은 분야에서의 발전은 신학이 간격의 하나님이 아니라 세계의 형성에 폭 넓게 관여하시는 하나님을 실체의 형태에 있어 생각할 수 있게 해주는 새로운 개방성(new openness)이라는 개념을 지시해준다.[3]

대표적으로 폴 데이비스는 『하나님과 새로운 물리학』(God and the New Physics, 1983)이라는 책을 통해 이 부분을 집중적으로 소개하고 있으며 『하나님의 마음』(The Mind of God, 1993)이라는 책을 저술하기도 하였다. 물론 데이비스가 말하는 하나님이 기독교의 유신론적인 인격신으로서의 하나님을 의미하지는 않는다.[4] 하지만 그럼에도 과학 자체의 배타적이고 결정론적인 틀 안에 매여 있던 과학자들의 의식을 해방시키는 데는 유효하다고 볼 수 있다.

> 우리가 하는 모든 행동이 우리의 탄생 이전에 이미 우주의 역학에 의해서 결정되었다고 하는 결정론적인 우주관은 양자론에 의해 새롭게 혁신을 꾀해야 할 필요가 있는 것 같다.[5]

---

2 Ratzsch, 『과학철학』, 53.
3 Colin E. Gunton, "The Doctrine of Creation," Colin E. Gunton ed., *The Cambridge Companion to Christian Doctrine* (Cambridge University Press, 1997), 154.
4 Richard Dawkins, 『만들어진 신』 (서울: 김영사, 2007), 33f.
5 Davies, 『현대 물리학이 발견한 창조주』, 179.

아마도 사람들이 과학에 비해 신학을 학문적인 업적 면에서 폄하하고 반대하는 이유 중 하나는 과학에 비해 신학은 진정한 발전이 없다고 믿기 때문일 것이다. 스탠리 그렌츠(Stanley Grenz)와 로저 올손(Roger Olson)은 이것을 '교착 상태에 대한 고소'(Stalemate Indictment)라 부르고 있다. 이러한 교착 상태에 대한 고소에 대답하기가 어려운 이유는 그것이 보통 사람들이 '진보'라고 생각하는 것에 의지하고 있기 때문이다. 수세기 동안 그리스도인을 좌절시키고 당황하게 했던 난제들을 거의 하룻밤 사이에 해결하려 하고, 신속하고 눈에 띄며 전면적인 신앙의 변화를 기대한다면, 기준을 너무 높게 잡은 것이다. 그러나 신학적인 성찰이 옛 문제를 새로운 관점에서 보게 하고, 교리적인 교착 상태로 여겼던 것을 서서히 부분적으로 해결하는 예들은 얼마든지 있을 수 있다. 이러한 교리적인 교착상태를 타개하고 '새로운 정통'(new orthodoxy)으로 인정되고 있는 교리적인 발전의 하나로 그렌츠와 올손은 하나님의 고통(pathos of God)을 들고 있다.[6]

신학에서는 진행 과정이 막히고 더 이상 진보가 불가능할 때 교착 상태가 발생한다. 많은 그리스도인은 여러 가지 활동에도 불구하고 신학에는 참된 발전이 없다고 믿는다. 반면 과학은 신학에 비하여 눈부신 발전을 이룩하고 있으며 심지어 이전에는 불가능에 가까웠던 일들을 성취하고 있다.

게다가 자연과학은 신학을 비롯한 다른 학문과는 달리 엄격한 객관성과 철저한 경험성, 그리고 엄밀한 합리성을 지닌 것으로 간주되었다. 하지만 이러한 과학의 엄격한 객관성과 철저한 경험성과 엄밀한 합리성을 부차적인 것으로 만들고 인간을 과학의 중심부에 두는 과학철학이 1962년 토마스 쿤(Thomas Kuhn)의 『과학 혁명의 구조』(The Structure of Scientific Revolution)의 출판으로부터 시작되었다.[7] 쿤은 이 책을 통하여 과학 발전이 패러다임의 전환, 즉 혁명을 통해 이루어졌음을 주장하였다.

---

6 Stanley Grenz & Roger Olson, 『신학으로의 초대』 (서울: 기독학생회, 1999), 73.
7 이후의 과학 혁명이 일어나는 과정에 대한 쿤의 설명은 Ratzsch, 『과학철학』, 54-58의 내용을 참조한 것이다.

과학은 패러다임(paradigm)의 형태로 정의되어야만 하며 패러다임 없이는 과학과 같은 것도 존재하지 않는다. 쿤은 어떤 학문이나 과학계가 동일한 패러다임을 받아들이고 공유하는 시기를 정상 과학의 시기라 부른다.

이러한 패러다임이 만들어낸 예측과 반대되는 결과는 '이상 현상'이다. 정상 과학은 놀라울 정도로 자주 이상 현상을 발견한다. 많은 경우 과학자들은 이상 현상이 패러다임에 반대됨에도 불구하고 과학자들은 단순히 그것을 패러다임에 대한 중요하지 않는 위반에 불과한 것으로 보려 한다. 하지만 경우에 따라서는 통상적인 방법으로 이상 현상을 해결할 수 없을 때도 있다. 이런 경우에 이상 현상은 진지한 주목을 받기 시작하고 그래서 그 학문은 '위기 상태'라고 부르는 상태에 들어가게 된다.[8]

위기 상태는 세 가지 방법 중의 하나로 해결된다.

첫째, 기존의 패러다임 안에서 골치 아픈 이상 현상에 대한 대답이 나올 수 있고 이 경우 학문은 재편성되어 정상으로 돌아가게 된다.

둘째, 기존의 패러다임에서는 아무런 해답도 발견하지 못하지만 새롭게 제안된 해답 중 어떤 것도 받아들일 수 없는 경우도 있다. 이 경우 기존의 패러다임이 심각한 손상을 입었음을 알면서도 다른 대안이 없기에 원래의 패러다임으로 돌아가 미래 세대를 위해 그 문제를 남겨 놓게 된다.

셋째, 쿤이 제시하는 세 번째 위기를 해결하는 방법이 '과학혁명'이다. 기존의 오래되고 손상된 패러다임이 새로운 패러다임으로 교체되는 것이 쿤이 정의하는 과학혁명이다. 이제 그 학문은 새 패러다임을 중심으로 스스로를 조직하고 과학적 탐구는 새 패러다임 안에서 수행된다. 그리하여 학문은 새로운 정상 과학의 시대에 들어가게 된다.[9]

---

8 Ratzsch, 『과학철학』, 57.
9 Ratzsch, 『과학철학』, 57f.

델 라치에 따르면 이러한 쿤의 주장은 과학에 두 가지 중요한 결과를 가져왔다.

첫째, 패러다임은 인식에 영향을 줌으로써 때때로 사람들이 이상 현상을 인지하는 것조차 방해한다. 쿤에 따르면, 이것이 바로 때때로 과학자들이 그들의 패러다임에 문제를 일으킬지도 모르는 이상 현상을 보지 못하는 이유이다. 만일 패러다임이 인식을 수정할 뿐만 아니라 때때로 개인이 견지하는 이론에 대한 반례를 보지 못하게 한다면 경험적이고 객관적이라는 과학의 본성은 분명 약해진다.[10]

둘째, 쿤에 따르면 서로 다른 패러다임을 지지하는 사람들은 때때로 동일한 것을 볼 수조차 없을 것이다. 서로 다른 패러다임을 지지하는 사람들 사이의 차이점을 객관적으로 해결할 근거가 되는 완벽하게 중립적인 데이터베이스는 더 이상 존재하지 않을 것이다. 패러다임은 부분적으로는 데이터베이스의 기초가 되는 관찰 그 자체를 구성할 것이다. 하나의 패러다임은 하나의 방법과 평가 집합을 규정하고 다른 패러다임은 다른 방법과 평가 집합을 규정한다. 이 경우 뿌리 깊은 상대주의가 과학에 깊이 자리 잡게 된다. 어떤 의미에서 개인의 패러다임은 부분적으로는 개인의 세계를 구성하고 있다. 그러므로 우리의 패러다임이 변할 때 우리의 "세계" 또한 변한다.[11]

이러한 쿤의 주장에 동조하는 일련의 사람들에 의해 이루어진 소위 쿤주의 운동(Kuhnian movement)에 대해 라치는 "이 운동은 과학이 분명히 인간의 활동이라는 점을 강조해왔다. 과학은 과학을 하는 인간들과 마찬가지로 튼튼하고 견고한 객관성과 논리성을 갖고 있지 못한 것으로 이해한다"[12]라고 말하고 있다. 자연과학 그 자체를 들여다보았을 때 우리가 생각하는 것처

---

10 Ratzsch, 『과학철학』, 60f.
11 Ratzsch, 『과학철학』, 61ff.
12 Ratzsch, 『과학철학』, 66.

럼 그렇게 과학이 가치 중립적이지도 객관적이지도 않다는 것이 이들의 주장을 통해 드러난 것이다.

델 라치는 한 걸음 더 나아가 쿤을 포함한 몇몇 과학철학자들은 어떤 과학적 이론이나 패러다임도 스스로가 정의하는 모든 문제를 푼 적이 없다고 믿고 있으며, 이것이 사실이라면 빈틈들 중에서 과학이 설명할 수 없는 빈틈들이 존재하는 것은 원리적으로 미래에 극복될 수 있는 일시적인 상황이 아니라 과학 특유의 상황일 것이며, "이것은 실재에 대한 과학적 설명이 절대적으로 완전하다는 것을 부인하는 결과를 낳는다"라고 주장하고 있다.[13]

과학 법칙으로 설명할 수 없는 "빈틈들"(gaps)에서 하나님의 역사 내지는 행동을 설명하려는 시도는 "간격의 하나님"(God of the gaps)이라는 말로 불리며 정당하지 않은 것으로 비판받고 있다. 간격의 하나님에 대한 고전적인 비판은 본회퍼(Dietrich Bonhoeffer, 1906-45)의 『옥중 서간』 중에서 발견할 수 있다.

> 나는 바이즈젝카의 '물리학의 세계상'에 관한 저서를 아직 탐독하고 있다. 신을 우리들의 불완전한 인식의 보충물로 만들어서는 안 된다는 것이 나로서는 다시 아주 분명하게 되었다. 다시 말하면-이것은 객관적으로 보아 필연적이지만-인식의 한계가 부단히 확대해 가면 이와 더불어 항상 신이 옆으로 밀쳐 내지고, 거기에 따라서 후퇴 일로를 거듭하게 된다.[14]

이상의 결과들은 우리가 과학주의의 횡포 앞에 여전히 신실한 그리스도인으로 남아 있으면서 현대의 자연과학을 진지하게 다룰 수 있는 길을 열어준다. 델 라치는 그리스도인들이 과학을 두려워할 필요가 없으며 과학은 그리스도인들에게 정당한 활동임을 주장하며 다음과 같이 결론짓고 있다.

---

13 Ratzsch, 『과학철학』, 138.
14 Dietrich Bonhoeffer, 『옥중 서간』 (서울: 기독교서회, 1980), 195.

> 기독교는 과학을 궁극적인 가치는 아니지만, 가치 있는 것으로, 만능은 아니지만 유능한 것으로, 인간 삶의 전체는 아니지만 적합한 한 부분으로서, 우리의 최상의 소명은 아니지만, 사람들이 하는 일로서, 창조주로부터의 소외라는 인간의 가장 근본적인 문제에 대해서는 아니지만, 일부 문제에 대한 해답을 제공해 주는 것으로서 적절하게 바라보도록 만든다.[15]

20세기 물리학의 2대 발견이라는 상대성이론과 양자역학을 통하여 결정론적 세계관이 뒤로 물러나고 쿤 등의 과학철학자들의 등장을 통해 과학도 결국 인간의 활동임을 알게 되면서 과학주의는 그 상당한 활력을 상실하게 되었다. 이런 과학주의의 몰락에 대해 이야기하면 도킨스와 같은 호전적인 무신론자들이 득세하고 있는 현실에 대해 의아한 생각이 들 수도 있다. 전체적인 과학의 발전이 꼭 기독교신앙에 반대되는 방향으로만 흘러가고 있지는 않다는 주장에 대해 무신론적 진화론자들로 대표되는 새로운 무신론자들에 대해 어떤 식으로든 대답할 필요가 있다. 이 부분과 관련하여 캠브리지대학의 수리물리학 교수였다가 성공회 사제가 된 존 폴킹혼은 다음과 같이 설명하고 있다.

현재 과학의 다른 분과들보다 생물학계 내에 특별히 유기체가 아닌 분자생물학을 연구하는 사람들 사이에 종교에 대한 노골적인 적대감이 편만해 있는 이유에는 두 가지 원인이 있다.

첫째, 생물학자들이 다루는 현실이 물리학자들이나 다른 자연과학자들이 다루는 현실보다 더 복잡하고 무질서하며 고통스러운 것이기 때문이라는 것이다. 실제로 물리학자들은 간결하고 아름다운 기초 물리학적 질서를 제시한다. 하지만 생물의 세계는 냉혹한 약육강식의 질서가 지배한다.

---

15 Ratzsch, 『과학철학』, 184.

둘째, 폴킹혼은 생물학자들이 "무분별한 환원주의적 승리주의의 유혹"에 굴복당하고 있기 때문이라고 생각한다. 즉 유전학이 분자구조를 벗겨냄으로써 생물학은 엄청난 승리를 거두었는데, 이 승리는 예전에 물리학이 우주 중력의 작용을 밝혀 태양계 운동을 설명함으로써 거두었던 승리에 비견할 수 있을 정도라는 것이다. 우주를 시계와 같은 기계로 설명하는 가설이 가져다준 외적인 성공에 흠뻑 취한 뉴턴 이후의 세대들은 "인간은 기계"라고 대담하게 선언하기에 이르렀다.

마찬가지로 생물학자들도 너무 쉽게 "우리 인간은 유전적 생존 기계들(genetic survival machines)에 불과하다"라고 단정하게 되었다. 하지만 "물리학이 마침내 깨닫게 되었듯, 그 시계 이야기 속에는 시계의 똑딱 소리 이상의 것이 담겨 있다." 인간은 유전적 생존 기계에 불과한 것이 아니다. 폴킹혼이 보기에 생물학자들의 이러한 열광은 보편적인 것이 아니므로, "우리는 과학과 신학의 상호작용에 참여할 준비가 기꺼이 되어 있는 생물학자가 더욱 많이 나타나리라는 희망을 접어 두어서는 안 된다."[16]

C. S. 루이스는 『기적』이라는 책의 3장에서 이른바 "자연주의"(naturalism)에 대하여 비판하고 있다. 이 부분은 상당한 논란을 초래하였다. 분석철학자요 가톨릭신자였던 엘리자베스 안스콤(Elizabeth Anscombe, 1919-2001)의 비판을 받은 것이다. 빅터 레퍼트(Victor Reppert, 1953-)는 『C. S. 루이스의 위험한 생각』(서울: 사랑플러스, 2008)이라는 책에서 이 부분을 소개하고 있다. 이 엘리자베스 안스콤은 분석철학자 비트겐슈타인의 유고 관리자로 지명된 3인 가운데 한 사람으로 알려져 있으며 1947년 루이스는 50을 바라보는 나이였다면 안스콤은 약관의 나이인 28세의 무명의 철학자였다.

소크라테스 협회에서의 루이스와 안스콤의 논쟁에서 누가 이겼는지에 대해서는 다른 설명들이 있지만 루이스는 1960년에 『기적』의 개정판을 내

---

16 John Polkinghorne, 『과학시대의 신론』, 이정배 역 (서울: 동명사, 1998), 90f.

면서 안스콤이 비판하였던 3장을 수정하였다. 3장의 제목을 '자연주의자의 자기모순'(The Self-contradiction of the Naturalist)에서 완화해 '자연주의자의 근본 난점'(The Cardinal Difficulty of Naturalism)으로 바꾸었다.

루이스는 '자연주의적 가설을 참이라 할 때 타당한 것과 타당하지 않은 것 사이의 차이가 다 무너진다'고 주장하고 있는데 이렇게 주장하게 되면 더 이상 의미 있는 토론을 막아 버리게 되기 때문에 이 부분을 안스콤은 비판하였다.

"본인은 인간의 행위와 사고에 대한 '자연주의자'의 가설을 지지할 만한 충분한 이유가 존재한다고 생각하지는 않는다. 그러나 당신이 하는 식으로는 자연주의의 지지자들을 논박할 수가 없다. 즉, 자연주의를 지지하는 것과 인간의 추론이 타당하다고 믿는 것…이 모순을 일으킨다고 말하는 것으로써는 안 된다는 말이다"라고 안스콤은 자신의 결론을 제시하고 있다.

앤스컴은 후에 루이스가 새로 고쳐 쓴 내용을 읽었다. 그리고나서 물론 완전히 만족스러운 것은 아니었지만 루이스가 이 문제와 더불어 꽤 치열한 씨름을 한 것 같다고 말한다. 이로써 변증적 내용의 질이 훨씬 향상되었으며, 다루고 있는 사안의 심원성이 비로소 드러났다고 긍정적으로 평가한다.[17]

---

17   Victor Reppert, 『C. S. 루이스의 위험한 생각』 (서울: 사랑플러스, 2008), 276f.

> 제6장

환원주의

　자연과학의 방법론 가운데 "환원주의"(reductionism)에 대해 살펴보자. 먼저 우리가 언급할 필요가 있는 것은 자연과학의 환원주의라는 방법론은 매우 효과적인 방법론이라는 점이다. 보통 우리가 서양의 의학과 동양의 의학을 비교할 때 서양의 의학은 분석적이라면 동양의 의학은 종합적이라는 평가를 내리곤 한다. 특별히 서양의 분석적인 의학의 방법론은 우리의 몸을 여러 분과로 구분하여 진료하는 것으로 드러난다. 서양 의학의 하부 분과는 그 목록을 다 열거하기에도 벅찰 정도로 많다.

　인기 드라마 "슬기로운 의사생활"에 나오는 다섯 명의 의사들은 각기 간담췌외과, 소아외과, 흉부외과, 산부인과, 신경외과 소속의 전문의로 나온다. 가장 기본적인 외과와 내과의 구분이 더 전문화 되어 수많은 분과가 서양 의학에 존재한다. 우리가 연세 세브란스 병원 홈페이지에서 발견하게 되는 진료과명만 해도 무려 38개에 달한다.

　몇 년 전 강원도 동해안에 가족 여행을 갔다. 그런데 초등학교 저학년이었던 아이의 눈 아래가 봉긋이 솟아올랐다. 약간의 코감기 증세를 보이고 있었다. 그래서 일정을 뒤로 하고 조기에 귀가하기로 하였다. 순간 나는 어떤 병원을 가야 할지 망설였다.

　안과를 가야 하나, 피부과를 가야 하나, 이비인후과를 가야 하나, 아니면 소아과를 가야 하나?

　지금의 기억으로는 소아과를 갔던 것 같고 아이들의 경우에 코가 막히면 피부가 연약한 관계로 눈 아래가 부어오르는 경우가 있다는 설명을 듣게 되었다. 다행히 문제의 원인을 정확히 알지 못하는 상태에서 비교적 정확하게 병원을 찾아간 경우라고 할 수 있다.

다양하게 분과화 되어 있는 서양 의학에서는 몸이 아파 병원을 찾을 때 과연 어디로 가야 하는 지가 분명하지 않아 고민이 될 때가 생기기도 한다. 뭉뚱그려 외과와 내과로 나누어서 환자들을 보았던 시절과는 격세지감을 느끼지 않을 수 없다. 물론 이런 다양한 분과화를 통해 질병에 대한 치료라고 하는 면에서는 과학기술과 함께 의학의 발전 또한 눈부시다고 할 수 있다. 하지만 인간의 몸을 전체적으로 바라보지 못하는 단점이 이런 서양 의학에 있다는 비판을 받기도 한다.

서양 의학은 눈에 보이는 현상적인 질병을 치료하는 데 집중한다. 상당 부분 효과적이고 눈부신 발전이 이루어졌음이 사실이다. 하지만 현상적으로 드러난 문제도 중요하겠지만 전체적인 몸의 조화를 회복하게 하는 동양 의학의 관점도 필요하다고 할 것이다.

생명공학의 눈부신 발전은 사실은 생명에 대한 환원주의적 견해를 통해 가능하게 된 것이다. 이 분야와 관련한 고전적인 책은 에르빈 슈뢰딩거(Erwin Schrödinger, 1887-1961)의 1943년 강연을 엮어서 출판한 『생명이란 무엇인가?』(*What Is Life?*)이다. 슈뢰딩거는 1926년 일명 "슈뢰딩거 방정식"으로 알려진 파동 방정식을 발표하였고 이 공로를 인정받아 1933년 노벨물리학상을 수상하였다.

슈뢰딩거는 1943년 아일랜드의 더블린의 트리니티대학에서 세 차례에 걸쳐 "생명이란 무엇인가?"라는 제목의 강연을 하였고 그것을 엮어 1944년에 출간하였다.

『생명이란 무엇인가?』라는 책은 90여 쪽의 얇은 책이었지만 "물리학자가 얘기하는 생명 이야기"라는 점에서 사람들의 관심을 끌었고 당시 생물학 영역에 갇혀 있던 생명 현상을 물리학 영역에서도 다룰 수 있음을 주장하였다. 일곱 개의 장으로 이루어져 있는 『생명이란 무엇인가?』는 크게 두 가지를 다루고 있다.

첫째, 유전의 원리인데 유전 물질은 어떻게 생물체에 대한 정보를 안정적으로 다음 세대에 전달하는가 하는 문제였다.

둘째, 열역학 문제인데 생물체는 어떻게 열역학 제2 법칙에 저항하여 더 복잡해지고 조직적으로 생장할 수 있는가 하는 문제였다.[1]

슈뢰딩거의 책은 사람의 염색체가 48개라고 하거나 유전 물질이 단백질이라고 하는 등의 지금의 일반인들도 쉽게 알 만한 오류도 담고 있었다. 슈뢰딩거는 책의 서문에서 자신을 '소박한 물리학자'라고 소개하고 있다.[2] 슈뢰딩거의 책이 없었더라도 분자생물학은 이미 유전자 연구가 상당 부분 진행이 된 상태였기 때문에 지금과 같이 발전했을 것이다. 하지만 그 발전 속도는 지금보다 느렸을 것이고 프랜시스 크릭(Francis Crick, 1916-2004)을 비롯한 분자생물학 분야에서 명성을 떨친 과학자 중 몇 명은 다른 길로 갔을 것이다.[3]

공교롭게도 이 문제에 대해 갈등하며 C. S. 루이스는 슈뢰딩거가 『생명이란 무엇인가?』를 발간하였던 1944년 5월 28일 성령강림절에 "전조"(轉調) 또는 "변환"(變換, Transposition)이라는 제목의 설교를 칼리지 예배당에서 하였다. 성령강림절 설교에 걸맞게 루이스는 '방언'을 언급하면서 시작하고 있다.

오순절 성령 강림 사건이라고 하는 '영적' 사건은 다른 언어로 말하는 이상한 현상으로 나타났다. 옆에서 지켜보았던 다른 사람들에게 이것은 꼭 술 취한 것 같았다.

> 분명히 자연적인 현상이 있고, 우리가 영적인 것으로 주장하는 현상이 있습니다. 그런데 그 둘이 전혀 달라 보이지 않습니다. 이것이 우리가 해결해야

---

1 신현정·박종호, 『슈뢰딩거: 생명이란 무엇인가』, 20.
2 신현정·박종호, 『슈뢰딩거: 생명이란 무엇인가』, 30.
3 신현정·박종호, 『슈뢰딩거: 생명이란 무엇인가』, 47.

할 문제입니다.⁴

아내와 함께 콘서트에서 음악을 감상할 때 받았던 감동에 대해 기록한 사무엘 페피스(Samuel Pepys)의 일기를 루이스는 인용하고 있다.

> 그것이 얼마나 감미롭던지 나는 황홀감에 빠져 버렸다. 한 마디로 내 영혼은 그 음악에 완전히 사로잡혔으며 속이 막 울렁거렸다. 그건 마치 옛날 아내와 사랑에 빠졌을 때와 비슷한 기분이었다.⁵

루이스는 이 말을 인용한 뒤 사랑에 빠졌을 때의 황홀함과 음악에 취했을 때의 감동과 뱃멀미가 육체적으로는 다르지 않음을 지적하고 있다.

필립 얀시(Philip Yancey, 1949-)는 인종차별을 자행하는 미국 남부의 근본주의 교회에 출석하다가 기독교 신앙에 대한 회의 가운데 형님과 함께 기독교 신앙을 버리게 되었다. 하지만 얀시는 세 가지를 통해 기독교 신앙을 다시금 회복하게 되었다. 선하신 하나님이 존재하신다는 기독교 신앙을 회복하게 된 것이다. 첫째는 자연의 아름다움, 클래식 음악, 그리고 낭만적인 사랑이 바로 그것이다.

자연에는 독소라고 하는 것이 있다. 쓰나미가 있고 가뭄과 해일 그리고 코로나19 팬데믹과 같은 일종의 자연의 반격이라고 할 수 있는 것이 있다. 그 대자연 앞에 인간은 자신의 무력함을 뼈저리게 느끼게 된다. 하지만 그럼에도 자연은 아름답다. 일몰의 아름다움은 말로 형언할 수 없을 정도로 멋진 것이다. 그랜드 캐년의 호피(Hopi) 포인트에 서면 밀려오는 감동이 있다.

음악이 존재하는 것은 진화론에서 잘 설명하지 못하는 것 중 하나이다. 피아노는 커다란 상자에 망치가 들어 있고 그 망치가 현을 때려서 소리를

---

4   C. S. Lewis, 『영광의 무게』, 90.
5   Lewis, 『영광의 무게』, 92.

내는 건반 악기이다. 하지만 피아노의 구성요소인 상자와 망치 그리고 현만을 가지고는 피아노로 연주되는 곡을 다 설명할 수 없다. 음악이라고 하는 것은 단지 인간의 감각경험에 와 닿는 소음 정도로 환원될 수 없는 부분이 분명 존재한다.

C. S. 루이스는 "육욕에 사로잡힌 남자가 아무리 사랑을 분석해 봐야 정욕 말고는 그 안에서 아무것도 발견하지 못합니다"[6]라고 말하고 있다. 남녀 간의 사랑은 생화학적인 현상으로 환원될 수 없는 부분이 분명 존재한다. 이 부분과 관련하여 필립 얀시는 자신이 사랑에 빠졌을 때에 대해 다음과 같이 말하고 있다.

> 그때 쯤 나는 사랑에 빠졌다. 꼭 떨어지는 기분, 참을 수 없는 가벼움의 상태로 한없이 곤두박질하는 기분이었다. 지축이 한쪽으로 기울었다. 그때까지만 해도 나는 연애를 인간이 만들어 낸 허구, 14세기 이탈리아 시인들이 지어낸 것 정도로 치부하며 믿지 않았다…. 하루 아침에 심장이 가슴에 담아 둘 수 없을 만큼 부풀어 올랐다. 신학 용어로 '일반 은총'을 경험한 것이다…. 루이스는 "만나 보지 못한 꽃송이의 향기, 들어보지 못한 곡조의 메아리, 밟아보지 못한 나라의 소식"을 향한 깊은 갈망을 일깨워 주는 것을 "은혜의 물방울"이라 했다. 내가 경험한 것이 바로 그것이다.[7]

"전조" 또는 "변환"(transposition)이라는 말은 음악의 조옮김을 의미한다. 때로는 편곡의 의미로 사용되기도 한다. 어떤 노래를 조옮김할 때 모든 요소를 그대로 옮길 수는 없다. 약 110여 개의 악기가 함께 연주하는 오케스트라 음악을 피아노 독주를 위해 편곡할 때 이 과정 가운데 잃어버리는 것들이 존재한다. 환원주의에서는 초자연적인 현상도 자연적인 방법으로 설명할 수 있다고 생각한다.

---

6   Lewis, 『영광의 무게』, 99.
7   Philip Yancey, 『놀라운 하나님의 은혜』 (서울: 기독학생회, 1999), 45.

종교는 인간의 심리적 부산물이 되었고, 세계 역사는 진화론적 투쟁이 되었고, 인간의 사고는 뇌 속에 있는 수많은 컴퓨터 입출력 장치의 개폐 현상이 되어 버렸다.[8]

인간의 행동을 단순히 호르몬이나 화학 작용으로 환원하여 이해하면 인간의 신비, 자유 의지, 낭만은 그 설 자리를 잃게 된다. 수 많은 예술가와 연인들에게 영감을 주었던 낭만적 사랑은 한낱 생체 호르몬 분비 현상으로 환원되어버리고 만다. 우리가 환원주의의 장단점에 대해 분명한 이해를 하지 못하면 그 부정적인 영향, 즉 사물을 보는 시각에 큰 영향을 받게 될 것이다. 환원주의의 문제는 참과 거짓의 문제가 아니다. 도리어 전체를 보지 못하고 부분만을 보게 하는 불완전한 시각을 제공해 주는 문제이다. 환원주의가 우리의 삶에 가져다주는 폐단에 대해 우리가 보일 수 있는 반응도 과학에 대한 무조건적인 배격이 되어서는 안 된다. 과학을 인정함과 동시에 그 한계에 대한 분명한 이해를 가져야만 한다.

환원주의와 관련하여 우리가 언급해야 할 필요가 있는 한 가지 사실은 때로는 하위의 관점이 상위의 관점보다 훨씬 더 우월하게 보일 수 있다고 하는 것이다. 지금은 음향기기의 발전으로 인해 최고 음질의 음악을 여러 미디어를 통해 감상할 수 있다. 하지만 스테레오 시스템이 나오기 이전 시대 축음기는 단음으로 멜로디만을 전달할 수밖에 없었.

얀시는 루이스의 음악감상과 관련한 일화를 소개하고 있다

루이스는 어렸을 때 축음기를 통해 클래식 음악을 감상했다. 축음기는 스테레오가 아니기 때문에 멜로디는 분명하게 들을 수 있었지만, 그 외의 음은 잘 들을 수 없었다. 후일 그는 라이브 콘서트에 갔는데, 여기서 그는 매우 혼란스러워했다. 100가지가 넘는 악기들이 서로 다른 음을 내고 있었다.

---

[8] Philip Yancey, 『하나님, 당신께 실망했습니다』 (서울: 좋은씨앗, 2000), 276.

축음기에만 익숙해 있던 그의 귀는 라이브 음악이 여러 악기의 잡소리로밖에 들리지 않았다. 그 순간 루이스에게는 대체물(축음기의 음악)이 실재(라이브 음악)보다 우월했다.[9]

우리의 감각이라고 하는 것은 길들여 지는 것 따라서는 상위의 것보다 하위의 것이 더 좋아 보이기도 한다. 고생고생하며 직접 관람권을 사서 축구장이나 야구장을 찾아 직관하는 것은 경험하지 않은 사람의 입장에서는 사서 고생하는 것으로만 비칠 수 있다. 등산도 마찬가지다. 텔레비전에만 익숙해져 있는 사람은 실제 등산이 모기와 변하기 쉬운 날씨 때문에 고생스럽고 숨 차는 일이기에 사서 고생하는 것에 불과한 열등한 것으로 생각할 수 있다.

하지만 직관을 경험한 사람은 안다. 텔레비전을 통한 관람도 매우 재미있고 흥미롭지만, 직관에는 비길 바가 못 된다. 다른 사람들이 하는 크로스컨츄리 경기를 시청하는 것도 재미있겠지만 힘들게 땀 흘린 등정 이후에 정상에서 누리는 뿌듯함은 그 어떤 것으로도 비길 수 없는 대단한 것이다.

하위의 관점에서 기쁨과 두려움에 대한 우리의 육체적 반응은 거의 동일하다. 상위의 더 높은 차원의 세계의 실존은 하위 세계의 기능에 의해 현실화한다. 루이스는 다음과 같이 말한다.

> 저는 감각적인 느낌보다 감정적인 느낌이 '더 높은 차원'이라고 생각합니다. 물론 도덕적으로 우월하다는 뜻이 아니라, 더 풍부하고 다양하고 미묘하다는 뜻입니다.
>
> **첫째**, 우리 몸의 신경 조직은 일단 여러 가지 감정에 적합하고 절묘하게 반응합니다.

---

9   Yancey, 『하나님, 당신께 실망했습니다』, 278f.

둘째, 감각은 감정보다 훨씬 제한적이고 느낌의 종류도 훨씬 제한적이고 느낌의 종류도 훨씬 적습니다.

셋째, 이를 보완하기 위해 우리는 하나의 감각으로 한 가지 이상의 감정을 표현합니다.[10]

동일한 뉴런의 작용을 우리의 뇌는 한 메시지는 기쁨으로, 또 다른 메시지는 두려움으로 해석한다.

피아노가 전체 오케스트라 소리를 표현하는 데 제한되듯이 하위의 수준에서는 언어가 제한되어 있다.[11]

그리스도인들이 도킨스와 세이건의 책을 읽어야 하는 이유

2013년 프리싱커스(Freethinkers)라는 서울대와 카이스트 대학원의 무신론 동아리에서 전도퇴치카드를 만들었다. 명함 크기로 만들어진 이 카드에는 한쪽 면에는 "저희는 종교가 없습니다. 세뇌로 얼룩진 울타리를 깨고 나와 세상을 둘러보면 신이 인간을 만든 것이 아니라 인간이 종교를 만들었다는 것을 더 감동적으로 배울 수 있기 때문입니다. 저희는 다른 사람들에게 피해를 주지 않고 조용히 어떤 믿음을 갖고 사는 것까지 비난하고 싶은 생각은 거의 없습니다. 그러니 저희를 괴롭히지 말아 주세요"라는 글귀가 인쇄되어 있다. 그리고 다른 면에는 "당신은 아마 한 권의 책을 읽고 맹목적으로 믿겠지만 저희는 더 많은 책을 읽고 합리적으로 생각합니다. 저와 얘기하고 싶다면, 이 책들을 읽는 것이 곧 저와 이야기를 나누는 것이 될 것입니다"라는 글귀와 함께 4권의 책을 소개하고 있다.

---

10 Lewis, 『영광의 무게』, 94.
11 Yancey, 『하나님, 당신께 실망했습니다』, 280.

그 가운데 두 권이 바로 도킨스의 『만들어진 신』과 세이건의 『코스모스』이다. 나머지 2권의 책은 마이클 셔머의 『왜 사람들은 이상한 것을 믿는가』(바다출판사, 2007)와 크리스토퍼 히친스의 『신은 위대하지 않다』(알마, 2012)이다.

젊은 대학원생들이 종교를 조롱하고 시건방을 떠는 이 부분을 우리는 어떻게 볼 것인가? 종교를 세뇌에 의한 것으로 치부하고 기독교인들, 당신들은 한 권의 책을 읽고 맹목적으로 생각할지 모르지만, 자신들은 더 많은 책을 읽고 합리적으로 생각한다고 자신하고 있는 이들을 우리는 어떻게 대해야 할까? 그들이 읽고 합리적으로 생각한다고 자부하며 제시하고 있는 책들을 우리가 먼저 읽어야 이야기가 될 것 같다. "너희들이 제시한 책들을 우리가 읽어보았으니 너희들이 생각하기에 우리가 달랑 한 권의 책을 읽고 맹목적으로 생각한다는 그 성경을 너희들도 읽어보라"고 이야기해야 하지 않을까? 그래서 나는 그들이 제시한 네 권의 책 전부는 아니더라도 적어도 한두 권의 책은 그리스도인들이 읽어야 할 의무가 있다고 생각한다.

제7장

맥그래스의 도킨스 비판

리처드 도킨스는 매우 호전적인 무신론자이다. 도킨스의 『만들어진 신』의 맨 앞머리에는 존 레논(John Lenon, 1940-80)의 이매진(Imagine)이라고 하는 팝송의 가사를 인용하며 종교 없는 평화로운 세상을 갈구하고 있다.

> 천국이 없다고 상상해보라. 해보면 쉬운 일이다. 우리 밑에 지옥도 없고 우리 위에 하늘도 없는 모든 사람이 오늘만을 사는 모습을 상상해보라. 국가가 없다고 상상해보라. 그리 어렵지 않다. 죽일 일도 죽어야 할 일도 없고, 종교조차 없이 모든 사람이 평화롭게 살아가는 모습을 상상해보라. 나를 공상가라고 부를지 모르지만 나만 이러는 건 아니니까. 언젠가 당신도 우리와 뜻을 합쳐 모두 하나가 되어 살아갈 날이 오겠지. 자기 소유물이 없다고 상상해보라. 어려운 일이긴 하지만, 욕심을 부릴 일도 배고플 필요도 없이 인류애로 하나가 되어 모든 사람이 한 세상을 공유한다고 상상해 보라. 나를 공상가라고 부를지 모르지만 나만 이러는 건 아니니까. 언젠가 당신도 우리와 뜻을 합쳐 모두 하나가 되어 살아갈 날이 오겠지.

도킨스에게 있어서는 종교적 믿음이 한때는 이해와 용서를 받을 수도 있었지만, 지금은 그렇지 않다. 인류는 한때 미성숙한 유아였지만 이제는 장성한 어른이 되었기 때문에 어린 아기 같은 설명은 폐기되었으며, 이러한 결정적 전환점을 마련해준 사람이 바로 다윈이다. 즉, 산타크로스의 존재를 인정하는 것이 유아기 때는 정당하고 또 때로는 필요하기까지 하지만 성인이 되어서도 산타크로스의 존재를 믿는 사람은 정신이 나간 사람이 아닐 수 없으며 신의 존재도 마찬가지라는 것이다.

하지만 이런 도킨스의 주장에 대해 산타크로스와 신 사이에는 유비가 성립하지 않음을 맥그래스는 자기 경험 내지는 인생역정(歷程)을 통해 반박하고 있다. 산타크로스의 경우는 있다고 생각했다가 없다는 쪽으로 생각이 바뀔 수밖에 없고, 또 그것이 정당하지만, 신의 경우는 정확히 정반대의 경우가 가능하다. 산타크로스와는 달리 신은 어린 시절에는 없다고 생각했다가 성인이 되어서 있다는 쪽으로 생각이 바뀔 수 있다는 것이다.

맥그래스는 자신이 학창 시절 도킨스와 같이 자연과학은 무신론적 세계관을 요구한다는 과학적 무신론에 빠져 있었던 때를 회고하며 다음과 같이 말하고 있다.

> 남은 삶 동안 무엇을 해야 할지에 대한 선택의 여지는 더 이상 없었다. 그래, 자연의 경이로움을 탐구하자! 나는 밝은 빛과 환희로 가득 찬 나의 미래를 상상하며 과학적 무신론이라는 복음을 전파했다. 심지어 학교에서 무신론 클럽을 조직하려고까지 했었다.[1]

하지만 맥그래스는 옥스퍼드대학에 화학 전공으로 입학 허가를 받은 후 한 학기 정도의 자유 시간이 주어졌을 때 먼지가 수북이 쌓여 있는 도서관 서가에서 이전에는 거들떠보지도 않았던 '과학사와 과학철학'에 관한 책들을 발견하여 읽게 되었다.

> 그런 책들은 자연과학 때문에 자신이 위협받고 있다고 느끼는 사람들이 자연과학의 확실성과 단순성에 대해서는 잘 알지도 못하면서 만들어내는 그런 비판[후에 도킨스가 '진리에 대한 괜한 트집 잡기'(truth heckling)라고 불

---

[1] McGrath, 『도킨스의 신』, 18f.

렀던]에 불과하다고 무시했었다. 나에게 철학이란 몇 가지 적당한 실험을 해보면 다 풀 수 있는 문제들을 가지고 의미없이 생각만 하는 신학과 같은 그런 학문이었다.[2]

이때 맥그래스가 읽었던 책은 L. W. Hull의 *History and Philosophy of Science: An Introduction*이라고 알려져 있다. 아마존에 검색해보면 1960년에 초판이 발행되었고 2011년에는 스페인어로 번역이 되었다. 저자나 책이 그렇게 유명한 편은 아니어서 우리나라에 번역이 되지는 않았다. 이 책을 읽었을 때의 감동을 맥그래스는 "그 순간 나는 마치 지구가 평평하다고 믿고 있던 사람이 우주에서 찍은 둥근 지구의 사진을 본 것 같았다"라고 회고하고 있다.

이 책을 저술하며 칼 헴펠(Carl Hempel, 1905-97)의 『자연과학 철학』이라는 책을 37년 만에 정독하는 기회를 가졌다. 대학 4학년 때 "과학철학"이라는 과목의 교재였던 이 책은 1950년대와 60년대 표준적인 과학적 설명의 모델인 가설 연역적 또는 법칙 연역적(deductive-nomological model) 방법을 제시하고 있다.

헴펠은 산욕열에 관한 젬멜바이스(Ignaz P. Semmelweis, 1818-65)의 연구를 살펴보고 있다. 비엔나 종합병원의 제1산부인과는 1844년 3,175명의 산모 가운데 8.2퍼센트에 이르는 260명이 산욕열로 사망했다. 1855년에는 사망률이 6.8퍼센트, 1846년에는 11.4퍼센트였다. 그런데 옆 건물인 제2산부인과의 산욕열 사망률은 같은 해에 각각 2.3퍼센트, 2.0퍼센트, 2.7퍼센트였다. 이것이 젬멜바이스가 직면한 상황이다.

왜 동일한 병원의 두 병동에서 이런 차이가 나는가? 산욕열의 원인을 찾아가는 과정을 헴펠은 상세하게 추적하고 있다. 젬멜바이스는 먼저 당시 널리 알려져 있던 여러 가지 설명을 검토하는 일에서 시작하고 있다.

---

2   McGrath, 『도킨스의 신』, 20.

이런 설명들 가운데 젬멜바이스는 이미 확인된 사실과 맞지 않는 것은 버리고, 나머지 설명은 구체적으로 시험해보는 일을 시작하였다.

"악기(惡氣)의 영향," "정원 초과," "환자의 식사," "일반적 간호 사항" 등 당시 떠돌던 여러 가지 추측을 하나하나 배제해나간다. 조사위원회에서 제기하였던 의학과 학생들의 거친 진찰 때문에 생긴 상처가 원인이라는 의견도 버려지게 되었고 여러 가지 심리학적 설명도 검토되었다. 산모의 분만 자세가 원인이라고 생각하여 분만 자세를 바꾸어 보았지만, 사망률에는 영향이 없었다.

1847년 초에 일어난 우연한 사건이 이 문제 해결에 대한 결정적 실마리를 젬멜바이스에게 부여하였다. 동료 의사 한 명이 검시하다가 그를 도와주던 학생의 칼에 손가락이 찔려 상처를 입었는데 후에 그 의사는 산욕열 환자들과 똑같은 증상을 보이다가 사망했다. 당시에는 그런 식의 감염이 미생물에 의해 일어난다는 사실이 아직 알려지지 않았다. 하지만 젬멜바이스는 학생의 칼에 의해 동료 의사의 혈관에 투입된 "죽은 사람에게서 나온 물질"이 그의 생명을 빼앗아 간 병을 일으켰다고 확신하였다. 동료 의사의 증세의 진행 과정이 산욕열 환자의 증상과 유사한 것을 통해 젬멜바이스는 산욕열 환자도 똑같은 종류의 폐혈증 때문에 죽는다는 결론에 이르게 되었다.[3]

"죽은 사람에게서 나온 물질"을 통해 전염이 이루어진다는 가설 위에 젬멜바이스는 손에 묻은 전염성 물질을 화학적으로 파괴시킴으로써 산욕열이 예방될 수 있을 것으로 추론하였고 그래서 산모를 진찰하기 전에 손을 표백분 용액으로 씻으라는 명령을 내렸다. 그러자 산욕열에 의한 사망률이 급속도로 떨어지게 되었는데 1848년에는 제2 산부인과의 사망률인 1.33퍼센트 보다 제1 산부인과의 사망률이 1.27퍼센트로 더 내려갔다.

---

3   Carl Hempel, 『자연과학 철학』, 곽강제 역 (서울: 서광사, 2010), 25.

나중에 젬멜바이스는 자신의 가설을 확장하게 되었다. 산욕열이 "죽은 사람에게서 나온 물질"에 의해서 일어날 뿐만 아니라 "산 사람에게서 나온 부패한 물질"에 의해서도 일어난다고 결론을 내렸다.[4]

가설을 세우고 그 가설이 하나의 과학 법칙으로 확립이 되는 과정에 대한 것을 꼼꼼히 살피고 있는 이런 내용을 통해 우리가 확인하게 되는 것은 가설이 논파가 되는 것은 분명하게 논파가 되지만 확립이 되는 과정은 여러 가지 난점이 존재한다는 것이다. 실험이 시험 명제 즉 가설이 옳다는 것을 밝혀주더라도 그 긍정적 결과가 가설이 옳다는 것을 결정적으로 증명해주지는 못한다.

> 가설로부터 끌어낸 많은 시험 명제가 주의 깊은 시험을 통과했을지라도 여전히 가설은 그를 수 있다.[5]

하지만 아무리 많은 시험이 가설을 결정적으로 증명하지 못한다고 해서 그 가설을 전혀 시험해보지 않은 상태나 마찬가지라고 생각해서는 안 된다.

교실 한 켠에 목회자 지망생으로 앉아 있던 나에게 이런 과학철학 수업 시간의 논의는 큰 충격으로 다가왔다. 일종의 계시적 경험과도 같은 것이었다. 그래서 나는 맥그래스가 수시에 합격한 후 고등학교의 남은 한 학기를 수학 공부를 보강하기 위해 도서관에서 공부하다가 과학사와 과학 철학책을 읽고 자신의 무신론이 흔들리게 되었다는 사실에 충분히 공감하는 편이다. 물론 과학사와 과학 철학책을 읽는 모든 사람이 다 무신론을 버리고 기독교 신자가 되는 것은 아니다. 하지만 그럼에도 상당 부분 과학사와 과학철학을 공부한 사람들은 과학주의의 오류에는 빠지지 않을 것이라는 생각이 들어서 조금 딱딱하지만, 과학철학 공부를 신학생들에게 권하곤 한다.

---

4 Hempel, 『자연과학 철학』, 26.
5 Hempel, 『자연과학 철학』, 30.

> 물론 헴펠의 주장은 이제는 한 물간 견해로 치부되기도 한다. 예컨대 맥그래스는 『정교하게 조율된 우주』에서 "칼 헴펠이 주장한 연역적 법칙적 설명(deductive-nomological explanation) 같은 오래된 과학적 방법 모델들은 점점 더 버림을 받거나, 아니면 통설이 된 '가장 훌륭한 설명에 이르는 추론'이라는 보호막 아래 들어가게 되었다"라고 말하고 있다.[6] 하지만 풀러신학교의 과학철학자인 낸시 머피(Nancey Murphy, 1951-)는 헴펠의 가설 연역적 방법을 매우 중요하게 차용하여 자신의 신학 작업에 전용하고 있다.

이러한 과학사와 과학철학에 관한 책들은 맥그래스가 그때까지 명료하게 여겨왔던 것들, 즉 그가 진리의 생수라고 여겨왔던 과학을 모호하게 만들어 버렸다. 한번 문을 열고 보니 훨씬 더 복잡한 문제들이 나타나기 시작했고 이미 새로운 눈을 뜬 상태에서 과거에 알고 있던 순진한 과학으로 되돌아갈 수는 없는 상태였다. 당시의 자신의 심경에 대하여 맥그래스는 다음과 같이 말하고 있다.

> 안전을 추구하던 내 마음은 그 책을 들지 말았어야 했다고, 그런 이상한 질문들을 던지지 말았어야 했다고, 과학적 유년기의 단순성에 의문을 달지 말았어야 했다고 외치고 있었다. 그러나 이미 돌이킬 수 없었다. 새로운 세계의 문을 열고 들어간 후였으며, 다시는 탈출할 수가 없었다.[7]

옥스퍼드에서의 첫 학기였던 1971년 10월과 11월 두 달 사이 맥그래스는 자신이 자명한 진리로 여겼던 무신론의 지적 주장이 예상했던 것보다 그 근거가 상당히 빈약하다는 것을 발견하게 되었고 오히려 기독교야말로 생각했던 것보다 지적으로 훨씬 견고함을 깨닫게 되었다. 그리하여 "1971년 11월의 끝자락에서 나는 결단을 내리게 되었다. 내가 이전에 가지고 있

---

6   McGrath, 『정교하게 조율된 우주』, 118.
7   McGrath, 『도킨스의 신』, 21f.

던 하나의 신앙을 떠나 다른 하나의 신앙을 받아들이자!"⁸ 즉 맥그래스 자신의 삶의 궤적 자체가 바로 종교가 인류의 유아기적 현상이라는 도킨스의 주장을 뒤집는 강력한 반론이 되는 것이다.

맥그래스는 도킨스의 글쓰기 스타일과 중심 주제가 『이기적 유전자』(*The Selfish Gene*, 1976) 이후에 많이 달라졌음을 표현하기 위해 도킨스의 "관심은 대중들을 위한 과학에서 기독교에 대한 전면전으로 점차 이동하고 있다"는 마이클 루스(Michael Ruse, 1940-)의 말을 인용하고 있다. 즉, 맥그래스가 보기에 "한 뛰어난 과학의 보급자가 난폭한 반-종교적 논객이 되어 자기 입장을 논증하기보다는 설교하고 있다."⁹

맥그래스는 도킨스를 자신이 존경하는 사람이요 진화 생물학 분야에 있어서는 박식함과 세련미를 가지고 있으며, 이 분야의 복잡한 내용과 방대한 자료들을 완전히 꿰뚫고 있는 사람이라고 주장한다. 하지만 도킨스는 신과 관련된 것을 논의하게 되면 갑자기 평정심을 잃고 다른 세계로 들어가게 된다는 것이다.

도킨스는 다윈주의가 무신론으로 가는 지적 고속도로라고 본다. 하지만 이에 대해 맥그래스는 다윈주의가 전통적인 종교적 믿음, 불가지론, 그리고 무신론과 모두 양립 가능하다고 주장한다. 맥그래스가 보기에 도킨스가 세밀하게 계획을 잡은 궤도는 불가지론에서 그 바퀴 자국을 멈추는 것 같으며 거기에 자리를 잡고 계속 머물러 있다.

> 다윈주의와 무신론 사이에는 근본적인 논리적 틈이 있는데, 도킨스는 이 틈을 메우기 위해 증거가 아닌 레토릭으로 다리를 놓으려 하고 있다.¹⁰

---

8   McGrath, 『도킨스의 신』, 23.
9   McGrath, 『도킨스의 신』, 28.
10 McGrath, 『도킨스의 신』, 156.

결국 맥그래스가 보기에 "세계에 대한 다원주의적 기술을 통해 무신론이라는 결론을 강요하는 도킨스의 노력은 그의 저작 중에서 가장 덜 매력적인 부분일 뿐만 아니라, 가장 설득력이 떨어지는 부분이다."[11]

맥그래스는 무신론도 기독교 신앙만큼이나 믿음의 문제임을 지적하며, 종교는 망상에 불과하다는 '거대 투사 이론'(Great Projection Theory)에 대해 반론을 제기하고 있다. 거대 투사 이론은 포이에르바하와 마르크스, 그리고 프로이드 등의 종교 내지는 신에 대한 중요한 이론이며 당연히 도킨스의 무신론도 이 이론에 근거하고 있다. 이 과정에서 맥그래스는 『닥터 지바고』(1957년)의 저자 보리스 파스테르나크(Boris Pasternak, 1890-1960)의 말 "나는 무신론 신앙을 잃어버린 무신론자이다"를 인용하고 있다.[12]

도킨스의 『눈먼 시계공』(Blind Watchmaker, 1986)의 부제는 "진화의 증거가 설계 없는 우주를 드러내는 이유"이다. 도킨스는 우리가 '설계의 환상'을 떠올리는 이유가 어떤 구조들을 볼 때 일단 너무 복잡하게 느끼기 때문이라고 말한다. 그래서 그 구조들이 우연히 나타났을 리가 없다고 일단 간주해버린다. 이에 대해 도킨스는 충분한 시간이 주어진다면 복잡한 기관이 그것보다 훨씬 단순한 것에서 진화해올 수 있다는 것을 보여주고 있다. 『불가능해 보이는 산 오르기』(Climbing Mount Improbable, 1996)라는 책의 제목은 은유적 표현을 통해 이 점을 설명한다.

> 한쪽 각도에서 보면, '높이 치솟은 절정의 낭떠러지'를 오르는 것은 불가능해 보인다. 그러나 다른 각도에서 보면, 그 산은 '저 멀리 보이는 고지까지 꾸준하고 완만하게 높아져가는 부드러운 경사로의 목초지'이다.[13]

11　McGrath, 『도킨스의 신』, 181.
12　McGrath, 『목마른 내 영혼』(The Unknown God) (서울: 복있는사람, 2005), 30과 McGrath, 『하나님 얼굴을 엿보다』(Glimpsing the Face of God) (서울: 복있는사람, 2006), 27을 참조하라.
13　McGrath, 『도킨스의 신』, 103.

도킨스는 '시계공'이라는 신의 개념을 공격하는 데 많은 시간을 할애하고 있다. 하지만 맥그래스에 의하면 이 개념은 18세기에 중요하게 취급되었을 뿐, 전형적인 기독교 전통은 아니다. '시계공'으로서의 신개념은 세계를 스트라스부르그의 대형 시계와 비교했던 로버트 보일(Robert Boyle, 1627-91)이 개발한 것이다. 이 개념은 처음에는 시계의 물리적 측면에 적용되었다가, 18세기 후반에는 생물학적 세계에도 적용되게 되었다.

그러므로 "도킨스가 우리에게 보여준 것은 결국 18세기 영국이라는 특수한 역사적 상황 속에서 나타났던 하나의 창조론적 입장의 약점일 뿐이다. 사실 이 시계공이란 개념은 18세기 당시에 많은 걸출한 영국 신학자들이 그 부적절함과 비정통적임을 이유로 이미 거부했던 견해이다."[14]

맥그래스에 의하면 『눈먼 시계공』은 '시계공'이라는 18세기의 신개념에 대해 매우 의미 있고 성공적인 공격을 보여주고 있다. 하지만 도킨스가 효과적으로 반박한 견해는 전체 기독교의 전형적인 전통이 아니라 "창조론에 대한 여러 이해 중 하나의 특수한 이해, 즉 18세기 영국의 역사적 상황에 대한 대응으로써 나타났던 이해,"[15] 즉 칼라일의 부주교 윌리엄 페일리(William Paley, 1743-1805)가 『자연 신학; 혹은 신의 존재와 속성에 대한 증거들』(*Natural Theology; or Evidences of the Existence and Attributes of the Deity*, 1802)이라는 책에서 사용하고 있는 '시계공'이라는 유비 논증이다.

맥그래스는 윌리엄 페일리가 생물 세계가 설계되어 만들어진 하나의 '고안품'(contrivance)같아 보인다는 점을 강조했으며, 그러한 입장을 가지게 된 배경을 18세기 초반 영국에서 나타났던 정치와 종교의 복잡한 상호작용을 통한 독특한 영국 역사에서 찾고 있다. 18세기 초반 영국에서는 신학을 하는 새로운 방식이 전개되기 시작했는데, '자연 신학' 혹은 '물리 신학'(physical theology, 'nature'를 의미하는 희랍어 'physis'를 따서)이라 불리는 것이었다.

---

14 McGrath, 『도킨스의 신』, 106f.
15 McGrath, 『도킨스의 신』, 122.

이 신학적 입장은 신의 존재와 속성이 자연 그 자체에서 추론될 수 있다고 주장했다. 합리주의가 영국 지성계에서 점점 더 큰 영향력을 얻어가고 있는 상황에서, 이에 대응하기 위해 기존 교회들은 전통적인 권위의 원천(성경과 같은)이 아닌 자연 세계를 더욱 강조하기 시작했다. 점점 회의적으로 변해가는 세계에서 신의 존재와 지혜는 이제 자연 질서에 대한 호소를 통해 증명할 수밖에 없었다.[16]

처음에 '자연 신학'은 아이작 뉴턴이 증명한 '천체 역학'의 규칙성에 호소하는 방식으로 물리적 세계의 질서에 호소하였으며, 18세기 초반에 '물리 신학'은 대흥행 그 자체였다. 하지만 과학과 종교 사이의 전도유망해 보였던 동맹관계는 점점 커지는 돌이킬 수 없는 불화의 관계로 치닫고 있었으며, 뉴턴의 체계는 신에 대한 믿음을 장려하기보다 신에 대한 믿음이 필요 없다는 것을 말하고 있었다.

그래서 "18세기 말 뉴턴의 체계는 많은 사람에게 신앙보다는 무신론 혹은 불가지론으로 향해가도록 권장하고 있는 것처럼 보였다. 1750년이 되자 물리 과학과 종교를 통합하려고 했던 뉴턴의 시도가 완전히 실패했다는 것이 확실해졌다. 치명타는 영국의 유명한 낭만주의 시인인 퍼시 셸리(Percy Bysshe Shelley, 1792-1822)가 남긴 '정합적 뉴턴주의자는 필연적으로 무신론자다'라는 유명한 말이었다."[17]

페일리의 '시계공' 유비가 등장한 것은 바로 이러한 상황 가운데서였다. 물리학의 영역에서 막다른 골목에 도달한 몇몇 사람들은 살아있는 자연 세계, 즉 생물 세계로 방향을 바꾸게 되었고 이러한 접근방식에 새로운 생명력을 불어넣는 방법을 제시하고자 했던 것이 페일리라는 것이다. 하지만 맥그래스에 의하면

16　McGrath, 『도킨스의 신』, 124.
17　McGrath, 『도킨스의 신』, 125.

이러한 접근은 몰락해가는 지적 운동의 마지막 시도일 뿐이었다. 이미 잘못 들어선 길이었기에 서둘러 중단했어야 했던 기독교 변증학(기독교 신앙에 대한 반론에 응답하는 학문)의 또 다른 실험일 뿐이었다.[18]

역사적 맥락에서 본 페일리는 "17세기의 위대한 뉴턴 혁명 바로 뒤에 나타나서 꽃피우다가 18세기 중반에 기울었던 한 운동의 최후의 모습을 보여준다. 페일리는 시대가 이미 지나간 생각을 그 유통기한이 곧 끝날 줄도 모르고서 재생시켰다."[19] 그러므로 페일리의 시계공 유비에 대한 공격은 기독교 전체에 대한 논박일 수는 없으며, 단지 18세기 영국 국교회가 잘못 선택한 것에 대한 논박일 뿐이다.

시계공으로서의 신에 대한 페일리의 유비 논증을 반박한 도킨스의 주장이 새로울 것이 없는 것은 당시의 여러 지도적인 신학자들, 예컨대 존 헨리 뉴먼(John Henry Newman, 1801-90)과 같은 신학자에 의해 그 부적절함을 이유로 이미 거부당했던 사실에서 입증된다. "그것은 자신의 자리를 벗어나 너무 많이 나가 버렸으며, 그래서 이제는 거의 기독교에 저항하는 도구로 사용되고 있다."[20]

지금까지 도킨스의 무신론적 진화론에 대한 맥그라스의 반론을 살펴보았다. 이런 반론을 살펴보는 가운데 나는 그 이전에 두 번 정도 지지를 표명하였던 지적 설계 이론을 버리게 되었다. 지금 단계에서 지적 설계를 반대하는 이유를 몇 가지 언급해보자.

먼저는 지적 설계이론이 '간격의 하나님'(God of the gaps)에 의존하고 있기 때문이다. 지적 설계에서 가장 중요한 화두는 생물 세계에서 관찰되는 '환

---

18 McGrath, 『도킨스의 신』, 126.
19 McGrath, 『도킨스의 신』, 136f.
20 John H. Nouwen, *The Idea of a University* (London: Longmans, Green, 1907), 450f. 앞의 책, 134에서 재인용.

원 불가능한 복잡성'(irreducible complexity)이다. 대표적으로는 인간의 눈을 그 예로 든다. 자연과학의 발전을 통해 자연현상의 여러 영역들이 규명이 되었지만, 규명되지 않는 부분에 하나님을 끼워 넣는 전략이 지적 설계의 전략이라고 할 수 있다. 이 부분과 관련하여 맥그래스는 기독교 변증가 사이에서 애용되는 보다 건전한 접근법은 자연과학적으로 '비어진 쪽'보다 과학적으로 '채워진 쪽'에 중점을 두는 것이어야 함을 지적하고 있다.[21]

또한 『루이스와 쉐퍼의 대화』의 저자들은 루이스나 쉐퍼가 지적 설계에 별다른 관심을 기울이지 않았던 이유에 대해 다음과 같이 말하고 있다. 지적 설계는 하나님의 존재 증명과 관련하여 목적론적 존재 증명의 한 아류라고 할 수 있다. 아퀴나스의 신존재 증명 가운데 다섯 번째 길이 바로 목적론적 존재 증명이라고 할 수 있는데 이 부분과 관련하여 『루이스와 쉐퍼의 대화』의 저자들인 스캇 버슨(Scott Burson)과 제리 월즈(Jerry Wells)는 쉐퍼가 토마스 아퀴나스의 자연 신학에 대해 거부감이 있었음을 언급하고 있다.

루이스는 청소년기 하나님에 대한 신앙이 그가 '무설계로부터의 논증'(Argument from Undesign)이라고 일컬었던, 자연 세계의 명백한 결점에 기초한 논증에 의해서 부분적으로 허물어졌다. 즉 자연 가운데 있는 증거는 중립적이라고 할 수 있다. 이러한 사실에 근거할 때, 쉐퍼나 루이스 "이 두 변증가가 전통적이고 우주론적이며 목적론적인 논증에 집중하지 않았다는 것은 전적으로 놀랄만한 일이 아니다."[22]

---

21 Alsiter E. McGrath, 『현대인을 위한 기독교변증: 생명으로 인도하는 다리』, 김석원 역 (서울: 서로사랑, 2002), 91f.
22 Scott Burson & Jerry Walls, 『루이스와 쉐퍼의 대화』, 김선일 역 (서울: 기독학생회, 2009), 470 각주 45.

제8장

'설계'에 대한 맥그래스의 견해

맥그래스는 명시적으로 자신이 유신론적 진화론자임을 주장하지는 않는다. 하지만 '겹치는 교도권'을 설명하면서 프랜시스 콜린스(Francis Collins, 1950-)를 언급하는 문맥을 살펴보면 유신론적 진화론을 맥그래스가 지지한다고 조심스럽게 결론을 내릴 수 있을 것이다. 어찌 되었건 맥그래스가 진화론이라는 과학은 무신론을 필연적으로 함축한다는 도킨스의 호전적인 도전에 대하여 과학은 유신론을 필연적으로 함축한다고 주장하는 창조과학회나 지적 설계 운동의 입장을 지지하지 않는 것은 분명하다.

다만 맥그래스는 도킨스의 주장과는 달리 진화론은 무신론뿐 아니라 유신론, 그리고 불가지론과도 양립 가능하다는 것을 주장함으로써 도킨스의 독선적인 주장을 무력화시키고자 시도하고 있을 뿐이다. 혹자는 이런 맥그래스의 입장이 불가지론에 가깝지 않으냐고 반문할는지도 모른다. 『하나님 얼굴을 엿보다』라는 책의 다음과 같은 구절은 그런 반론을 정당화시켜 주는 듯하다.

> 이런 식으로 우리는 단서를 무한정 모을 수 있다. 그러나 한 가지 요점은 분명하다. 세상의 어떤 면들은 창조주 하나님이 존재한다고 하고, 다른 면들은 그렇지 않다고 하는 것 같다. 세상은 분명하지 않고 모호하다. 하나님의 존재를 둘러싼 소모적인 논쟁도 마찬가지다. 무신론자나 그리스도인들이나 논쟁으로 결말을 짓지 못한다는 사실을 안다. 고작 그럴듯한 논리로 각자의 견해를 밝힐 수 있을 따름이다. 어느 쪽도 결정적인 증거를 댈 수 없다.[1]

---

1   맥그래스, 『하나님 얼굴을 엿보다』, 26.

필립 얀시는 '설계 논증'(Argument from Design)에 관한 한 자신이 매우 쉽게 설득되는 편이라고 말한 후 "내게 있어 자연 세계는 창조주 하나님의 상상력 넘치는 천재성을 정말 찬란하게 증명하고도 남는다"[2]라고 말하고 있다. 하지만 필립 얀시는 소위 설계 논증이 결정적일 수 없음도 지적하고 있다. 그는 자연에 대해 모든 사람들이 그렇게 똑같은 방식으로 반응하지는 않는다는 것을 인정하면서 "자연이 보여 주는 증거들은 양면적이다"라고 주장하고 있다.[3]

필립 얀시는 자연이 보여 주는 증거들을 통해 그리스도인이 얻게 되는 유익에 대해서 C. S. 루이스를 인용하여 다음과 같이 설명하고 있다.

> C. S. 루이스는 자연은 그리스도인에게 신학을 가르치는 것이 아니라-자연의 메시지는 너무 양면적이므로-이미 알고 있는 신학적 개념에 그 풍성한 의미를 부여할 뿐이라고 말하곤 했다. "자연은 내게 영광과 무한한 위엄의 하나님이 계신다고 가르쳐 준 적이 없다. 난 그런 것들에 관해서는 다른 방식으로 배워야만 했다. 하지만 자연은 '영광'이라는 말의 의미가 무엇인지를 내게 깨닫게 해주었다. 난 아직도 자연을 통해서가 아니었다면 과연 어디에서 그 말의 의미를 경험할 수 있었을지 모르겠다."[4]

맥그래스가 『하나님 얼굴을 엿보다』에서 하는 일이 바로 이런 일이 아닐까 생각한다. 도킨스와 같은 이들이 호전적으로 무신론을 주창하는 것에 반하여 우리 그리스도인들이 빠지기 쉬운 오류는 짐짓 너무나 분명한 증거들을 믿지 못하는 데 대하여 무신론자들이나 불신자들을 질타하기 쉽다. 그러나 그것은 바른 변증의 자세는 아니다. 물론 그렇다고 그리스도인들에게 "우주에서 발견하는 하나님의 존재와 인생의 의미"를 논하는 것이 전적

---

2 필립 얀시, 『뜻밖의 장소에서 만난 하나님』, 채영삼 역 (서울: 두란노, 1997), 52.
3 얀시, 『뜻밖의 장소에서 만난 하나님』, 55.
4 얀시, 『뜻밖의 장소에서 만난 하나님』, 56.

으로 무의미한 것만은 아니다.[5]

맥그래스는 구약성경의 창조 개념을 이해하는 데 도움이 되는 세 가지 실례를 소개하고 있다.

첫째, 건물을 설계하고 건축하는 뛰어난 장인에 창조를 비유할 수 있다는 것이다.

> 건축가의 지혜가 위대한 건축물의 설계에 드러나는 것처럼 창조주의 지혜가 우주의 질서에 드러난다. 그러므로 창조는 현실의 구조를 세운 질서에 관한 것이다.[6]

이러한 창조에 관한 성경적 이해는 자연과학의 발전과 겹치는 부분이 크다.

> 자연과학과 기독교 사이의 가장 중요한 유사성은 우주가 질서정연하고 이해 가능하다는 근본적인 확신이다.[7]

둘째, 창조를 생각하는 두번 째 방법은 '그림을 그리는 화가'나 '교향곡을 쓰는 작곡가' 같은 예술가의 창조 행위와 비교하는 것이다.

예술가는 자신의 그림이나 곡에 "혼신의 힘을 쏟아 붓는다." 즉, 예술적 창조는 예술가의 본성과 재능을 반영한다.

> 우주를 창조한 바로 그 하나님이 우리도 창조하셨다. 따라서 우리와 우주 사이에는 창조의 공명(共鳴)이 울린다. 우리는 창조주의 교향곡을 들을 수

---

[5] 맥그래스의 『하나님 얼굴을 엿보다』는 책의 영어 원서의 부제는 "우주에서의 의미에 대한 탐구"(The Search for Meaning in the Universe)인데 우리 말 번역본에는 "하나님의 존재와 인생"의 의미를 탐구하는 것으로 의역하고 있다.

[6] 맥그래스, 『하나님 얼굴을 엿보다』, 60.

[7] 맥그래스, 『하나님 얼굴을 엿보다』, 61.

있고 우주의 아름다움 안에 있는 창조주의 손을 인식할 수 있다. 우리가 우주의 음악을 듣고 그 아름다운 화음을 즐기며 창조주와 사랑에 빠지는 것이 창조주의 의도 중 일부이다.[8]

셋째, 창조에 대한 기독교의 이해 가운데 가장 도전적인 통찰로 소개하고 있는 것은 우리 인간이 "하나님의 형상대로" 창조되었다(창 1:26-27)는 것이다. "형상"이란 동일성을 뜻하지는 않지만, 유사성과 상응을 의미한다.

우리가 목적에 따라 창조되었다는 사실로 인해 하나님과 우리 사이에는 어떤 유사성이 있다. 우리가 창조된 목적은 하나님을 아는 것이다.[9]

이러한 통찰을 통해 맥그래스가 내리는 결론은 다음과 같다.

이성과 우주와 하나님 사이에서 울리는 공명은 우연이 아니다. 기독교 창조 교리의 총체다.[10]

맥그라스의 창조에 대한 설명에서 우리가 접하게 되는 '설계'라든가 '예술적 창조' 등의 표현은 비록 맥그래스가 지적 설계 운동을 반대하면서도 모종의 '설계가' 또는 '예술가'로서의 하나님의 유비를 받아들이고 있음을 보여준다. 결국 관건은 '설계'라는 개념을 어떻게 파악할 것이냐에 달려 있다.

이러한 사정은 유신론적 진화론자인 하워드 반틸(Howard Van Till)의 경우도 마찬가지다.

---

8   맥그래스, 『하나님 얼굴을 엿보다』, 62.
9   맥그래스, 『하나님 얼굴을 엿보다』, 62f.
10 맥그래스, 『하나님 얼굴을 엿보다』, 63.

우리는 단지 우연히 존재하는 비인격적인 물리적/물질적 우주의 작업에 의해 만들어진 보기 좋은 작품이 아니라 하나님이 의도한 결과물들이다. 우주는 은혜롭고 포괄적인 목적을 성취하기 위해 하나님이 사려 깊게 개념화한 것이 구현된 것이다. 다시 말하면, 우리 자신과 우리가 속한 전 우주는 하나님의 설계(의도)와 그의 창조행위(존재를 부여하는 것)에 의해 오늘날 존재하게 되었다.[11]

맥그래스는 『하나님 얼굴을 엿보다』의 결론 부분에서 다음과 같이 말하고 있다.

우리가 확실히 알 길은 없다. 그러나 믿을 수는 있다. 결국 모든 세계관의 기반은 믿음이다. 어떤 세계관도 결정적으로 옳다고 증명할 수 없다. 무신론도 마찬가지다. 우리는 확실성이 아니라 개연성을 바탕으로 선택한다…. 다른 방법과 마찬가지로 이 방법도 옳다고 증명할 수 없다. 그러나 이것은 마음과 이성 모두에 깊은 호소력이 있다.[12]

이는 불가지론이라기보다는 사실을 사실대로 과장하지 않으려는 겸손한 변증의 태도이다.

이것이 옳다고 입증할 방법이 있을까?
없다. 그러나 다른 대안도 마찬가지다. 그렇지만 설명되지 않는 깊은 갈망이, 이 세상에 있는 그 무엇으로도 만족할 수 없는 갈증이 우리 안에 남아 있다.[13]

---

11 하워드 반틸, "동역관계," 『현대과학과 기독교의 논쟁』, 258.
12 McGrath, 『하나님 얼굴을 엿보다』, 155f.
13 McGrath, 『하나님 얼굴을 엿보다』, 157.

맥그래스는 이러한 '인간의 채워지지 않는 갈망'을 기독교 변증의 가장 중요한 첫 번째 접촉점으로 제시하고 있다.[14] 어떤 면에서 억지 주장보다는 사실에 근거한 정직한 변증의 노력을 기울이는 것으로 우리는 만족해야 할 런지도 모른다. 맥그래스는 스코틀랜드의 설교자 호레이셔스 보나(Horatius Bonar, 1808-89)의 말로 자신의 책을 마무리하고 있다.

> 우리는 외로운 밤을 배회하는 나그네다. 저 멀리 보이는 산봉우리에 희미하게 반사된 태양을 보는 나그네일 뿐이다. 그 태양은 이 세상에서는 결코 뜨지 않지만, 저 너머에 있는 "새 천국"에서는 절대 지지 않는 태양이다. 그것으로 충분하다. 그것만 알아도 어둡고 험한 나그네 길에 위로와 격려가 된다.[15]

설계이론을 반대하면서 모종의 설계를 주장하는 이 부분이 이해가 되지 않았다. 알리스터 맥그래스는 『정교하게 조율된 우주』(*A Fine-Tuned Universe*)라고 하는 책에서 우리가 자연을 관찰하면서 자연에 존재하는 설계를 추론해내는 데 설계는 경험으로 확인할 수 있는 자료가 아니며, 우리가 관찰한 것을 해석한 결과를 반영한 것일 뿐이라고 말하고 있다. 이것을 가장 설득력 있게 강조하고 알기 쉽게 제시한 사람으로 맥그래스는 존 헨리 뉴먼(John Henry Newmen, 1801-90)의 말을 인용하고 있다.

> 나는 설계를 보기 때문에 하나님을 믿는 것이 아니라, 하나님을 믿기 때문에 설계를 믿는다.

설계는 "자연 영역 속에 '주어진' 것이라기보다 실재를 바라보는 기독교의 시각으로 자연을 관찰하고 해석함으로써 얻어진다."[16]

---

14 McGrath, 『생명으로 인도하는 다리』, 72-83.
15 McGrath, 『하나님 얼굴을 엿보다』, 158.
16 Alister E. McGrath, 『정교하게 조율된 우주』, 박규태 역 (서울: 기독학생회, 2014), 80.

제9장

자연과학에 대한 개혁신학의 자세

개혁신학은 한 마디로 하나님 중심의 신학이다. 이러한 하나님의 주권 또는 하나님 중심의 신학은 인간의 개인적인 면에 국한되지 않는다. 인간의 구원은 오히려 그보다 훨씬 넓은 시각, 즉 우주적인 시각 안에서 이해되어야 한다는 것이 개혁신학의 확신이다. 개혁신학의 시각은 넓은 범위와 위엄을 요구한다.

> 인류와 나라들의 운명을 결정하는 하나님의 주권적인 뜻이라는 위대한 개념으로부터 온 세상의 끝까지 보여지고 인정되는 하나님의 영광의 비전에 이르기까지 칼빈주의는 위대한 구상에 대한 믿음이다. 루터 신학이 은혜로운 하나님을 추구하는 데 반하여, 경건주의가 개인 영혼의 복지에 관심을 가지고 있는 것에 반하여, 웨슬리 신학이 개인 경건에 초점을 맞추고 있는 것에 반하여 개혁신학의 궁극적인 관심은 개인의 영역과 개인의 구원을 초월한다. 그 관심은 또한 그리스도의 몸인 교회도 초월한다. 그 관심은 하나님의 뜻이 이제까지 열거한 범위를 넘어서 국가와 문화, 그리고 자연 세계와 온 우주에서 하나님의 뜻이 이루어짐에까지 미친다. 간단히 말해서, 개혁신학은 '하나님 나라의 신학'(kingdom theology)이다.[1]

---

1 Hesselink, *On Being Reformed*, 103.

하나님의 창조 세계 전체를 하나님의 영광이 드러나는 "극장" 또는 "무대"(*theatrum gloriae dei*)로 이해한 칼빈은 그의 신학과 목회의 범위를 그의 영향이 미치는 모든 분야에까지 연장하였다. 제네바에서 그는 설교하는 목회자였으며, 가르치는 교수였으며, 행정가였다. 그는 또한 경제, 사회, 국제적인 교류와 무역에도 그의 신학을 관여시켰다.

> 온 세계가 그의 교구였으며 삶의 분야에서 간과된 부분이 그에게는 없었다.[2]

맥그래스는 자연과학의 발전에 대한 존 칼빈(John Calvin, 1509-1564)의 2가지 중요하고 긍정적인 기여가 있었음을 지적하고 있다.

첫째, 칼빈은 자연에 관한 과학적 연구를 적극적으로 장려하였으며,

둘째, 칼빈은 성경을 "적응"(accommodation)이라고 하는 용어로 해석함으로써 자연과학의 연구를 방해하는 주된 장애물을 제거하였다.[3]

칼빈의 첫 번째 기여는 피조 세계의 질서정연함(orderliness)에 대한 그의 강조와 관련이 있다. 칼빈은 물리적 세계와 함께 인간의 육체가 하나님의 지혜와 성품을 반영한다고 주장한다.

> 하나님은 어떠한 사람도 행복에 이르는 데서 제외되지 않도록 하기 위해, 인간의 마음속에 이미 말한 바 있는 종교의 씨앗을 심어 주셨을 뿐만 아니라 자기를 계시하셨으며 우주의 전 창조 속에서 매일 자신을 나타내시는 것이다. 그 결과 인간은 눈을 뜨기만 하면 하나님을 볼 수 있게 되어 있다…. 하나님의 놀라운 지혜를 보여주는 증거는 하늘과 땅에 셀 수 없이 많다. 그

---

2 Hesselink, *On Being Reformed*, 104.
3 A. McGrath, *Science and Religion*, 10.

것은 천문학이나 의학, 또는 일체의 자연과학의 엄밀한 연구 대상으로 정해진 심원한 것들만이 아니라 가장 배우지 못하고 가장 무지한 자라도 보지 않을 수 없게 제시되어 그들이 눈을 뜨기만 하면 반드시 그것들을 목격하게 되는 것들이기도 하다.[4]

그러므로 칼빈은 천문학과 의학 연구를 권장하고 있다. 천문학과 의학은 신학보다 자연 세계를 더 심도있게 탐구할 수 있으며 더 나아가 피조 세계의 질서정연함과 창조자의 지혜를 더 잘 드러낼 수 있다. 그래서 칼빈은 자연에 관한 과학적 탐구에 대한 종교적인 동기를 부여하였다고 주장할 수 있을 것이다. 이제 자연과학은 피조 세계 가운데 있는 하나님의 지혜로운 손을 발견해내는 수단으로 간주되게 되었다.

식물학자들과 물리학자들을 배출한 것으로 명성을 떨쳤던 로우랜드(Lowlands) 지역에서 특별한 영향력을 행사했던 벨기에 신앙고백(Belgic Confession, 1561)은 자연이 "하나의 매우 아름다운 책으로 우리 앞에 있으며, 이 책에서 모든 피조물은 크건 작건 하나님의 보이지 않는 사물을 우리에게 보여주는 문자들"이라고 선언하고 있다.[5]

맥그래스는 자연과학의 발전에 대한 칼빈의 두 번째 주된 기여가 자연과학의 발전에 중요한 장애물이 되었던 성서적 문자주의(biblical literalism)를 제거한 것이라고 주장하고 있다. 칼빈은 성경이 주로 예수 그리스도에 대한 지식을 담고 있는 책임을 지적하고 있다. 성경은 천문학이나 지질학 또는 생물학 교과서가 아니다. 양승훈은 비록 성경이 과학 교과서가 아니지만, 과학사에서는 성경으로부터 실제적인 과학적 발견을 한 예가 있음을 인정하고 있다.[6] 하지만 그런 때에도 실마리일 뿐 그 구체적인 내용을 성경

4　John Calvin, 『기독교 강요』 (서울: 생명의 말씀사, 2002), I.5.1-2.
5　McGrath, *Science and Religion*, 10f.
6　양승훈, "성경은 과학교과서인가?-시카고 선언에 비춰본 성경 무오," 『창조론 오픈 포럼』 2권 2호 (2008년 8월), 11f.

이 제시해 주는 것은 아니다.

성경을 해석할 때 우리는 하나님이 인간의 지성이나 심정에 자신을 적응하셨다는 것을 명심해야만 한다. 계시가 발생하려면 하나님이 우리의 수준으로 낮아지셔야만 한다. 그러므로 계시는 하나님이 우리의 유한한 인식 능력에 맞추어 자신을 "적응"하신 것이다. 계시는 신적인 자기 낮추심의 행위인 것이다.[7]

이러한 칼빈의 신학적인 시각과 해석은 영국의 청교도들과 네덜란드의 아브라함 카이퍼(1837-1920)에 의해서 활발한 학문적인 작업으로 결실을 보게 된다. 카이퍼는 프린스톤에서 행한 그의 스톤 강좌(Stone Lecture)에서 전통적인 신학을 강의하지 않고, 기독교가 인간의 개인적인 부분에 국한되는가 아니면 세계관이라는 통합적인 시각으로 연장되어야 하는가에 관한 근본적인 질문을 다루고 있다. 결국 그는 "삶의 체계로서의 칼빈주의"를 그의 저서에서 제창하게 된다.

카이퍼가 성경을 해석하고 그에 근거해서 칼빈주의 신학을 체계화하는 가장 근본적인 것은 그리스도의 사역은 개인적인 국면이나 또는 교회에 국한되지 않고 하나님이 창조하신 창조목적에 따라 연장된다는 확신이다. 이렇게 이해되는 칼빈주의 신학은 자연히 하나님의 주권이 세계관(world-and-life-view)의 내용으로 연장되며, 예수 그리스도의 구원이 인간 삶의 모든 영역에서 구체적으로 역사되어야 한다는 내용으로 설명된다.

> 인간의 삶과 세계에 대한 시각을 규정하는 세계관, 하나님의 주권, 인간의 모든 영역에서 나타나는 예수 그리스도의 주되심, 시간과 공간을 초월하는 하나님 나라의 신학-이것이 바로 개혁신학이 추구하는 하나님의 위대한 범위이다…. 이 모든 것들은 하나님의 영광이라는 하나의 목적을 향하여 움직인다.[8]

---

7 McGrath, *Science and Religion*, 11.
8 I. John Hesselink, *On Being Reformed: Distinctive Characteristics and Common Misunder-*

카이퍼가 1898년 스톤 강좌에서 행한 일련의 칼빈주의에 대한 강의 중 4번째 강연이 "칼빈주의와 학문"에 대한 것인데 자연과학뿐 아니라 학문 일반에 대한 우리의 자세가 어떠해야 하는지에 대한 탁월한 통찰력을 제시해 주고 있다. 카이퍼는 흥미롭게도 예정론에 근거하여 우리가 적극적으로 학문을 장려해야할 이유를 제시하고 있다.

> … 사물의 **통일성**과 **안정성**과 **질서**를 개인적으로는 예정으로, 우주적으로는 하나님의 작정의 경륜으로 믿는 믿음은 큰 소리로 학문에 대한 사랑을 일깨울 뿐만 아니라 힘있게 그 사랑을 장려할 수밖에 없다. 이 통일성과 안정성과 질서에 대한 깊은 확신이 없이 학문은 단순한 추측을 넘어설 수 없다.[9]

즉, 하나님의 작정의 통일성과 안정성에 근거하여 하나님이 창조하신 자연 세계의 질서정연함을 확신할 수 있게 되었고 이것이 자연과학의 발전에 대한 추진력이 되었다고 카이퍼는 주장하고 있다. 칼빈주의는 조롱과 모욕을 받으면서도 우리의 전체 생활이 하나님이 친히 세우신 통일성과 안정성과 질서의 지배를 받아야 한다는 굳건한 신념을 포기하지 않았으며 이에 따라 칼빈주의는 학문에 대한 사랑을 장려했다고 카이퍼는 주장하고 있다.[10]

카이퍼는 우주론이 그리스 로마 시대에서 생겼는데 중세 때는 우주가 지평선 너머로 사라지고 모든 관심이 미래 생활에 대한 어렴풋한 통찰에 쏠렸지만, 칼빈주의는 영적인 것을 놓치지 않고 우주론을 회복시켰다고 말하면서 "**칼빈주의는 학문을 제 영역에 회복시켰다**"고 주장하고 있다.[11] 카이퍼는 우리가 "그리스의 아름다운 우주론적 취미와 영원한 것에 대한 무지"

---

standings (New York: Reformed Church Press, 1988), 106.
9 Abraham Kuyper, 『칼빈주의 강연』 (고양: 크리스챤다이제스트, 1996), 141.
10 Kuyper, 『칼빈주의 강연』, 142.
11 Kuyper, 『칼빈주의 강연』, 142f.

와 "중세의 우주적 사물에 대한 무지와 그리스도에 대한 신비적 사랑" 가운데 하나를 선택해야 한다면 후자를 택할 것임을 분명히 하고 있다. 이런 설명을 통해 카이퍼는 자신이 중세의 온갖 아지랑이를 통하여 반짝이는 천상의 광채를 손상시키려고 고전 세계를 과대 평가하는 것이 아님을 주장하면서도 그리스의 고전 시대나 이교 사회의 여러 학문적인 업적을 칼빈주의의 일반 은총에 대한 교리와 연결시키고 있다.

> 한 사람 아리스토텔레스가 교부 전체보다 우주에 대하여 더 많이 알았으며, 이슬람의 통치하에서 우주론이 유럽의 대성당과 수도원의 학파에서보다 융성했으며, 아리스토텔레스 저술의 발견이 불충분하긴 하지만 새로운 연구를 조장하는 첫 번째 자극제였으며, 칼빈주의만이 우리를 계속 십자가에서 창조로 돌아가도록 장려하는 자신의 지배적인 원리와 그에 못지않은 일반 은총 교리와 이제 성경이 그 안에 지혜와 지식의 모든 보화가 숨겨 있다고 하는 저 의의 태양에 의하여 조명된 우주의 광대한 영역을 학문에 다시 활짝 열었다고 나는 단언하며 주장한다.[12]

그래서 카이퍼는 칼빈주의의 일반적 원리를 고찰하고 연이어 "일반 은총"의 교리를 살펴보고 있다.

주지하는 대로 개혁신학은 하나님의 영광을 제일되는 원리로 한다. 이 신칭의도 중요하지만, 그보다 더 중요한 것은 하나님의 영광이라는 모토일 것이다.

> 확실히 우리의 구원은 매우 중요하다. 그러나 이는 우리 하나님의 영광의 훨씬 큰 중요성에 비할 수 없다.[13]

---

12   Kuyper, 『칼빈주의 강연』, 143.
13   Kuyper, 『칼빈주의 강연』, 145.

카이퍼는 중세를 통해 대표적으로 드러난 중생에 대한 이원론적 개념이 자연생활과 은혜의 생활을 분열시키는 원인이 되었으며, 이러한 이원론적인 개념은 천상적 사물을 너무 집중적으로 명상하므로 하나님의 창조 세계에 대하여 마땅히 관심을 기울이기를 게을리하였다고 주장한다. 그래서 그리스도는 구주로만 인식되고 그분의 "**우주론적 의의**"는 사라졌다. 칼빈은 "복음의 광범위하고 포괄적이고 우주적인 의미"를 다시금 파악하였는데 그는 이를 자기의 개인 생활을 형성한 하나님의 엄위에 대한 깊은 감동의 결과로 파악하였다.[14]

카이퍼는 벨기에 신앙고백서와 같은 칼빈주의 신앙고백이 하나님을 아는 두 방도로 **성경**과 **자연**을 말하고 있음은 지적하면서, 칼빈은 아주 많은 신학자들의 경향과 달리 자연을 단순히 부속되는 항목으로 대하지 아니하고, 성경을 안경에 비유하여 이 안경으로 우리가 **자연**의 책에 하나님의 손으로 기록하신 (그런데 저주의 결과로 지워지게 되었던) 하나님의 생각을 다시 해독할 수 있게 한다고 주장하고 있다.[15]

이러한 칼빈주의의 해석의 틀 속에서 하나님의 피조 세계로서의 자연을 연구하는 자연과학자는 헛되고 어리석은 일들을 추구하면서 그 능력을 허비하고 있을지 모른다는 모든 두려운 우려가 사라져 버렸다. 반대로 자연을 연구하는 사람은 하나님을 위하여 우리의 관심이 자연과 창조의 생활에서 벗어날 수 없다는 점을 파악하게 되었다. 그 결과 몸에 대한 연구는 영혼에 대한 연구와 나란히 존귀의 자리를 회복하게 되었고 이 땅의 인류의 사회적 조직은 하늘에서 완전한 성도의 회중과 마찬가지로 인간 학문의 대상으로서 자격을 갖추게 되었다. 이런 맥락에서 카이퍼는 칼빈주의와 인본주의 사이에 존재하는 밀접한 관계를 다음과 같이 설명하고 있다.

14　Kuyper, 『칼빈주의 강연』, 145.
15　Kuyper, 『칼빈주의 강연』, 146f.

인본주의가 이 세상의 생활로 영원한 것을 대신하려고 노력하는 만큼, 모든 칼빈주의자는 인본주의자에 반대했다. 그러나 인본주의자가 세속 생활을 적절히 인정할 것을 주장하는 것으로 만족하는 만큼, 칼빈주의자는 그의 동맹자였다.[16]

개혁신학은 인간의 전적 부패(total depravity)를 고백하지만 그렇다고 인간이 항상 모든 형태의 죄에 빠져 있다고 주장하지는 않는다.[17] 후크마는 '전적 부패'의 교리가 종종 잘못 이해되어져 왔던 용어임을 지적하며 사람들이 오해하는 점을 4가지로 제시하고 있다.

① 모든 인간은 그들이 될 수 있는 한 가장 철저하게 타락되었다.
② 중생치 못한 사람들은 선과 악을 구별할 수 있는 양심을 갖지 못한다.
③ 중생치 못한 사람들은 항상 인간이 생각해 낼 수 있는 모든 형태의 죄에 빠져 있다.
④ 중생치 못한 사람은 타인의 시각에 비추어 봤을 때 선하고 유익한 행동들을 수행할 능력을 갖추지 못한다.

많은 사람에게 '전적 부패'가 이러한 오해를 불러일으키기에 후크마는 '전적 부패'라는 용어보다 '철저한 부패'란 표현을 선호한다.
후크마가 말하는 '철저한 부패'란 다음과 같다.

첫째, 원죄의 부패가 인간 본성의 모든 영역 - 사람의 욕망과 마음의 충동뿐만 아니라 이성과 의지 - 에까지 확산된다는 의미다.
둘째, 본성상 인간의 마음에는 삶의 동기를 부여하는 원리인 하나님에 대한 사랑이 없다는 것이다.

---

16   Kuyper, 『칼빈주의 강연』, 147.
17   Anthony A. Hoekema, 『개혁주의 인간론』 (서울: 기독교문서선교회, 1991), 252.

후크마뿐 아니라 벌코프도 이와 유사하게 전적 부패 교리에 대한 오해를 지적하고 있다.[18]

이렇듯 악이 표면에 나타나지 않거나 온갖 끔찍한 모습을 드러내지 않는 곳에서 개혁신학은 우리의 본성이 그다지 심각하게 부패하지 않았다고 하지 않고 '일반 은총'으로 불꽃이 연기나는 불로 번지지 않도록 막으시는 하나님께 그 덕을 돌린다.[19] 개혁신학자에게 있어서는 교회뿐만 아니라 세상도 하나님께 속하여 있다.

그러므로 그리스도인은 교회뿐 아니라 세상에서 최고의 경영자와 건축자의 걸작을 탐구해야 한다. 신학적 주장에 따라서는 세상과 담을 쌓고 학문적인 게토(ghetto)를 형성하는 것을 주장하기도 하는데 카이퍼에 따르면 개혁신학 또는 칼빈주의는 이에 분명히 반대한다.

> 하나님을 추구하는 칼빈주의자는 잠시라도 다른 학문을 저급한 것으로 여기고 불신자의 손에 넘겨주고 신학과 명상에만 전념하겠다고 생각하지 않는다. 오히려 하나님의 모든 작품에서 하나님을 아는 것을 자신의 사명으로 여기고 지성이 모든 능력을 다하여 천상적인 사물뿐만 아니라 지상적인 사물을 궁구하고, 마음을 열어 창조 질서와 그가 숭앙하는 하나님의 '일반 은총'을 자연과 그 놀라운 특성에서, 인간 산업의 생산물에서, 인류의 생활에서, 사회학과 인류의 역사에서 보도록 부르심을 받은 것을 안다.[20]

이렇듯 일반 은총 덕에 개혁신학에서는 가장 심오한 탐구자가 스스로를 부담 없이 하나님 앞에 죄를 범한 죄인으로 여기고, 세상일에 대한 자신의 찬란한 깨달음이 오직 하나님의 긍휼 때문이라고 여겨 교만

18　Louis Berkhof, 『조직신학 상』 (고양: 크리스챤다이제스트, 2002), 465.
19　Kuyper, 『칼빈주의 강연』, 151.
20　Kuyper, 『칼빈주의 강연』, 152.

하지 않게 된다.[21]

다음으로 신앙과 학문의 관계에 대한 카이퍼의 설명을 살펴보자. 카이퍼는 신앙과 학문 사이에는 아무런 갈등이 존재하지 않는다고 단언하고 있다. 말하자면 과학과 신학 또는 종교 사이에는 아무런 갈등이 있을 수 없다는 것이다. 신앙과 학문이 대립하는 게 아니라 **두 개의 학문적 체계** 혹은 학문적 노력이 **각자 자신의 신앙**을 가지고 서로 대립한다. 신앙과 대립하는 것은 **학문**이 아니다. 모든 학문은 어느 정도 신앙을 전제하고 신앙에서 출발한다. 그러므로 카이퍼가 보기에

> 갈등은 신앙과 학문 사이에 있는 것이 아니라, 오늘날 존재하는 우주가 **정상적** 상태라고 하는 확언과 **비정상적** 상태라고 하는 확언 사이에 존재한다. 만일 우주가 정상이라면, 우주는 가능성에서 이상으로 영원히 진화함으로써 움직인다. 그러나 현재 상태의 우주가 비정상이라면, 과거에 혼란이 일어났고 오직 중생적 능력이 우주의 목적의 최종적 달성을 우주에 보증할 수 있다. 바로 이것이 주된 대립이다.[22]

카이퍼는 정상론자와 비정상론자는 절대적으로 다른 출발점에 서 있기에 그 기원에 공통점이 전혀 없다고 주장한다.

> 평행선은 결코 교차되지 않는 법이다. 여러분은 이것을 택하든지 저것을 택해야 한다.[23]

이러한 카이퍼의 설명은 학문으로서의 자연과학 자체가 기독교와 대립하는 것이 아니라 그 학문적 연구를 하는 사람들이 가지는 정상론 내지는

---

21 Kuyper, 『칼빈주의 강연』, 153.
22 Kuyper, 『칼빈주의 강연』, 160.
23 Kuyper, 『칼빈주의 강연』, 162.

비정상론이라고 하는 일종의 신앙이 문제가 되는 것이기에 그리스도인들은 자신감을 가지고 학문의 모든 분야에서 최상의 노력을 견지해야만 한다.

> 모든 기독교학자는 자신의 학문적 양심을 위하여… 우리의 원수의 정력과 철저함에서, **자신의** 원리에 따라 사유하고 이 원리의 노선에서 모든 학문적 탐구를 새롭게 하고 자신의 힘있는 연구를 출판계가 받아주지 않으면 안 되게 만들겠다는 강렬한 자극제를 얻어야 한다.[24]

개혁신학은 주님께서 모든 학문의 주인이 되도록 하는 것이 그 목표가 되어야 한다. 어떤 특정 학문에 대한 반감 내지는 적대감을 가지고 방어적이고 배타적인 태도로 다른 학문을 매도하는 것은 개혁신학을 하는 사람의 자세가 아니다. 손봉호 교수는 개혁주의적인 입장에 서서 우리 그리스도인들이 이 세상에 있는 모든 좋은 것들의 합법적인 주인이며, 이 우주의 합법적인 주재자이신 하나님의 합법적인 자녀들로서 모든 일에 주도권을 행사할 수 있어야 한다고 주장하였다. 그는 대학생들을 대상으로 한 강연에서 "공부만 잘하면 제일인가, 기도를 많이 해야지"라는 주장을 반박하며 다음과 같이 말하고 있다.

> 자연의 영역과 은혜의 영역을 구분하는 천주교식으로 해석하면 가능하지만 적어도 개혁주의에서는 기도하는 것과 공부하는 것을 분리할 수 없는 것입니다. 기독교인은 무식할 권리는 없고, 유식할 의무만 있는 것입니다. 만약 여러분이 여기에 뒤지면 우리의 합법적 소유를 다른 사람에게 양보하고 뒤에서 머뭇거리는 그런 상황입니다.[25]

24　Kuyper, 『칼빈주의 강연』, 168f.
25　손봉호, 『개혁주의란 무엇인가?』 (서울: 학생신앙운동, 1990), 21.

결국 그리스도인은 모든 학문의 주인이 주님이시기에 주님이 모든 학문의 주인이 되도록 혼신의 노력을 다해야 한다. 그러므로 그리스도인들이 자연과학을 포함한 일반 학문을 도외시하는 것은 하나님이 창조하신 창조 세계의 한 부분을 유기하는 것과 같은 죄를 범하는 것이 된다.

카이퍼 또한 자연과학이나 세속의 학문이 기독교 신앙과 반한다고 생각하여 이 부분을 방치하면 당하게 될 낭패 상황에 대해 다음과 같이 말하고 있다.

> 우리가 반대자에게 세속 학문을 맡겨도 아무런 위험이 없을 것이라는 생각으로 자위하며, 신학을 건지기만 한다면, 우리의 전술은 타조의 전술이 될 것이다. 집이 온통 불타고 있을 때 윗 층을 건지는 데 급급하다면 참으로 어리석은 짓이다. 칼빈은 오래 전에 기독교철학의 필요를 느꼈을 때 상황을 훨씬 잘 알았다.[26]

이런 맥락에서 본다면 자연과학을 연구하고 공부하는 것은 선택 사항이 아니라 적어도 개혁신학이 옳다고 믿는 그리스도인에게 있어서는 필수적인 사항이라 할 수 있을 것이다.

---

26 Kuyper, 『칼빈주의 강연』, 169.

제10장

성경무오

　밀라드 에릭슨(Millard J. Erickson, 1932-)은 미국의 북침례교 목사요 조직신학자로 널리 알려져 있다. 특별히 그의 책 『기독교 신학』(Christian Theology, 1990)은 우리나라에 두 가지로 번역되어 많은 사람의 사랑을 받고 있다.[1] 현재 그는 오레곤 주 포트랜드에 있는 웨스턴 신학교 교수로 재직 중이며 여러 해 동안 미네소타주에 있는 베델대학의 신학 교수 및 교무처장을 역임하였다. 에릭슨은 보수적인 신학자로 알려져 있으며 침례교 신학자이지만 온건한 칼빈주의자이다. 에릭슨은 이머징 교회 운동을 포함한 포스트모던 기독교와 열린 유신론(open theism)에 대한 비판자로 알려져 있다.

　한국 교회 장로교 특별히 보수 진영에서의 신학 교육은 벌코프의 『조직신학』에 거의 절대적으로 의존하고 있다. 하지만 벌코프의 『조직신학』은 그 초판이 1932년에 나왔고 개정판이 1938년에 나왔기에 다양한 분야의 신학적인 토론에 대한 교과서적인 내용들을 소개하고 있지만 이미 80여 년 전에 쓰인 책이기에 보다 최근의 신학적인 토론을 충분히 담아내지는 못하고 있는 것이 한계라면 한계라 할 수 있을 것이다. 그런 면에서 에릭슨의 책은 특별히 벌코프 『조직신학』의 어려운 내용을 더 평이하게 소개하고 있음과 동시에 비교적 최근의 토론을 소개해주는 장점이 있다.

1　기독교문서선교회에서 7권으로 번역 출간되어 있는 『기독교신학시리즈 1-7』이 있고, 크리스챤다이제스트에서 3권으로 번역 출간되어 있는 『복음주의 조직신학 상 중 하』가 있다. 또한 요약본으로는 밀라드 J. 에릭슨, 『조직신학개론』 (서울: 기독교문서선교회, 2001)이 있다.

성경 무오에 관한 내용은 미국에서 1970년대와 80년대 보수 진영의 신자들 사이에서 뜨겁게 논쟁 되어 온 주제이다. 1976년 『성경을 위한 전투』 (Battle for the Bible)라는 책을 통해 헤롤드 린드셀(Harold Lindsell, 1913-98)은 복음주의 정체성의 기준으로 무오성(inerrancy)이라는 용어를 엄격히 적용하면서 매우 공격적인 자세를 보였다.

타협을 거부하는 린드셀의 이러한 자세는 마찬가지로 무오성을 지지하는 칼 헨리(Carl F. H. Henry, 1913-2003)와 같은 복음주의자들에게까지 심각한 어려움을 야기시켰다. 칼 헨리는 린드셀의 "신학적 원자폭탄"이 복음주의 적들만이 아니라 동맹군들까지 다치게 한다고 주장하였다.[2]

1977년에는 필라델피아 제10 장로교회의 제임스 보이스(James Boice, 1938-2000) 목사를 의장으로 하는 성경 무오성에 대한 국제협의회(International Council on Biblical Inerrancy)가 창립되었다. 이 모임의 회원은 제임스 패커(James I. Packer)를 제외하고는 모두 미국인들이었다. 이 협의회의 활동 결과 1978년에는 "성경 무오성에 대한 시카고 선언"(The Chicago Statement on Biblical Inerrancy)이, 1982년에는 "성경해석에 대한 시카고 선언"(The Chicago Statement on Biblical Hermeneutics)이 각각 발간되었다.[3]

좀 더 개방된 신학적 배경을 가진 이들에게 성경 무오라는 주제는 구시대적 성경관으로부터 물려받은 하나의 부적절한 논쟁인 것으로 여겨지기도 한다. 그러나 많은 복음주의자에게 이것은 상당히 중요한 그리고 핵심적이기 조차한 주제이다. 그러므로 에릭슨은 이 문제가 주의 깊은 연구를 해야 할 필요가 있는 내용이라고 주장하고 있다. 실제적인 의미에서 성경 무오에 대한 교리는 성경 영감 교리의 필연적인 귀결이요 성경에 대한 교리의 완성이다.[4]

---

2 알리스터 맥스라스, 『제임스 패커의 생애』 (서울: 기독교문서선교회, 2004), 328.
3 이 두 가지 문서와 관련하여 양승훈, "성경은 과학교과서인가?-시카고 선언에 비춰본 성경 무오" 『창조론 오픈 포럼 2권 2호』 (2008), 9-17이라는 논문을 참조하라.
4 밀라드 에릭슨, 『서론』 (서울: 기독교문서선교회, 1997, 재판), 373.

밀라드 에릭슨은 성경 무오에 대한 여러 개념을 다음과 같이 소개하고 있는데 그 가운데 우리의 주의를 요하는 것은 다음의 3가지이다.[5]

① 절대적 무오(Absolute Inerrancy)의 견해란, 과학적이고 역사적인 문제들을 취급하고 있는 다소 세부적인 내용들까지 포함하여 전 성경의 내용이 완전히 사실인 것으로 보는 개념이다. 이 입장의 설명은 우리에게 성경의 저자들은 상당한 내용의 과학적이고 역사적인 자료들을 제공하려고 의도했다는 인상을 주게 된다.

② 완전 무오(Full Inerrancy)란 성경이 온전히 사실이라고 보는 견해이다. 성경는 일차적으로 과학적이고 역사적인 자료를 주려는 목적이 있지는 않지만, 그것이 주장하고 있는 과학적이고 역사적인 내용들은 온전히 사실이라는 것이다. 완전 무오는 과학적이고 역사적인 언급들을 현상적인 차원에서 이해한다. 즉 인간 저자들의 눈에 나타난 그대로 보도된 것이라는 입장이다. 그것들이 반드시 정확하지는 않다. 오히려 그것들은 일반적인 언급들도 있고, 대략적인 설명도 하게 되는 대중적인 서술이라는 것이다. 그래도 그것들은 올바른 서술이다. 그들이 가르치고 있는 방식에서 볼 때 그 내용은 본질적으로 옳은 내용이다.

③ 제한 무오(Limited Inerrancy)도 성경을 무오한 책으로, 구원의 교리적 언급들에 있어서 오류 없는 것으로 보는 개념이다. 과학적이고 역사적인 언급들은 성경이 기록되었던 당시의 이해 정도를 반영하고 있다. 그러므로 성경의 저자들은 그들이 속한 시대의 한계 아래 있게 되었다는 것이다. 그러므로 성경은 그러한 영역에서 우리가 오류라고 부를 만한 것들을 포함할 수도 있다. 그러나 그것이 그렇게 큰 영향을 끼치지는 않는다. 성경은 과학이나 역사를 가르치려고 의도하지 않기

---

5   Cf. 에릭슨, 『서론』, 374-378.

때문이다. 성경은 주어진 그 목적에 관한 한 충분히 무오하며 진리를 말하고 있다.

성경무오에 대한 신앙이 성경의 모든 구절을 검사한 결과로 말미암아 도달하게 된 귀납적 결론이 아닌 것은 분명하다. 그러한 방법으로 그 성격상 그 방법이 주는 최대의 결론은 단지 '그럴 것 같다'일 뿐이다. 그렇다고 성경 무오의 교리가 성경 안에서 명백하게 확언되거나 가르쳐진 것도 아니다. 오히려 그것은 성경의 완전 영감 교리의 부산물이다.

이제 우리는 성경의 실제적인 현상들에 주목해야 한다. 그리고 여기에서 우리는 잠재적인 문제점들을 발견하게 된다. 그것 중의 일부는 복음서들 사이의 병행 구절 간에 드러나는 불일치점들 혹은 사무엘서, 열왕기서와 역대기서 사이의 구절들에서 발견되는 불일치들이다. 또한 성경의 연대기 상의 문제점들이 여러 곳에서 발견된다.

어떻게 그러한 현상들을 취급해야 하겠는가?

성경 무오를 주장하는 사람들은 공통으로 성경에 문제 구절이 존재함을 인정하고 있다. 물론 그 목록이 조금씩 다르기는 하지만 현재 상태에서 해결할 수 없는 난제들이 존재함을 부정하는 것은 지적으로 정직한 자세라고 할 수는 없다.

웨인 그루뎀(Wayne Grudem, 1948-)은 성경 무오에 대한 최근의 도전을 다루면서 "성경에는 분명한 오류들이 있다"라고 주장하며 사람들이 제시하는 '문제의 본문들'로 다음과 같은 구절이 있다고 소개하고 있다: 마 1:1-17과 눅 3:23-38, 마 4:1-11과 눅 4:1-13, 마 20:29-30과 막 10:46 그리고 마 21:18-21과 막 11:12-14, 20-24, 마 27:5과 행 1:16-25.[6]

그런가 하면 일단의 새로운 복음주의자들은 역사 비평적 방법을 사용하기 시작하였기 때문에 성경을 해석하기 위해 우리가 사용하여야만 하는 해

---

6 웨인 그루뎀, 『성경핵심교리』 (서울: 기독교문서선교회, 2004), 77.

석학이나 원칙들을 다른 방식으로 보고 있다. 이들은 창세기 1장과 2장에 있는 두 가지 창조 기사의 사실성, 요나의 역사성, 이사야의 저자 문제, 어떻게 모세가 자기 자신의 부고장을 쓸 수 있었는가 하는 난제, 아가와 전도서의 정경에서의 위치, 공관복음서들과 요한복음 사이의 날카로운 차이점에 대한 이유, 그리고 계시록의 의미와 같은 해석의 문제들에 대하여 자신들이 가르침 받은 것을 다시 생각하도록 강요받고 있다.[7]

더 나아가 이들 복음주의의 새로운 무리는 그릇된 조화의 기교에 따르지 않으면서 성경에 있는 "문제들"을 직면하고 있다. 이들이 문제로 삼은 성경의 여러 문제가 있는 분야는 다음과 같다.

첫째, 역사적인 난점이다.

예컨대, 유다는 자기 돈을 제사장들의 발 앞에 내던지고 나서 목매달아 자살했는가(마 27:3), 아니면 그의 몸이 곤두박질쳐 내장이 쏟아져 나온 땅바닥(배반의 대가로 받은 밭)에 떨어져 죽었는가(행 1:18)?

둘째, 이들은 마태복음 1장과 누가복음 3장, 또는 창세기 4장과 창세기 5장 사이의 불일치와 같은 족보상의 난점에 직면하고 있다.

셋째, 이들은 예수님의 무덤에 있었던 천사들과 같은 사실적인 문제들을 다루어야만 한다.

마태는 무덤에 한 명의 천사가 있었다고 말하고 있다. 마가는 젊은 청년 한 명이 앉아 있었다고 말한다. 누가는 두 사람이 서있었다고 말하고 있다. 그리고 요한은 두 천사가 앉아있었다고 말하고 있다.

넷째, 숫자적인 문제가 있다.

예컨대, 사무엘하 10:18은 다윗이 시리아의 병거 700승의 사람들을 죽였다고 기록하고 있으며 역대상에 있는 병행 구절은 그 숫자를 7,000명으

---

7   Erling Jorstad, *Evangelicals in the White House: The Cultural Maturation of Born Again Christianity 1960-1981* (New York: The Edwin Mellen Press, 1981), 48f. Patterson, 113에서 재인용.

로 기록하고 있다.

다섯째, 다윗 왕이 이스라엘의 인구조사를 하게 한 것은 주님인가 아니면 사탄인가? 사무엘하 24:1은 주님께서 그렇게 하게 하셨다고 말하고 있으나 역대상 21:1은 사탄이 그렇게 하도록 격동했다고 주장하고 있다.
여섯째, 전도서에 있는 염세주의와 운명론과 같은 신학적인 난점이 있다.
일곱째, 도덕적인 문제가 있다.

시편 기자는 시편 137편에서 하나님께 자신의 대적들을 죽여주시고 바벨론의 아기들을 바위에 매치는 자들을 축복해주시기를 요청하고 있다. 이들 일곱 가지 문제는 새로운 복음주의자들이 정직하게 직면하기로 한 대표적인 난점들이다.[8]

성경 무오와 반하는 문제 본문들이 있음을 인정한 후 에릭슨은 성경 무오교리에 대한 정의를 시도하고 있다. 성경 무오란 성경이 쓰여진 당시의 문화와 의사소통의 수준에서, 그리고 그것이 쓰여진 그 당시의 목적들을 고려하여 올바르게 해석될 때 그것이 확언해주고 있는 모든 내용 속에서 온전히 진리라는 것이다. 이러한 성경 무오에 대한 정의는 에릭슨의 입장이 절대 무오와 제한 무오 사이에 위치하고 있는 완전 무오의 입장임을 반영해주고 있다.[9]

에릭슨은 성경 무오를 정의한 다음 그러한 정의를 좀 더 가다듬고 자세히 설명해야 할 필요를 가지고 몇 가지 부연 설명을 덧붙이고 있다.[10]

① 무오란 단순히 보도된 내용에 관한 것이 아니라, 그 안에서 주장된 내용이거나 긍정하고 있는 내용에 관계되는 것이다.

---

8   Michael J. Christensen, *C. S. Lewis on Scripture* (Waco, Tex.: Word Books, 1979), 16-19. Patterson, 113f에서 재인용.
9   에릭슨, 『서론』, 394.
10 에릭슨, 『서론』, 394-402.

② 우리는 성경의 진리성을 판단하려 할 때, 그 진술들이 표현되고 있었던 문화적 상황 속에서 의미 되었던 바를 기준하여 결론 내려야 한다.
③ 성경의 주장들이란 그것이 쓰인 목적에 따라서 판단될 때 온전하게 사실이다.
④ 역사적 사건들과 과학적 문제들에 대한 기록들은 전문적인 용어들로 표현되었다기보다는 현상적인 (phenomenal) 서술이다.
⑤ 성경의 본문을 설명하는 데에 발생하는 어려움들을 단순히 오류의 증거들로써 판단해서는 안 된다.

성경 무오는 중요한 교리이기는 하지만 성경 무오를 가지고 어떤 사람의 신학 모두를 판단해서는 안 된다. 20세기를 대표하는 기독교 변증가 루이스(C. S. Lewis, 1898-1963)나 유명한 신약 신학자였던 브루스(F. F. Bruce, 1910-90) 같은 사람은 별반 성경 무오에 관심을 기울이지 않았다. 그렇다고 해서 이들의 다른 주장이나 공헌을 함부로 배척하거나 무시해서도 안 될 것이다.

> 루이스는 스스로 근본주의자가 아님을 밝히고 있지만 비록 의자가 불편하고 음식이 별로 구미가 당기지 않음에도 성경의 권위라는 식탁에 앉아 있는 모습을 보여준다. 루이스는 심한 가슴앓이를 유발하는 교리를 힘들여 삼키고 소화한 것이다. 이는 루이스를 곧바로 당대의 많은 성경학자와 차별화시킨다. 이들은 단순히 자신들이 희망하고 기대했던 결과를 그대로 산출하는 해석학을 따랐다. 하지만 루이스는 그렇지 않았다. 전통에 균열이 생기고 이성이 지지부진해질 때에 루이스는 확고하게 성경의 편에 섰다.
> 루이스는 성경의 권위를 존중했음이 분명하다. 그는 지옥의 교리 같은 경우에 정서적인 불편함을, 자유와 예정 논쟁 같은 경우에는 지적인 불편함을 희생시켰다. 그는 두 가지 경우 모두에 자신의 타고난 욕망을 성경의 권위 아래 종속시켰다. 사실, 우리는 다른 이들의 주장을 받아들이지 않고

는 생존할 수 없다. 문제는 우리가 권위를 받아들이느냐가 아니라 어떠한 권위를 받아들이느냐이다.

루이스가 단지 성경의 권위를 받아들이고 있는 것으로 보이지만, 자세히 들여다보면 이를 떠받치는 3개의 기둥이 있음을 볼 수 있다. 이는 성경의 자명성, 교회의 전통, 그리고 아마도 루이스가 가장 중요하게 고려한 성경의 진정한 표지들(the Bible's marks of authenticity)이다. 루이스는 정경 문서들의 구조와 엮인 '주께서 말씀하시기를'(Thus said the Lord)이라는 구절을 매우 중요하게 본다. 그는 성경을 '조금도 양보가 없는 한결같이 성스러운' 책이라고 불렀다.

제11장

창조의 연대

천지창조와 인간 창조의 연대는 과학과 성경이 갈등을 빚고 있는 한 가지 요소이다. 한편으로 성경의 진술은 매우 직설적인 것으로 보인다. 하나님은 우주를 6일 동안에 창조하셨다. 창세기에서 사용된 단어는 '욤'이라고 하는 일반적인 용어이기 때문에, 이것들은 24시간의 기간들이었던 것으로 가정된다. 성경의 족보에서 나타나고 있는 연대를 사용하여 창조의 시간을 계산해보려는 시도들이 있었다.

아일랜드의 제임스 엇셔(James Ussher, 1581-1656) 대주교는 창조의 연대에 대하여 기원전 4004년이라는 날짜에 도달하였다. 이 주장에 따르면 창조는 단지 6000년 정도에 불과하다.[1] 천지창조의 시간은 BC 4004년 10월 23일이며 토요일 저녁(the night preceding Sunday, 23 October 4004 BC, according to the proleptic Julian Calendar)이었다.

엇셔의 결론은 현대의 지질학이 발달하기 전에는 만족스러운 것이었다. 그리고 우리가 주목해야 하는 것은 그것이 단지 상당히 최근의 발전에 불과하다는 것이다. 그러나 지질학이 성숙하게 되었을 때, 중대한 문제들이 창조의 전통적인 연대에 대하여 제기되었다. 수많은 방법이 지구의 연대를 추적하기 위하여 개발되었는데, 그것들 중 많은 것들이 방사성 물질들의 특성과 관련된 것들이다. 이러한 방법들로부터 지구는 수십 억 년, 아마도 5, 60억 년 혹은 그 이상의 나이를 가지고 있다는 견해에 이르게 되었다.

---

1 Millard Erickson, 『복음주의 조직신학 (상)』 (고양: 크리스챤다이제스트, 2008, 중쇄), 430f.

다음과 같이 지구의 외관상의 연대와 성경의 자료를 일치시키려는 몇 가지 시도들이 있었다.

① 간격설
② 홍수설
③ 관념적 시간설
④ 시대-하루설
⑤ 그림-하루설[2]

첫째, 간격설(the gap theory)은 아마도 수십 억 년 전에 원래의 완전한 지구 창조가 있었다고 주장한다. 그것이 창세기 1:1에서 언급된 창조이다. 그러나 어떤 일종의 격변이 일어났다. 창조는 공허하고 형태가 없어지게 '되었다'(1:2). 그리고서 하나님은 수천 년 전에 6일의 기간 동안 지구를 재창조하셨으며, 그곳에 모든 종을 거주하게 하셨다. 이것이 창세기 1:3-27에 묘사된 바로 이 창조 세계이다.

둘째, 홍수설(the flood theory)은 지구를 단지 몇 천 년의 나이를 가진 것으로 본다. 노아 시대에 지구는 무시무시한 홍수로 뒤덮였으며, 시간당 수천 마일의 속도를 가지고 움직이는 거대한 파도들이 있었다. 다양한 바위의 층들은 홍수의 다양한 파도들을 나타낸다. 이러한 이상한 힘의 영향으로, 지질학자들이 생각하기에 일반적으로 30억 년이 걸려야 성취되었을 일이 비교적 짧은 기간에 성취되었다.

셋째, 관념적 시간설(the ideal-time theory)은 하나님이 비교적 짧은 시간 전인 6일의 기간에 세상을 창조하셨지만, 그것을 마치 수십 억 년 전에 하신 것처럼 창조하셨다고 말한다. 이것은 참으로 신기하고 독창적인 견해이다. 물론 아담은 신생아로서 그의 인생을 시작하지 않았다. 만약 하나님이

---

2   Erickson, 『조직신학 (상)』, 431.

단순히 나무의 씨앗들이 아니라, 나무들을 창조하셨다면, 그것들은 아마도 그들의 실제 나이가 아니라 관념적인 나이를 지시하는 나이테를 가졌을 것이다.

넷째, 시대-하루설(the age-day theory)은 히브리어 '욤'이 가장 흔하게 24시간의 기간을 의미하지만, 결코 그 의미에만 국한되지 않는다는 사실에 근거하고 있다. 그것은 또한 시대나 혹은 긴 시간의 기간들을 의미할 수도 있으며, 이 문맥에서는 이것이 어떻게 이해되어야 하는가의 문제이다. 이 견해는 하나님이 오랜 시간의 기간에 걸친 일련의 행동들을 통하여 창조하셨다고 주장한다.

창세기 1장의 '날'을 긴 기간으로 생각하는 것이 주석적으로 가능한지에 대하여 벌코프는 "히브리어 욤이 성경에서 항상 24시간의 기간을 표시하지는 않는다는 사실과 창조 기사에서조차도 항상 같은 의미로 사용되지는 않는다는 점이 인정되어야 한다"라고 말하며 그것이 가능함을 인정하고 있다.

벌코프에 의하면 히브리어 '욤'은 어두움과 구별되는 빛(창 1:5, 16, 18)을 의미하거나 빛과 어두움을 함께(창 1:5, 8, 13 등) 의미할 수도 있으며, 혹은 6일을 합한 기간을 의미하거나(창 2:4), 혹은 환난(시 20:1)과 진노(욥 20:28), 형통(전 7:14), 구원(고후 6:2)과 같은 어떤 특징적인 성격에 의해 그 전체 기간이 표현되는 막연한 기간을 의미할 수 있다.[3]

다섯째, 그림-하루설(the pictorial-day or literary-framework theory)은 창조의 날들을 연대기적인 순서의 문제라기보다는 논리적인 구조화의 문제로 여기고 있다. 창세기 1장의 기사는 1일에서 3일까지의 날들과 4일에서 6일까지의 날들이 3일로 된 두 집단 속에 배열된다. 창조의 첫째 날과 넷째 날, 둘째 날과 다섯째 날, 셋째 날과 여섯째 날 사이에서 평행선을 볼 수 있다.[4]

---

3   Berkhof, 『조직신학』 (상) (고양: 크리스챤다이제스트, 1991), 359.
4   일반적으로 이런 주장은 구약 신학자들에 의하여 많이 주장되고 있다. 송병현, 『엑스포

이 모든 견해는 강점들이 있지만, 또한 각각 어떤 문제점들을 가지고 있다. 우리는 다른 대안적인 견해들보다 더 많은 강점이 있고, 문제점은 적은 견해를 찾아야 한다. 에릭슨은 각각의 견해가 가지는 문제점을 제시하고 있다.[5] 간격설은 너무 많은 주석 상의 문제들이 결부되어 있고 홍수설은 지질학적 증거에 입각하여 너무나 큰 변형을 내포하고 있다. 관념적-시간설은 독창적이며 여러 가지 면에서 과학적으로나 주석학적으로 반박할 수 없지만, 하나님을 외견상의 사기꾼으로 만드는 신학적인 문제를 보인다.

그림-하루(혹은 문학적-구조)설은 연대기적인 순서의 문제를 해결하고 있지만, 창조 기사가 3일로 된 두 집단이 아니라, 2일로 된 3 집단으로 배열되고 있는 그 시대의 다른 문헌에 나타나는 예들과 전혀 조화를 이루지 못하고 있다. 그림-하루설은 또한 제4계명과 관련하여 문제점을 가지고 있다. 하나님 자신이 일곱째 날에 휴식하셨기 때문에 안식하라고 명하시는 것은 어떤 일종의 연대기적 순서를 전제하고 있는 것으로 보인다.

에릭슨은 지금 단계에서 자신이 가장 만족스럽게 생각하는 견해는 시대-하루설의 변형이론이라고 말하고 있다. 시대-하루설은 특별히 우리가 마찬가지로 몇 가지의 주제별로 묶는다고 생각해본다면, 지질학적인 기록과 아주 잘 어울리는 것 같다. '욤'을 일정한 길이의 기간으로 해석하는 것은 비록 그것이 가장 일반적으로 의미하는 바는 아니지만, 그 단어에 대한 억지 해석은 아니다. 하지만 에릭슨은 그렇다고 한쪽으로만 성급한 결론을 내리는 것을 경계하고 있다.

> 시대-하루설은 오늘날 가장 그럴듯한 결론으로 보이지만, 우리는 독단할 수 없다. 우주의 나이는 계속해서 연구와 사고를 요하는 주제이다.[6]

지멘터리 창세기』(서울: 국제제자훈련원, 2010), 76f를 참조하라.
5   Erickson, 『조직신학 (상)』, 433.
6   에릭슨, 『조직신학 (상)』, 433.

제12장

점진적 창조론-창조 내에서의 발전

기독교 신앙과 과학이 마찰을 빚고 있는 또 다른 주요한 요소는 발전의 문제다. 오늘날의 형태들은 하나님의 손에서 직접 나온 그 형태들과 얼마나 유사하며, 또한 얼마나 발전이 일어났고, 존재하는 형태들의 수정과 새로운 다양한 형태들을 산출하였는가?

진화론은 생명의 시초에서부터, 모든 형태가 점진적인 과정을 통하여 발전하였다고 주장한다. 하나님의 어떤 직접적인 개입도 없었다. 진화만이 책임이 있다.[1]

이와 대조적으로, 몇몇 기독교인들은 모든 종이 하나님에 의하여 직접적으로 창조되었다고 주장하였다. 하나님이 각종 동물과 식물을 그들의 종류에 따라 내셨다는 진술은 이러한 해석을 요청하는 것으로 간주한다. 물론 여기에서 전제는 "종류"(kind)로 번역된 히브리어 단어가 생물학적인 종들로 해석될 수 있다는 것이다. 이것의 히브리어 단어는 '민'으로서, 단순히 어떤 형태의 종류나 다양성을 나타내는 일반적인 표현이다.

따라서, 그것은 종들을 의미할 수도 있지만, 이 단어가 실제로 종들을 의미한다고 우리가 결론을 내릴 수 있을 만한 충분한 특정성은 없다. 그것은 단순히 평범하고 단순한 "종류"에 불과하다. 동시에, '민'이라는 단어는 받아들여질 수 있는 발전의 양에 어떤 한계를 설정하는 것으로 보인다.[2]

---

1 에릭슨, 『조직신학 (상)』, 434.
2 에릭슨, 『조직신학 (상)』, 434.

이 부분과 관련하여 양승훈 교수는 "과연 모세가 오늘날의 진화론을 부정하기 위해 그 표현을 사용했을까?"라고 묻고 있다.

이렇게 물은 다음, 오늘날의 과학적 연구가 진행되면서 생물 대진화는 화석을 연구하는 고생물학이나 유전의 미시적 개념을 연구하는 분자생물학 등의 연구 결과와 배치되고 있으므로 "우리는 혹 '그 종류대로'란 말이 대진화를 부정하는 의미가 아닐까 생각해 볼 수 있는 것이다. '그 종류대로'란 말로부터 출발해서 진화를 부정하는 것이 아니라 자연에 분명한 대진화의 증거가 없으므로 혹 '그 종류대로'란 말이 대진화를 부정하는 의미로 해석할 수 있지 않을까 조심스럽게 접근하는 것이다"라고 말하고 있다.[3]

몇몇 기독교 신학자들은, 심지어 소수의 아주 보수적인 학자들조차도, 유신론적 진화론으로 일컬어지는 견해를 받아들이고 있다. 이 견해에 따르면, 하나님은 이 과정의 시초에 직접적인 방식으로 창조하셨고, 그 후로는 진화를 통하여 안으로부터 사역하셨다. 이 견해는 과학적인 자료들을 아주 잘 다룰 수 있지만, 성경의 창조 기사에 대해서는 약간의 문제점을 가지고 있다.[4]

제임스 패커는 성경의 무오성에 관해 토론하면서 북미에서의 복음주의자들이 모든 형태의 생물학적인 진화론은 성경과 상반된다는 견해를 철저히 고수하고 있음을 지적하면서 자신은 이 문제와 관련하여 유보적인 입장임을 피력하고 있다.

> 나는 성경의 무오성을 믿고, 또 그러한 내용을 글로도 주장하고 있습니다. 그러나 주경학적으로 볼 때, 창세기의 처음 몇 장이나, 그 밖의 부분에서 성경이 생물학적 진화론에 대하여 이런 저런 얘기를 하고 있는지에 대해서는 전혀 모르겠습니다. 나는 비과학자의 처지에서 그 이론 자체에 대하여, 전문가들의 논쟁을 먼발치에서 보면서, 판단을 유보하고 있지만, 비 비 워필

---

3 양승훈, "성경은 과학 교과서인가?", 15.
4 에릭슨, 『조직신학 (상)』, 434f.

드(B. B. Warfield)가 유신론적 진화론자(theistic evolutionist)였다는 사실을 상기합니다. 만일 이러한 점 때문에 내가 복음주의자가 아니라고 한다면, 그도 아니었다고 해야 할 것입니다.[5]

에릭슨이 자신의 견해로 제시하고 있는 것은 "점진적인 창조론"(progressive creationism)으로 지칭되는 입장이다. 이 견해에 의하면, 하나님은 오랜 기간을 거치는 일련의 행동 속에서 창조하셨다. 하나님은 각 "종류"의 최초의 일원을 창조하셨다. 그런 다음 그 집단의 첫 번째 일원으로부터 진화 때문에 다른 것들이 발전한다. 발전의 기간 사이에는 중첩이 있을 수도 있으며, 따라서 하나님이 다음 종류의 첫 일원을 창조하신 후에, 한 종류 내에서 새로운 종이 계속해서 나타나게 되었다. 다양한 종류들 사이에는 진화론적인 발전으로 메워지지 않는 틈이 있다.[6]

여기서 우리는 화석의 기록이 몇몇 지점들에서 간격을 보여주거나, 과학자들이 변형적인 형태들이라고 부르는 것이 없다는 점을 주목해야 한다. 과학자들의 전제는 이러한 형태들이 없어졌다는 것이다. 그러나 또 다른 매우 합리적인 가능성은 이것들이 절대로 존재하지 않았다는 것, 즉 이것들이 성경의 "종류들" 사이에 있는 간격이라는 것이다. 따라서, 소(小)진화(혹은 "종류 내의' 발전)'는 있었지만, 대(大)진화(혹은 "종류 간의" 발전)는 없었다고 에릭슨은 결론짓고 있다.[7]

창조과학자들에 의해 점진적 창조론은 유신 진화론과 다르지 않다는 비판을 받곤 한다. 점진적 창조론은 분류하는 것 따라서는 공통 조상을 받아들이는 점진적 창조론도 있는 것 같다. 하지만 에릭슨의 점진적 창조론은 공통 조상을 인정하지 않는다. "공통 조상을 인정하는 점진적 창조론"

---

5   *Evangelical Anglican Identity Problem*, 5. 알리스터 맥그라스, 『제임스 패커의 생애』, 331f 에서 재인용.
6   에릭슨, 『조직신학 (상)』, 436.
7   에릭슨, 『조직신학 (상)』, 436.

은 진화론만으로 시간의 흐름에 따라 생명체들에 일어난 모든 변화를 설명할 수 있다는 주장에 반대하면서도 하나님이 공통 조상을 사용하셨다고 믿는다. 그런가 하면 진화론적 창조론은 하나님이 공통 조상을 사용하셨다는 것과 진화의 메커니즘을 이용해 시간에 따라 생명체를 변화시켰다는 것을 모두 믿는다.[8]

양승훈은 "진화의 세 가지 층위"라고 하는 논문에서 진화라고 하는 개념에서 생겨나는 여러 가지 혼란에 대해 잘 정리해주고 있다. 관찰 사실로서의 진화(evolution as an observed fact)와 논리적 추론으로서의 진화(evolution as a rational inference), 그리고 이데올로기로서의 진화(evolution as an ideology)가 바로 그것이다. 이른바 소진화(micro-evolution)는 관찰 사실로서의 진화에 해당하는 것인데 이 부분에 대해서는 다른 의견이 있을 수 없다.

문제는 종간의 진화를 의미하는 대진화(macro-evolution)는 일종의 논리적 추론에 해당하는 것이지 관찰 사실이 아니다. 이데올로기로서의 진화는 대진화를 넘어 하나의 세계관으로서 진화론을 주장하는 자리까지 나아가는 것을 의미한다.[9]

이러한 양승훈의 주장은 우종학의 설명과도 비슷하다. 우종학은 진화와 진화과학 그리고 진화주의를 구별하고 있다. 진화는 단순히 시간에 따른 변화를 의미한다. 우주진화, 별의 진화, 생물진화 등은 자연현상이며 다양한 데이터를 통해 직간접적으로 관측되는 과학의 탐구 대상이다. 진화과학은 우주나 생물의 진화가 어떻게 일어났는지 인과관계를 밝히는 하나의 설명체계로서의 과학 이론이다. 그런가 하면 진화주의는 진화에 대한 하나의 철학적 관점이며 진화 이론을 무신론적으로 해석한 신념으로 일종의 이데

---

8 Loren & Deborah Haarsma, 『오리진』 (서울: 기독학생회, 2012), 228.
9 양승훈, "진화의 세 가지 층위," 「창조론오픈포럼」 13/1 (2019), 81-95. 물론 과연 종(specie)이란 무엇인가에 대한 토론 또한 쉽지 않은 주제라고 할 수 있다. 가장 간단한 종 개념은 상호 교배가 가능한 생물들의 집단이다. 이런 생물학적 종 개념은 유성 생식을 하는 종에 있어서는 별반 문제가 되지 않지만 무성 생식을 하는 종에 있어서는 문제가 된다. 이에 대한 보다 상세한 토론은 신재식, 『예수와 다윈의 동행: 그리스도교와 진화론의 공존을 모색한다』 (서울: 사이언스북스, 2013), 256f를 참조하라.

올로기라고 할 수 있다.¹⁰

비슷한 듯 다소 차이를 보이는 이러한 진화의 층위에 대한 양승훈과 우종학의 설명에서 가장 커다란 차이점은 양승훈은 진화과학 또는 진화 이론을 하나의 논리적 추론으로 보고 있다면 우종학은 이미 정립된 과학의 이론으로 받아들이고 있다는 점이다. 즉, 우종학은 무신론적 진화론이라고 불리는 진화주의를 거부하고 있기는 하지만 프랜시스 콜린스(Francis Collins, 1950-)와 같이 유신론적 진화론(theistic evolutionism)의 입장을 취하고 있다.¹¹

---

10 우종학, 『과학 시대의 도전과 기독교의 응답』 (서울: 새물결플러스, 2017), 287ff.
11 우종학의 유신론적 진화론에 대한 비판을 보려면, 우병훈, "개혁신학의 관점으로 평가한 진화 창조론: 우종학, 『과학 시대의 도전과 기독교의 응답』을 중심으로," 「한국개혁신학」 60 (2018), 146-208을 보라.

| 제13장 |

복음주의와 유신 진화론

　유신 진화론을 대표하는 사람은 그리스도를 진화의 오메가 포인트로 주장하였던 데야르 드 샤르뎅(Pierre Teilhard de Chardin, 1881-1955)을 들 수 있을 것이다. 1960년대에는 과정신학자들이 유신 진화론을 주장하였다.

　최근 미국을 중심으로 복음주의 진영에서 유신 진화론에 대한 관심이 다시금 살아나고 있는 이유는 일차적으로는 2007년 바이오로고스 재단(BioLogos Foundation)의 설립과 관련이 있다. 바이오로고스의 설립자는 게놈 프로젝트의 미국 정부 책임자로 참여하였던 프란시스 콜린스(Francis Collins, 1950-)이다.

　그는 복음주의적 신앙을 가지고 있는 것으로 알려져 있는데 이 시대의 대표적인 유신 진화론자라고 할 수 있다. 그는 코로나 팬데믹 상황에 미국 국립보건원 원장으로 재직하기도 하였다. 그래서 우리나라 TV에서도 그의 얼굴을 가끔 볼 수 있었다. 프란시스 콜린스와 함께 우리나라에서는 서울대학교 천체물리학과 교수인 우종학이 대표적인 유신 진화론자로 알려져 있다.[1]

　2010년 저명한 복음주의 구약 신학자인 브루스 월키(Bruce K. Waltke, 1930-)는 이 바이오로고스 홈페이지에 게재된 아담의 역사성과 관련하여 논란이 되는 인터뷰에서 진화론에 대한 광범위한 합의를 받아들이지 않는

---

[1] 두 권의 우종학의 저서 『무신론 기자, 크리스천 과학자에게 따지다: 과학과 신앙에 얽힌 해묵은 편견 걸어 내기』(서울: 기독학생회출판부, 2014)와 『과학 시대의 도전과 기독교의 응답』을 보라.

복음주의자들은 "소수의 광신도"가 될 위험에 처해 있다고 경고하였고 이 일로 브루스 월키는 리폼드신학교 교수직을 사임해야 했다.[2]

오래지 않아 또 다른 복음주의 구약 신학자인 트럼퍼 롱맨(Tremper Longman III, 1952-)의 동영상이 등장했는데 이 동영상은 롱맨이 2009년 9월에 윌버포스 펠로우쉽과 했던 인터뷰였다. 이 인터뷰에서 롱맨은 창세기 1-2장을 "너무 지나치게 문자적으로" 읽지 말라고 경고하였으며, "아담"이 실제 개인을 지칭하는지, 아니면 인류 전체를 지칭하는지는 확실하지 않다고 말하며, 창세기 초반부가 "진화의 과정이 있다는 생각을 차단하지 않는다"라고 주장하였다.[3]

2011년에는 보다 명확하게 아담의 역사성을 부정하는 주장이 웨스트민스터신학교 구약 교수였던 피터 엔즈(Peter Enns, 1961-)에 의해 제기되어 충격을 더했다.[4] 피터 엔즈는 이미 2005년에 성경무오설과 관련하여 전통적으로 복음주의자들이 가지고 있는 가현설적 성경관을 비판하고 성경의 인간성을 제시하였고 결국에는 2008년 웨스트민스터 신학교를 사임하였다. 아담의 역사성에 대한 피터 엔즈의 부정은 이 일의 연장선상에서 이루어졌다고 할 수 있다. 그는 기독교 신학이 아무런 해도 입지 않으면서 아담과 하와의 역사성을 배제할 수 있다고 주장하였다.[5]

피터 엔즈가 제시한 무오성 개념에 대해 휴 윌리암슨(Hugh G. M. Williamson, 1947-), 빌 아놀드(Bill T. Arnold), 데이비드 베이커, 트럼퍼 롱맨 등은 찬성하였으며 카슨(D. A. Carson, 1946-), 폴 헬름(Paul Helm, 1940-), 그레고리 비일(Gregory K. Beale, 1949-) 등의 학자는 반대하였다. 웨스트민스터신학교 교수회는 엔즈의 입장이 웨스트민스터 신앙고백의 기준에 준하는지를 12:8

---

2 Hans Madueme·Michael R. E. Reeves eds., 『아담, 타락, 원죄: 원죄에 대한 신학적·성경적·과학적 관점』, 윤성현 역 (서울: 새물결플러스, 2018), 12f.
3 Madueme·Reeves eds., 『아담, 타락, 원죄』, 13.
4 Peter Enns, 『아담의 진화: 성경은 인류 기원에 대해서 무엇을 말하는가』, 장가람 역 (서울: 기독교문서선교회, 2014).
5 Madueme·Reeves eds., 『아담, 타락, 원죄』, 13.

로 지지의 입장을 표명하였지만, 동 학교의 이사회는 18:9로 엔즈의 해임을 의결하였다.[6] 그래서 최근의 유신 진화론에 대한 논란은 저명한 복음주의 구약 신학자들을 중심으로 제기되었다고 할 수 있는데 토론의 판이 신학 전반으로 확대되고 있는 듯하다. 급기야 2014년 미국장로교회(Presbyterian Church in America) 총회에는 유신 진화론에 대한 헌의가 이루어졌지만, 총회는 유신 진화론에 대한 교단의 입장을 재고하기를 거부하였다. 그 이유는 이전에 발표된 문서로 충분하다는 것이었다.[7]

---

6 https://en.wikipedia.org/wiki/Peter_Enns 2020년 3월 3일 검색.
7 William M. Schweitzer, "The Eight Elements of the Westminster Doctrine of Creation: Why They Are Incompatible with Theistic Evolutionism," *Puritan Reformed Journal* 7 (2015), 256.

제14장

유신 진화론에 대한 웨인 그루뎀의 비판

웨인 그루뎀(Wayne Grudem, 1948-)은 어린 시절 침례교회를 다닌 것으로 알려져 있다. 하버드에서 경제학을 공부한 후 웨스트민스터신학교에서 목회학을 공부하였다. 이후에 그루뎀은 캠브리지에서 신약을 전공하여 박사학위를 취득하였다. 그루뎀은 1994년에 출간된 자신의 『조직신학: 성경적 교리 입문』 앞머리에서 자신의 신학적 입장에 대해서 밝히고 있다. 그루뎀은 "성경의 무오성에 관한 국제회의"의 "시카고 성명서"에 동의하는 입장이며 전통적인 개혁신학의 입장인 예정론과 성도의 견인 교리를 받아들이고 있다.

남녀의 관계에 대해서는 전통적인 입장도 여성주의적인 입장도 아닌 보완적인 입장을 취하고 있는데 여성 안수에 대해서는 반대하는 입장이다. 교회론과 관련해서는 수정된 회중교회 정치를 선호하고 세례의 형식에 있어서는 침례교의 입장을 수용하여 유아세례에 대해서는 부정적인 입장이다. 아마도 그루뎀의 이런 여러 입장보다 더 많은 주목을 받은 것은 그의 성령론일 것이다.

그루뎀은 성령 세례가 회심을 의미한다고 보지만 신약에 언급된 성령의 은사는 오늘날도 유효하다는 견해다. 종말론과 관련하여 그루뎀은 그리스도의 재림은 언제라도 일어날 수 있다고 믿고 그리스도의 재림이 지상에서의 평화로운 천년왕국의 시점이 되리라고 믿는 전천년설을 지지하고 있다.[1]

---

1 Wayne Grudem, 『조직신학 (상)』, 노진준 역 (서울: 도서출판은성, 2006), 10f.

웨인 그루뎀은 『유신 진화론 비판』이라는 책의 "성경적·신학적 서론"에서 유신 진화론에 대한 토론이 단지 "아담과 하와가 정말로 존재했는가"에 대한 토론을 비롯한 기독교인들이 수 세기 동안 견해를 달리한 다소 비중이 작은 교리적 논제들에 관한 토론이 아니라 훨씬 비중이 큰 것이라고 말하고 있다.

"이 토론은 주로 성경의 첫 세 장의 적합한 해석에 대한 것이다."[2]

그루뎀은 『유신 진화론 비판』에 실린 설계론자 스티븐 마이어(Steven C. Meyer, 1958-)를 비롯한 사람들의 글들이 생명의 기원과 다양성에 대한 진화론적 설명들에 대해 중요한 도전을 드러내고 있으며 이런 주장들을 통해 "성경학자들이 신다윈주의(또는 이 시대의 다른 유형의) 대진화 이론을 전제하는 식으로 창세기를 해석하도록 '과학적 증거에 압박을' 느껴서는 안 된다"고 말하고 있다.[3]

유신 진화론을 비판하면서 그루뎀은 "이 책에서 다루지 않는 것"을 분명히 한다. 세 가지로 정리할 수 있는데

첫째, "이 책은 지구의 연대에 대한 것이 아니"라는 것이다.[4]

둘째, 그루뎀은 성경해석에 있어서 문자적인 해석이 옳으냐 그렇지 않으냐 하는 문제를 다루는 것이 아님을 말하고 있다.

> 대신에, 이 책에서 묻는 질문은 창세기 1-3장을 역사적 서술로 이해해야 하는가다. 여기서 '역사적 서술'이 뜻하는 바는 보고자가 읽는 이로 하여금 실제로 일어났음을 믿기를 바라는 사건들을 알리는 보도라는 의미다.[5]

---

[2] Wayne Grudem, "성경적 신학적 서론: 창조에 대한 성경의 기술과 주요 기독교 교리들에 대한 유신 진화론의 불일치," Wayne Grudem et al. eds., 『과학적·철학적·신학적 관점으로 본 유신 진화론 비판』, 소현수 외 공역 (서울: 부흥과개혁사, 2019), 70.
[3] Grudem, "성경적 신학적 서론," 71.
[4] Grudem, "성경적 신학적 서론," 71.
[5] Grudem, "성경적 신학적 서론," 73.

셋째, 그루뎀은 자신이 참여하고 있는 책이 "유신 진화론을 지지하는 사람들이 진정한 기독교인인지, 또는 자신들이 믿는 바에 진실한지에 대한 것"을 다루는 데 있지 않다고 말하고 있다.

> 우리가 상호대화를 나눈 유신 진화론의 지지자들은 참되며, 깊이 헌신된 기독교인들이라는 뚜렷한 표시를 보여준다. 이들의 저술은 생명체의 기원에 대한 현대 과학의 발견물들에 어긋나지 않는 방식으로 성경을 이해하기를 진실하게 바라고 있음을 보여준다.[6]

하지만 그루뎀은 유신 진화론자들이 "진화 이론을 진리로 받아들이고 그것을 창세기 1-3장의 해석을 위한 지침의 틀로 사용해야 할 만큼 그렇게 확고하게 정립된 것으로 믿는다는 점"에 대해서는 우려를 표명하고 있다.[7]

그러면 그루뎀이 『유신 진화론 비판』을 통해 목표로 하는 것은 무엇인가?

"유신 진화론은 창세기 1-3장이 실제로 일어난 사건들을 보도하는 역사적 서술이 아니라고 주장한다." 유신 진화론자들이 보기에 "창세기 1-3장은 역사적 사실이 아니라 비유적이며 풍유적인 문헌이다."[8]

결국 그루뎀이 유신 진화론과 관련하여 비판하고 있는 것은 이렇듯 유신 진화론자들이 주장하는 방식으로 창세기 1-3장을 해석하게 되면 복음주의 신학의 관점에서 심각한 교리적인 난점이 발생한다고 하는 것이다.

그루뎀은 유신 진화론에 대한 다음과 같은 자기 나름의 정의를 제시하고 있다.

---

6 Grudem, "성경적 신학적 서론," 73f.
7 Grudem, "성경적 신학적 서론," 74.
8 Grudem, "성경적 신학적 서론," 75.

하나님은 물질을 창조하셨다. 그 이후에 모든 생명체가 순전히 자연 과정을 통해 진화할 때까지, 물질의 자연적 작용을 유도하거나 그것에 개입하거나 직접 행동하여 경험적으로 탐지될 만한 변화를 일으키지 않으셨다.[9]

이러한 유신진화론의 주장에 대해 그루뎀은 기본적으로 다음과 같은 반론을 제기하고 있다.

첫째, 이들의 주장에 의하면 "하나님은 생명 있는 피조물의 창조주가 아니라 물질의 창조주셨다"는 것이다.[10]

둘째, 이들에 의하면 "인류의 조상은 단지 두 명이 아니라 수만 명이었다"는 것이 된다.[11]

그렇게 되면 아담과 하와는 "하나님이 직접 아담과 하와를 창조했다"는 오랜 지구 창조론자들이나 젊은 지구 창조론자들의 견해와는 달리, 하나님이 그의 은혜로 근동에서 아마도 팔천 년 전 즈음에 선택하여 특별한 방식으로 자신을 나타내신 "한 쌍의 신석기 경작민" 또는 "경작민들의 공동체"를 의미하게 된다.[12]

---

9   Grudem, "성경적 신학적 서론," 77. 동일한 문장을 Wayne Grudem, "유신 진화론은 열두 가지 창조 사건과 몇 가지 중요한 기독교 교리의 기반을 허문다," 『유신 진화론 비판 하』, 299에서도 발견할 수 있다.
10 Grudem, "성경적 신학적 서론," 79.
11 Grudem, "성경적 신학적 서론," 80.
12 Denis Alexander, *Creation or Evolution: Do We Have to Choose?*, 2nd. ed. (Oxford and Grand Rapids, MI: Monarch, 2014), 290-291. Grudem, "성경적 신학적 서론," 81f에서 재인용. 아담의 역사성에 대한 논쟁은 Matthew Barret·Adel B. Caneday eds., 『아담의 역사성 논쟁: 아담의 역사성에 대한 네 가지 관점과 목회적 적용』을 보라. 또한 아담의 역사성을 확보해보려는 양승훈 교수의 일련의 논문들도 살펴볼 가치가 있다: "'역사적 아담'과 아담의 역사성," 「창조론오픈포럼」 12/2 (2018). "역사적 아담과 아담의 역사성 논쟁," 「창조론오픈포럼」 13/2 (2019). "아담은 누구인가?" 「창조론오픈포럼」 14/1 (2020).

성경의 가르침과 어긋나는 열두 가지 유신 진화론의 주장을 분석한 후 그루뎀은 유신 진화론이 "많은 기독교 교리에 대해 몇 가지 파괴적인 결과를 가져온다"고 주장한다. 그러므로 그루뎀은 "유신 진화론은 창조에 대한 무해한 '선택 사항'이 결코 아니다. 유신 진화론은 최소한 다음에 보는 열한 개의 기독교 교리를 점진적으로 침해하거나 심지어는 부정하는 데에 이를 것이다"라고 주장하고 있다.[13]

그루뎀이 제시하고 있는 유신 진화론이 부정하게 되는 열한 가지 기독교 교리는 다음과 같다.[14]

① 성경의 진실성
② 하나님의 권능의 말씀에 의한 직접적인 창조
③ 자연 안에 있는 하나님의 존재에 대한 압도적인 증거
④ 자연 안에 있는 하나님에 대한 도덕적 책임성에 대한 증거
⑤ 하나님의 지혜
⑥ 하나님의 선하심
⑦ 하나님의 도덕적 공의
⑧ 인류의 평등성
⑨ 속죄
⑩ 부활
⑪ 자연을 개선하려는 노력의 가치

위에서 언급하였던 1994년에 초판이 출간된 『조직신학』(*Systematic Theology: An Introduction to Biblical Doctrine*)에서 웨인 그루뎀은 이미 유신 진화론에 대하여 일정한 선을 긋고 있다. 그루뎀은 진화론 자체의 많은 과학적인 난점뿐 아니라 "아담과 하와의 특별한 창조"가 우리가 유신론적 진화론을 인

---

13 Grudem, "유신 진화론." 345.
14 Grudem, "유신 진화론," 345-365.

정할 수 없게 하는 결정적인 이유가 된다고 말하고 있다.[15]

이러한 유신 진화론에 대한 반론을 통해 그루뎀은 지질학자요 오래된 지구론자인 데이비스 영(Davis Young, 1941-)과 신학자인 루이스 벌코프(Louis Berkhof, 1873-1957)의 말로 자신의 결론을 대신하고 있다.

> 일부 학자들이 주장한 유신론적 진화론은 일관성 있는 기독교적 입장이 아니며, 다만 기독교에 스며들어온 원리들에 근거를 둔 비성경적인 입장이다.[16]

> 유신론적 진화론은 하나님을 혼란 중인 자연을 돕기 위해 특정한 기간에 역사하시는 분으로 묘사한 황당한 것으로서 성경적인 창조론도 아니고 일관성 있는 진화론도 아니다.[17]

데이비스 영은 유명한 구약 신학자로 젊은 지구론을 주장하였던 웨스트민스터신학교 교수였던 E. J. 영(Edward Joseph Young, 1907-68)의 아들이다. 그는 처음 창조과학자들의 촉망을 받으며 "홍수 지질학"의 신봉자로 자라났지만, 브라운대학 박사과정에서 도널드 에클맨(F. Donald Eckelmann, 1929-2019)과 공부하며 종래의 입장을 버리게 되었다. "창조의 처음 6일을 긴 지질 시대들로 자유롭게 해석"하게 된 것이다. 하지만 데이비스 영은 성경의 무오성과 창세기의 "창조와 홍수에 대한 역사적 사실성에 전적으로 헌신" 되어 있다. 다만 더 이상 홍수 사건에 커다란 지질학적 의미를 부여하지는 않는다.[18]

---

15 Grudem, 『조직신학 상』, 402-407.
16 Davis A. Young, *Creation and the Flood: An Alternative to Flood Geology and Theistic Evolution* (Grand Rapids: Baker, 1977), 38.
17 Louis Berkhof, *Systematic Theology*, 139-40.
18 Ronald L. Numbers, 『창조론자들』, 신준호 역 (서울: 새물결플러스, 2006), 640.

유신 진화론에 대한 반론을 제기한 후 그루뎀은 이어지는 별도의 단락에서 "다윈의 진화론에 대한 고찰"을 하고 있다. 눈에 띄는 것은 얼마 전 타계한 지적 설계론자 필립 존슨(Philip E. Johnson, 1940-2019)을 언급하고 있는 것이다. 필립 존슨이 『피고석의 다윈』이라는 책에서 본격적으로 지적 설계론을 주장한 것은 1991년이었다.

> 최근 다윈주의에 대한 가장 신랄한 비평은 아마도 논리 분석 전문가인 법학 교수 필립 존슨에 의한 것이다. 그는 자기의 저서 *Darwin on Trial*에서 이를 증명하기 위해 최근의 다윈주의자들이 한 말들을 광범위하게 인용했다.[19]

이러한 그루뎀의 설명은 『유신 진화론 비판』이라는 책을 엮어 내는데 지적 설계론자인 스티브 마이어와 협력한 것과 궤를 같이한다고 볼 수 있을 것이다.

"진화"에 대하여 그루뎀은 "한 종족 안에서 일어나는 작은 발전으로서 파리나 모기가 살충제에 대한 면역이 생긴다든지, 사람이 점점 커진다든지, 개발된 장미들의 색깔과 모양이 다양하다든지 하는 것 등"을 의미하는 "소진화"(micro-evolutionism)는 오늘날 분명하게 나타나기 때문에 아무도 이를 부인할 수 없다라고 주장하고 있다. 일반적으로 사용되는 "진화"는 "비생명체가 생명체로 바뀌었고 그 결과로 모든 존재하고 멸종된 유기체들을 생산했다는 이론"인 "대 진화"(macro-evolutionism) 또는 "일반적인 진화론"(general theory of evolutionism)을 의미한다.[20]

그루뎀은 이른바 젊은 지구론과 오래된 지구론이 성경을 믿는 사람들에게 모두 유효한 이론이라고 주장하고 있다.[21] 물론 그루뎀은 여러 분야에서 비롯된 많은 과학적 자료에 근거를 둔 지질학자 데이비스 영의 오래된 지

---

19 Grudem, 『조직신학 상』, 409.
20 Grudem, 『조직신학 상』, 408.
21 Grudem, 『조직신학 상』, 434.

구론을 지지하는 주장들이 대단히 강력하다고 인정하고 있다. 오래된 지구론이 "과학적인 자료들을 더 많이 확보한 듯하고 그 자료들이 해마다 늘어가고 있다." 하지만 그럼에도 오래된 지구론이 제시하고 있는 창 1장에 대한 해석은 "본문을 볼 때 가능하기는 하지만 자연스럽지 못하다"라고 그루뎀은 주장하고 있다.[22]

그루뎀은 젊은 지구론의 하나인 홍수 지질학에 대해서도 다루고 있다. 홍수 지질학은 노아의 홍수 때에 엄청난 자연의 힘이 가해져서(창 6-9장) 지면에 심각한 변화를 가져다주었고, 그 예로 엄청난 수압으로 인해 수백만 년이 걸려야 만들 수 있는 다이아몬드와 산호초가 단 일 년 만에 생길 수 있게 했다고 주장한다. 홍수 지질학은 신-재난설(neo-catastrophism)이라 불리기도 하는데 이는 지상의 현재의 지질학적 구조의 대부분이 홍수의 재난으로 인해 발생한 것으로 보기 때문이다.[23]

이 입장에 대해 그루뎀은 자신은 개인적으로 창세기 6-9장의 홍수가 전 세계에 걸쳐 일어나서 지면에 엄청난 영향을 끼쳤고 노아의 방주 밖에 있던 사람들은 모두 죽게 되었다고 믿지만, 지구의 모든 지질학적 형태가 순전히 노아의 홍수에 의해 만들어진 것이라고는 생각하지 않는다고 말하고 있다. 그루뎀이 보기에 홍수 지질학을 주장하는 사람들은 성경을 믿는 지질학자들까지 포함해서 전문적인 지질학자들을 거의 설득하지 못하고 있다.[24]

일반적으로 젊은 지구론을 주장하는 사람들이 오래된 지구론에 대해 제기하는 반론 중에 하나는 인간의 타락 이전의 피조 세계에 동식물의 죽음이 있었다는 것을 어떻게 설명할 것인가 하는 것이다. 대표적으로 김병훈은 "오래된 창조론의 신학적 딜레마: 타락 전 죽음?"이라는 논문에서 유신진화론이나 점진적 창조론자 같은 오래된 지구론을 주장하는 사람들이 아

---

22 Grudem, 『조직신학 상』, 447.
23 Grudem, 『조직신학 상』, 445.
24 Grudem, 『조직신학 상』, 446.

담과 하와의 타락 전에도 동물의 죽음이 있었다고 주장하지만, 타락 전 동물의 죽음에 대한 성경의 근거는 없다고 주장하고 있다.[25] 하지만 기독교 신학에서 정말 문제가 되는 것은 동식물의 죽음이 아니라 아담의 후손인 인간의 죽음이다.

웨인 그루뎀은 "동물들이 타락 이전에도 죽었을까?"라고 묻고 있다.

이런 질문을 제기한 후 이것이 오래된 지구론의 경우에 대단히 중요한 문제라고 인정하고 있다. 실제로 지구에는 수백만 년이 된 듯한 동물들의 화석들이 존재한다.

"이것들이 혹시 아담과 하와가 창조되기 오래 전에 존재하던 동물들의 화석들은 아닐까? 하나님이 창조 때부터 죽음에 예속된 동물 세계를 만드신 것은 아닐까?"

이런 질문에 대해 그루뎀은 "충분히 가능하다"라고 답하고 있다.

> 만일 아담과 하와가 식물을 먹게 되어 있었다면, 식물이 죽었을 것임은 자명한 사실이다. 그리고 만일 하나님이 원래 동물들이 영원히 살도록 만드셨다면, 지구는 곧 절망적으로 포화상태가 되었을 것이다.[26]

그루뎀은 창세기 2:17과 로마서 5:12의 말씀을 인용하며 죽음이 인간의 죄로 말미암아 이 세상에 들어오게 되었는데 그것은 "식물이나 동물의 죽음이 아닌 사람의 죽음을 의미"한다고 주장하고 있다.

> 모든 사람이 죄를 지었으므로 사망이 모든 사람에게 이르렀느니라 (롬 5:12b).[27]

---

25 김병훈, "오래된 창조론의 신학적 딜레마: 타락 전 죽음?" 「성경과 신학」 72 (2014), 85-121.
26 Grudem, 『조직신학 상』, 426.
27 Grudem, 『조직신학 상』, 426.

안토니 후크마(Anthony A. Hoekema, 1913-88)는 우리가 죄와 죽음의 문제를 거론하게 될 때 동식물 세계의 죽음이 아니라 사람의 생애와 관련된 문제를 생각하게 된다고 보고 있다. 인간이 죄에 빠지기 전에도 동물과 식물 세계에 죽음이 있었다는 사실은 부정할 수 없는 것처럼 보인다. 우리는 수 천 년 전에 사라져 버린 많은 종류의 식물과 동물의 화석들을 갖고 있다. 인간이 지구상에 나타나기 훨씬 이전에 이런 종들의 대부분이 사라져버렸을 것이다. 더욱이 죽음이란 것은 오늘날 우리가 그것들을 알고 있는 바와 같이 많은 식물들과 동물들의 존재 양식의 중요한 부분이었다고 후크마는 주장하고 있다.[28] 그러면서 후크마는 쿠일만이라는 학자의 글을 인용하고 있다.

> 하나의 생물학적 현상으로서의 죽음이 인간 타락 이전에도 있었는 지의 여부는 고대 동식물학에 의해 제공된 증거의 토대 위에서 살펴볼 때 긍정적으로 답변되어 진다 …. 우리는 생물학적 죽음이 인간이 창조되기 이미 오래 전에 일어났다고 생각하게 된다. 이런 종류의 생물학적 죽음은 최초의 인간 한 쌍의 죄로 인해 그 형벌로서 세상에 들어온 죽음과 동일시 되어서는 안 될 것이다.[29]

젊은 지구론은 사실상 뉴턴 시대까지도 대다수 신자의 견해였다. 하지만 현대의 지질학이 발전하게 되면서 중대한 문제들이 제기되었다. 수많은 방법이 지구의 연대를 추적하기 위하여 개발되었는데, 그것 중 많은 것들이 방사성 물질들의 특성과 관련된 것들이다. 이러한 방법들로부터 지구는 수십 억 년, 아마도 5, 60억 년 혹은 그 이상의 나이를 가지고 있다는 견해에 이르게 되었다.[30] 젊은 지구론은 복음주의의 전통적인 견해와 조화되기에

28　Hoekema, 『개혁주의 종말론』, 111.
29　L. W. Kuilman, *Christeliijke Encyclopedie*, 2nd (Kampen: Kok, 1957), II: 461. Hoekema, 『개혁주의 종말론』, 111f에서 재인용.
30　Erickson, 『조직신학 (상)』, 431.

지금도 주장될 수 있는 이론이기는 하지만 창조론을 독점할 수는 없다고 할 수 있다. 그러므로 이른바 젊은 지구론의 입장에 서서 그 외의 입장에 대해서는 모두가 다 타협이론으로 치부하는 것은 지양해야 할 자세가 아닐 수 없다.[31]

창세기 1장의 오랜 날(long-day) 이론을 수용할 것과 창조 행위들의 순서를 화석 기록과 연관시킬 것을 제안한 데이비스 영의 주장에 대해 창조과학자 헨리 모리스(Henry M. Morris, 1918-2006)는 그런 타협 전략은 유신론적 진화를 향한 도상에 있는 여관 역할을 할 뿐이라고 비판하고 있다. 모리스는 영의 "변절"에 대해 처음에는 슬퍼했고 커다란 실망감을 안겨주었다. 하지만 이 실망감은 이내 좌절과 분노로 바뀌었다. 모리스는 영이 "엄격한 창조론자로 시작했으나, 대학원에서 점진적 창조론에 빠져들었고, 마지막에는 유신론적 진화론을 향해 나아갔다"라고 비판하고 있다.[32] 하지만 영은 오래된 지구론의 입장에 서 있지만 유신론적 진화론을 지지하지는 않는다.

---

31 이윤석, "한국의 창조론 논의 현황," 「창조론 오픈 포럼」 14/1 (2020), 56.
32 Numbers, 『창조론자들』, 641f.

제15장

유신 진화론 비판에 대한 평가

안토니 후크마는 『개혁주의 인간론』에서 죄의 기원에 대해 토론하면서 "아담은 실제로 역사적인 인물이었나?"라고 묻고 있다.

이런 질문을 던진 후 최근에 수많은 신학자가 아담과 하와는 한때 이 땅 위에 살았던 실제적인 인물들이 아니라 인간의 신적 기원과 인간의 타락을 상징하는 표상이었다는 견해를 제기하고 있음을 지적하고 있다. 그 대표적인 신학자가 바로 칼 바르트(Karl Barth, 1886-1968)라는 것이다.

> 아담은 역사적 인물이 아니라 그를 뒤따른 모든 사람의 모형적인(exemplarily) 대표자이다. 더 나아가 인간이 죄인이 아닌 적은 한 번도 없었으며 그러기에 항상 하나님 앞에서 죄 있는 자이었다.[1]

코넬리우스 반틸(Cornelius Van Til, 1895-1987)과 프랜시스 쉐퍼(Francis Schaeffer, 1912-84)는 바르트 신학에 대한 대표적인 비판자들이었다. 이들의 비판이 어떤 면에서는 지나친 면이 있었다고 할 수 있겠지만 기본적으로 창세기의 역사성에 대해 변호하고자 하였다는 점은 정당하다고 할 수 있다.[2]

---

[1] Karl Barth, *Church Dogmatics*, IV/1, 495. 필자가 보기에 웨인 그루뎀이 제시하고 있는 유신 진화론이 주장하고 있는 성경적 창조론과 다른 12가지 주장 가운데 5, 6, 7, 11번이 바르트와 직간접적으로 관련이 있다.

[2] Francis A. Schaeffer, *Genesis in Space and Time* (Downers Grove, Ill: Inter-varsity, 1972), 9-10.

반틸이나 쉐퍼는 어떤 면에서 바르트를 비판했을까?

로버트 레이몬드(Robert L. Reymond, 1932-2013)는 반틸이 바르트 신학의 비합리주의에 대한 강력한 적대자였는데 진리가 최소한 때때로 역설적이라는 면에 있어서는 바르트와 동일한 결론에 이르렀다고 주장하고 있다. 다만 반틸은 진리가 성경의 명제들에 객관적으로 제시되었다고 가르치는 데 반해서, 바르트는 진리가 본질적으로 실존적이라는 주장을 한 것이 이들 사이의 유일한 차이점이라고 할 수 있다.[3]

쉐퍼는 포스트모더니즘이라는 말을 사용하지는 않았지만 새롭게 등장하는 상대주의적인 포스트모더니즘을 날카롭게 비판한 것으로 유명하다. 쉐퍼가 생각하는 포스트모더니즘의 위기는 말하자면 인식론의 위기다. 소위 말하는 절망의 선(line of despair) 아래로 떨어지는 일이 철학에서는 키에르케고르, 신학에서는 바르트 때문에 일어났다고 주장하고 있는데 이런 쉐퍼의 주장은 지나친 주장이라고 할 수 있다. 반틸과 쉐퍼의 바르트에 대한 비판은 일면 정당한 면이 있지만 다소 편향되고 지나친 비판이 아닐 수 없다.

『루이스와 쉐퍼의 대화』의 저자들도 기독교 신앙의 역사적 성격에 대해 강조하고 있다.

> 신앙의 역사성을 무시한다면 영지주의로 흐를 위험성이 있다…. 성경의 역사성을 지켜야 한다는 쉐퍼의 줄기찬 주장은 칭찬할 만하며 바른 궤도에 놓인 것이다.[4]

---

3 로버트 L. 레이몬드, 『개혁주의변증학』 (서울: 기독교문서선교회, 1989), 140.
4 Scott R. Burson & Jerry L. Wells, 『루이스와 쉐퍼의 대화』, 김선일 역 (서울: 기독학생회, 2009), 211.

하지만 여기에서 더 나아갈 때 문제가 발생한다.

> 역사성은 확실하고 핵심적인 기독교 교리에는 결정적인 요소이지만, 이것이 창세기의 전반부를 글자 그대로 읽어야 한다는 주장으로 확대될 수 있는지는 분명치 않다.[5]

그루뎀도 문자적인 해석에 대해서는 반대하고 있다. 다만 창세기 1-3장의 역사성을 담보하고자 그루뎀은 노력하고 있다. 성경에 대해서 가지고 있는 견해에 대해서는 존경하면서도 이 역사성에 대한 강조가 지나쳐 짐짓 문자적인 해석을 고집하고 있는 듯한 모습이 그루뎀에게 보인다고 할 수 있다.

후쿠마는 『개혁주의 인간론』이라는 책에서 "말하는 뱀이 있었는가?"라는 항목에서 이 부분과 관련하여 토론하고 있다. 후쿠마는 개혁주의 전통에 서 있는 몇몇 신학자들이 창세기 3장에 나타난 인간 타락 이야기를 하나의 역사적인 인간 타락을 기술하고 있는 것이라고 인정하면서도, 세부적인 사항들이 반드시 문자적으로 받아들여져야 할 필요는 없으며 상징적으로 혹은 비유적으로 이해될 수 있다고 믿고 있음을 말하고 있다.

물론 우리는 인간 타락의 이야기와 관련하여 가장 중요한 질문은 인간 타락의 역사성 문제요, 나머지 세부적인 내용들의 정확한 해석상의 문제는 부차적이라는 것을 인정해야 한다. 그럼에도 후쿠마는 그 세부적 사항들은 비유적이나 상징적이 아닌 문자적인 것들로 해석되어져야 한다고 주장하고 있다. "인간 타락 이야기의 세부적 항목들을 비문자적 혹은 상징적으로 이해하려는 시도는 하나님이 우리에게 이 계시를 주신 목적을 바르게 이해하지 못하는 것"이다.[6]

---

5   Burson & Wells, 『루이스와 쉐퍼의 대화』, 211f.
6   Hoekema, 『개혁주의인간론』, 219.

하지만 신학적으로 보면 후크마보다 더 보수적이라고 할 수 있는 올리버 버스웰(James Oliver Buswell, Jr., 1895-1977)은 창세기 2장의 생명 나무에 대한 마술적인 해석을 배격하면서 상징적인 해석을 선호하고 있다.

> 나는 상징적인 해석으로 아래에서 아담의 죄의 전가에 관한 연구와 연계된 신화적인 해석과 유사한 어떤 것을 의미하지 않는다. 신화적인 해석은 사실상 그 기록의 역사적인 의미를 부인한다. 생명 나무에 대한 상징적인 해석은 창세기 기사의 외견상의 역사적인 특징을 조금도 의문시하지 않는다는 점에 유의하여야 한다.[7]

물론 후크마나 버스웰의 주장은 유신 진화론과 관련된 토론의 문맥에서 이루어진 것은 아니다. 하지만 그럼에도 인간론과 관련하여 창세기 앞부분의 내용을 다루는 문맥이기에 유신 진화론과 연결되는 주장이라고 볼 수도 있을 것이다. 필자로서는 창세기 앞부분 그것이 1-3장이 되었든 아니면 1-11장이 되었든 모종의 역사성을 담보하려는 노력은 정당하다고 할 수 있지만 그루뎀이나 후크마처럼 그 세부적인 내용 면에서 문자적 해석을 고집해서는 안 될 것 같다는 점만을 지적하고자 한다.

점점 더 많은 복음주의자가 유신 진화론 지지를 천명하고 있다. 미국 장로교(Presbyterian Church in America) 소속인 팀 켈러(Tim Keller, 1950-)와 트렘퍼 롱맨(Tremper Longman III, 1952-)[8] 그리고 북미주개혁교단 소속의 제임스 스미스(James K. A. Smith, 1970-)와 리처드 마우(Richard Mouw, 1940-)[9] 등이

---

[7] J. Oliver Buswell, Jr., *A Systematic Theology of the Christian Religion*, vol. 1 (Grand Rapids: Zondervan, Reprinted 1994), 274.
[8] John Currid, "구약 성경의 가르침과 양립할 수 없는 유신 진화론,"『유신 진화론 비판』, 370f.
[9] Kathryn Applegate·Jim Stumpt eds.,『진화는 어떻게 내 생각을 바꾸었나?』(서울: 기독학생회, 2019), 25-35와 261-271를 참조하라. 이 책의 부제는 "신앙과 과학의 통합을 추구한 우리 시대 기독 지성 25인의 여정"이다. 제임스 스미스와 리처드 마우는 이 가운데 첫째와 마지막 사람이다. 이 책의 앞머리 헌사는 "우리 자녀들의 세대는 신앙과 과학

그 대표자들이라고 할 수 있다. 같은 복음주의자들로서 우리는 이들을 향해 유신 진화론을 수용했을 때 생겨나는 문제들에 대해 우리의 의견을 제시하고 그들의 답을 들어보아야 할 것이다. 그런가 하면 『유신 진화론 비판』에는 일반적으로 유신 진화론자로 알려져 있는 C. S. 루이스(C. S. Lewis, 1898-1963)와 벤자민 워필드(Benjamin B. Warfield, 1851-1921)가 "오늘날의 유신 진화론"을 지지하지 않았을 것임을 규명하고 있는 유익한 논문을 수록하고 있다.[10]

그루뎀과 에릭슨은 소진화는 인정하지만, 대진화는 인정하지 않는 견해다. 두 사람 다 유신 진화론에 대해서는 비판적이다. 이러한 그루뎀과 에릭슨의 견해를 프랜시스 쉐퍼도 공유하고 있다고 할 수 있다. '성경에 의해 수립되는 우주론의 자유와 한계'를 논하면서 쉐퍼는 결론적으로 두 가지 요점을 제시하고 있다.

첫 번째 요점의 내용은 진화론에 대한 비판이다.

> **먼저**, 비록 내가 이전의 나처럼 아직도 불가지론자라고 하더라도, 나는 소립자로부터 인간에 이르는 연속적인 진화의 개념을 인정하지 않았다는 것이다 …. 적자생존 원리로서 처음에 등장한 다윈주의와 신다윈주의는 철학적 문제뿐 아니라 방법론적 및 통계학적 문제가 있음을 보여주었다. 그리고 환원주의를 기초로 최후의 해명을 시도하는 것은 이제 크게 사라지고 있다.

사이에서 양자택일을 강요받는 일이 없기를 바라며"라고 되어 있다.
10 John West, "피고석의 다윈: 진화에 대한 C. S. 루이스의 견해"와 Fred Zaspel, "덧붙이는 말: 워필드는 오늘날의 유신 진화론을 지지하지 않았다," 『유신 진화론 비판』, 265-295와 507-532를 참조하라. 워필드와 관련하여 필자는 "벤자민 워필드의 창조론," 『창조론 오픈포럼 13/2』 (2019), 39-49에서 마크 놀(Mark A. Knoll, 1946-)의 전통적인 견해와 자스펠의 최근의 견해에 대해 살펴보았다. 이 논문을 작성하며 필자는 국내에서의 워필드 연구를 위한 자료가 매우 한정적임을 절감하지 않을 수 없었다. 왠만한 해외의 자료들이 지금은 국내에서도 얼마든지 가용하다고 하는데 이 부분과 관련하여 의외의 벽을 느낀 경우였다고 할 수 있다.

시간과 우연의 기초 위에서 소립자로부터 인간에 이르는 과정으로의 연속적 진화 개념은 현대의 합리주의적 인간에 의해 견지된 신념적 입장에 불과하다고 내게는 생각된다.[11]

두 번째 요점은 유신 진화론과 관련 있는 것이다. 쉐퍼는 "나는 유신론적 진화론의 개념을 주장하지 않는다. 그러나 하나님이 주장하신 것에 고개를 숙인다면, 우주론의 영역에서 어느 정도 논의할 만한 자유의 여지가 있다는 사실이 언급되어야 한다"[12]라고 말하고 있다.

그루뎀과 에릭슨 그리고 쉐퍼는 공히 유신 진화론을 지지하지 않는다. 하지만 그루뎀은 유신 진화론자들이 진정한 그리스도인들이라는 점에 대해서는 의심하지 않는다. 에릭슨은 심지어 보수적인 신학자들 가운데 즉 정통신학자들 가운데도 유신 진화론자가 있을 수 있음을 인정하고 있다. 쉐퍼는 유신 진화론에 대해 보다 개방적인 자세를 가지고 어느 정도 여지를 두고 살펴볼 것을 제안하고 있다.

박형룡 박사의 창조론

박형룡(1897-1978) 박사가 1932년 미국 켄터키주 남침례교 신학교에 제출한 박사논문의 제목은 "자연과학으로부터의 반기독교적 추론들"("Anti-Christian Inferences from Natural Science)이었다. 박형룡 박사는 기독교에 대한 반대가 기독교와 과학과의 관계에 대한 지극히 단편적인 지식에서 연유한 것이기에 만일 현대의 과학을 정확히 제대로 알게 되면 기독교에 대한 그런 반대가 없어질 것이라는 확신 가운데 이 논문을 쓰게 되었다고 논문의 서문에서 밝히고 있다.

---

11 Francis Schaeffer, 『최후의 갈등은 없다』, 문석호 역 (『프란시스 쉐퍼 전집 II』, 서울: 크리스챤다이제스트, 2010), 160.
12 Schaeffer, 『최후의 갈등은 없다』, 161.

박형룡의 변증학은 세 가지 점에서 구프린스턴 신학과 일치한다고 할 수 있다.[13]

첫째, 과학과 종교는 서로 대결하는 것이 아니다. 과학과 종교는 하나님이 창조하신 한 우주의 두 국면일 뿐이다.

둘째, 1920년대에 이미 '근본주의자'로 불리기 시작하던 많은 보수주의자와 달리 박형룡은 프린스턴 신학자들과 같이 현대 과학의 업적에 대해 열린 태도를 보이고 있었다.

셋째, 박형룡은 워필드의 입장과 유사하게 유신 진화론의 과학성을 의심하면서도 '이차적 방어 라인'(secondary defensive line)으로 어느 정도 여지를 두고 살펴볼 것을 제안하고 있다. 진화론은 하나의 가변적인 가설일 뿐 발견되거나 증명된 사실이 아니다. 그러나 만에 하나 과학이 더 발달해서 진화론이 사실로 판명된다 해도 이것이 기독교의 진리를 거짓으로 증명하지는 못한다. 바로 유신 진화론이 가능하기 때문이라고 박형룡은 논문에서 주장하고 있다.[14]

박형룡은 1970년대를 전후해서 유신 진화론과 마주할 수 있는 기회가 한 번 더 있었다. 유신 진화론에 반대하는 어조가 매우 부드럽고 학문적이었던 박사논문에서와는 달리 이번에는 유신 진화론에 대하여 강하게 반대하였다. 박형룡은 신복음주의자라고 일컬어지는 버나드 램(Bernard Ramm, 1916-92)이나 에드워드 카넬(Edward J. Carnell, 1919-67)이 유신 진화론이 성경과 어긋나지 않는다고 말하는 것에 대하여 반대하였다.

보수주의 입장에서도 창조의 6일을 여자적으로 보지 않는 자들이 있음이 사실이지만 진화론을 받아들여서 장기 창조를 말하는 보수주의자는 일찍 없었다. 여기서 신복음주의자는 보수주의자가 아님을 자증함이 분명하다.[15]

---

13 장동민, 『박형룡의 신학연구』 (서울: 한국기독교역사연구소, 1998), 111-16.
14 박형룡, 『박형룡박사저작전집 15』 (서울: 한국기독교교육연구원, 1978), 173.
15 박형룡, 『박형룡박사저작전집 9』 (서울: 한국기독교교육연구원, 1978), 110.

> 박사 논문에서 유신 진화론에 대해 어느 정도 여지를 두었던 박형룡 박사가 유신 진화론을 완전히 철저하게 반대하고 문자적인 해석 외의 다른 해석들을 자유주의적인 해석으로 비판하며 자기 입장을 바꾼 것에 대해 우리는 어떻게 이해해야 할 것인가?
>
> 그의 신학 전체의 변화와 관련 있기 때문에 간단하게 다룰 수 있는 문제는 아닐 것이다. 어쨌든 박형룡의 신학이 그 방향에 있어 "보다 더 보수적이고, 더 교리주의적이고, 더 근본주의적으로 변하였다"라는 정도는 말할 수 있을 것이다.[16]

복음주의적 입장의 신학자들이 유신 진화론을 수용할 수 없는 가장 큰 이유는 그루뎀의 주장처럼 유신 진화론의 입장을 취하게 되면 창 1-3장의 역사성 즉 아담의 역사성을 부정하게 되는 난점이 있기 때문이다. 그런 면에서 보면 리처드 마우(Richard Mouw, 1940-)의 입장은 매우 특이하다고 할 수 있다.

리처드 마우는 자신이 유신 진화론에 동조하는 입장임을 드러내고 있으면서도 여전히 복음주의 신학의 핵심적인 주장에 대해 굳건한 확신을 표현하고 있다.

> 나는 예컨대 아담의 역사성에 관한 질문에 관해서는 아직 흡족한 답을 찾지 못했다. 나는 사도 바울이 한 말을 꽉 붙들고 싶다: 그는 한 사람으로 인하여 죄가 세상 속으로 들어왔고, 한 사람으로 인하여 우리가 죄 많은 상태로부터 구원받았다고 말한다. 나는 여전히 이 문제와 씨름하는 중이다. 하지만 나는 기꺼운 마음으로 탐색에 나서는 다른 그리스도인들과 함께 탐구에 전념할 수 있는 안전한 공간이 필요하다.[17]

16　장동민, 『박형룡의 신학연구』, 116.
17　Richard Mouw, "안전한 곳," 『진화는 어떻게 내 생각을 바꾸었나?』, 264.

그러면서 마우는 유신 진화론에 대한 것을 토론할 수 있는 보다 큰 텐트를 칠 것을 제안하고 있다. 마우는 비록 이름을 거명하고 있지는 않지만, 자신이 풀러신학교 총장 재직 시 이사회 멤버 중 한 사람으로부터 받았던 압력을 소개하고 있다. 필립 존슨의 지적 설계에 대해 비난한 교수를 해임하라는 압력이었는데 그렇지 않으면 거액의 기부금을 다른 학교에 기부하겠다는 압력이었다. 그 교수는 낸시 머피인데 풀러신학교에서 공부하던 시절 바로 그 논문을 보았던 기억이 나에게 있다.[18]

유신 진화론은 복음주의자들의 선택지가 될 수 있느냐는 질문에 대해 우리는 그루뎀을 따라 유신 진화론이 복음주의자들의 선택지가 될 수는 없을 것이라고 주장해야 할 것이다. 그리고 이런 주장에 대해서는 에릭슨이나 쉐퍼도 동의한다고 할 수 있다. 하지만 비판의 강도에 있어서는 조금은 너그럽게 어느 정도 여지를 두고 토론하는 것이 필요하다고 할 것이다. 이 부분 에릭슨보다는 쉐퍼가 보다 많은 여지를 남겨 두고 있다고 할 수 있다.

---

18 Cf. Nancey Murphy, "Phillip Johnson on Trial: A Critique of his Critique of Darwin," *Perspectives on Science and the Christian Faith* (1993).

제16장

인간 중심주의에 대한 반성

 린 화이트(Lynn Townsend White Jr., 1907-87)는 1967년의 "우리의 생태 위기의 역사적 뿌리"라는 논문에서 산업혁명 이후 도래한 생태계의 위기를 자연에 대한 중세 기독교 신학의 태도에서 찾고 있다. 화이트는 근대 기술과 근대 과학은 명백하게 서구적이라고 확신하고 있다. 이전에 인간은 자연의 한 부분이었다. 하지만 이제 인간은 자연의 약탈자가 되었다. 인간과 자연은 별개의 것이 되었고 인간이 그 주인이 되었다.

 인간의 생태학은 우리의 자연과 운명에 대한 신념, 즉 종교에 의하여 깊이 영향을 받는다. 이교(paganism)에 대한 기독교의 승리는 우리의 문화 역사에 있어서 가장 큰 심리적 혁명이었다. 기독교는 반복되지 않고 직선적인 시간관념뿐 아니라 창조라고 하는 놀라운 이야기를 유대교로부터 물려받았다. 하나님은 아담을 창조하였고 사람은 모든 동물의 이름을 붙여주었으며 이를 통해 인간의 동물에 대한 지배를 확립하였다.

 하나님은 명확하게 인간의 유익과 통치를 위해 이 모든 것을 계획하셨다. 물질세계의 모든 것이 인간을 돕는 목적이 있다. 인간은 비록 그 몸이 진흙으로 만들어졌지만 단지 자연의 한 부분이 아니다. 인간은 하나님의 형상으로 만들어졌다. 기독교는 세상에 존재하는 가장 인간 중심적인 종교이다.

 근대 서구 과학은 기독교 신학을 기반으로 형성되었다. 근대 과학은 자연신학의 외형적 표현이며 근대 기술은 부분적으로는 자연에 대한 인간의 초월 내지는 군림으로 설명될 수 있다. 한 세기 전부터 과학과 기술의 결합을 통해 인간에게 부여된 능력은 통제가 불가능한 상태가 되었다. 상황이 이러하다면 기독교는 커다란 죄책의 짐을 지고 있다. 우리는 자연이 인간을 섬기는 것을 제외하고는 존재할 아무런 이유가 없다는 기독교적 공리를 거절해야만 한다.

오늘날의 생태계 위기에 대한 책임이 기독교 신학 특별히 중세의 신학에 있다는 화이트의 주장에 대한 반응은 매우 다양하게 이루어졌다. 먼저는 기독교만이 아니라 기성종교 전반이 인간중심주의를 지향하고 있기에 오늘날의 생태 문제에 책임이 있다는 견해가 개진되기도 하였다.[1] 그런가 하면 범신론(pantheism)에 반대되는 유대-기독교 신학이 자연에 대한 인간의 통치에 대한 책임이 있다는 주장을 통해 화이트를 지지하는 목소리도 있었다.

"인간 대 자연이라는 서구의 암묵적 자세"를 만들어낸 "유대교와 기독교와 인본주의는 자연 위에 인간을 고립시키고 군림하게 하는" 경향이 있다.[2] 급기야는 1989년 1월 타임(Time)지에는 이교의 범신론과 비교하여 유대-기독교 신학은 자연에 대하여 호의적이지 않은 태도를 보였다는 글이 등장하기도 하였다.

크리스토퍼 라이트(Christopher J. H. Wright, 1947-)는 구약 윤리에 대한 논의가 현저히 부족하였던 1983년에 『현대를 위한 구약 윤리』(Living as the People of God: The Relevance of Old Testament Ethics)라는 책을 저술하였다. 그리고 1995년에는 『여호와의 길로 행하기』(Walking in the Ways of the Lord: The Ethical Authority of the Old Testament)라는 논문집을 출간하였다. 2004년 라이트는 『현대를 위한 구약 윤리』를 증보하며 이 논문집의 상당 부분을 포함해 『현대를 위한 구약 윤리』(Old Testament Ethics for the People of God)라는 책을 발간하였다. 중요하게 달라진 사실 한 가지는 "생태학과 지구"라는 새로운 장이 첨

---

1   이런 입장의 대표자는 Max Nicholson, *The Environmental Revolution: A Guide for the New Masters of the World* (London: Hodder & Stoughton, 1970)이다.
2   Ian McHarg, "The Place of Nature in the City of Man," *Annals of the American Academy of Political and Social Science* 352 (March, 1964): 2-12.

가된 것이다.³

라이트는 현재의 환경 위기에 대한 주요 책임이 창세기 1:28에 뿌리를 두고 있는, 자연에 대한 도구적 견해를 가지고 있는 기독교에 있다는 생각이 광범위하게 퍼져 있는데 그러한 생각의 원천이 1967년의 린 화이트의 논문이었음을 지적하고 있다. 화이트의 주장에 대해 저명한 구약 신학자 제임스 바(James Barr, 1924-2006)는 화이트의 논문이 창세기의 히브리어 본문에 대한 잘못된 이해에 근거하고 있음을 보여주었다.

> 인간의 '지배권'은 뚜렷한 수탈적 측면을 전혀 포함하고 있지 않다. 그것은 잘 알려져 있는 목자 왕(Shepherd King)에 대한 동양 사상에 가깝다…. 그러므로 창조에 대한 유대-기독교적 가르침은, 린 화이트의 주장과 같은 논의들이 제시하는 생태 위기에 거의 아무런 책임이 없다. 반대로, 창조 교리에 대한 성경적 토대들은 그 반대 방향으로, 수탈할 수 있는 면허장과는 거리가 먼 존중하고 보호할 의무를 향하고 있는 것으로 보인다.⁴

라이트는 창조주와 피조물 사이의 **이원성**(duality)은 모든 성경적 사고와 기독교적 세계관에서 본질적이라고 주장한다. 이러한 하나님과 피조세계 사이의 구별은 모든 실재가 궁극적으로 단 하나라는 신념인 **일원론**(monism)과도 다르며, 하나님이 어떤 식으로든 우주 전체와 동일하다고 보거나 아예 모든 것이 하나님이라고 보는 신념인 **범신론**(pantheism)과도 다르다.⁵

---

3   Christopher Wright, 『현대를 위한 구약 윤리』 (서울: 기독학생회출판부, 2006), 12f. 라이트는 두 권의 책을 합쳐놓은 것이 "이번 책이 상당히 두꺼워진 개정판이 된 한 가지 요인"이며, 다른 요인은 "내가 몇몇 장을 확대시켰고, 또한 「현대를 위한 구약 윤리」에서는 거의 다루지 않았던 주제들(이를테면, 환경 윤리)을 포함시켰다는 것이다"라고 말하고 있다.

4   James Barr, "Man and Nature-the Ecological Controversy and the Old Testament," *Bulletin of the John Rylands Library of the University of Manchester* 55(1972), 22, 30. Wright, 『현대를 위한 구약 윤리』, 163f에서 재인용.

5   Wright, 『현대를 위한 구약 윤리』, 147.

"**의인화**(personalizing)와 **인격화**(personifying)를 구별하는 것이 중요하다."[6] 구약성경은 자주 자연을 의인화하여 말하고 있다. 예컨대 하늘이 하나님의 영광을 선포한다. 땅은 그 거민들을 토해낸다. 하지만 오직 하나님께만 합당하고 때로는 파생적으로 하나님의 형상을 지니고 있는 인간들에게만 합당한 인격적 지위와 영예를 창조세계에 부여하는 것은 "타락 자체만큼이나 오래된 우상 숭배의 한 형태다(참고. 롬 1:21-25)"라고 라이트는 주장하고 있다.[7]

그런 다음 라이트는 성경이 자연을 '탈신성화했다'(desacralized)는 잘못된 대중적 견해에 대해 다루고 있다. 자연의 탈신성화라고 하는 것은 "이스라엘이 창조된 질서의 신성함에 대해 전혀 의식이 없었기 때문에 자연을 단순히 인간의 유익을 위해 이용되어야 할 대상으로만 간주했다는 의미를 내포"하고 있다. 그래서 "인간을 제외한 창조 세계 전체에 대한 과학적, 기술적, 도구적인 태도를 성경이 보장해 준다"라고 주장하게 되었다.

자연에 대한 이러한 세속화된 견해는 성경이 말하는 자연에 대한 탈신격화(dedivinizing)가 의미하는 바와는 전적으로 다른 것이다. 인간 생명의 존엄성에 대해 말하는 것과 인간을 신처럼 간주하는 것 사이에는 범주 상의 차이가 있듯이 "창조 세계를 **성스러운**(sacred) 것으로 대하는 것과 **신적**(divine)인 것으로 대하는 것 사이에는 근본적인 차이가 있다."[8]

우리는 인간 이외의 자연 질서에는 어떤 성스러움이 있으며 그러한 성스러움을 존중하라는 요청을 받고 있다. 하지만 어떤 모양으로든 자연을 예배하는 것은 창조주를 피조물로 바꾸는 것이기에 잘못된 것이다.

창조 세계는 하나님을 위해 존재하지, 우리를 위해 존재하는 것이 아니라고 라이트는 말하고 있다.

---

6   Wright, 『현대를 위한 구약 윤리』, 149.
7   Wright, 『현대를 위한 구약 윤리』, 150.
8   Wright, 『현대를 위한 구약 윤리』, 151.

창세기 1-2장에서 인간이 하나님 창조의 절정이었다고 말하는 것은 정확히 맞는 말이 아니다. 진짜 절정은 하나님이 자신이 만드신 '참 좋은' 창조 세계를 흡족히 누리는 상태에 들어가셨을 때, 하나님 자신의 안식과 더불어 이루어졌다.[9]

창조 세계가 우리를 위해 존재한다는 생각은 "얼토 당치 않은 자만"이라고 라이트는 주장하고 있다.

온 세상이 오로지 인간의 유익을 위해서만 존재한다고 상상하는 것은 인간의 지배권에 대한 전적으로 잘못된 견해다.

창세기 1:26, 28은 인간에게 세상을 다스리는 지배자라는 신분을 부여한다. 하지만, 지배자들을 위해 백성들이 존재한다는 것은 정권을 바라보는 성경적 관점이 아니다! 오히려, 그 역이 맞는 말이다(참고. 마 20:25-28).[10]

이른바 인간중심주의는 성경에서 말하는 주장이 아니라는 것이다. 창조 세계는 오직 인간의 유익만을 위해 존재하는 것이 아니라 하나님을 영화롭게 하고 하나님께 기쁨을 가져다주는 일을 가치 있게 본다. 욥기 38-41장은 창조 세계 가운데 인간의 유익을 위한 용도는 고사하고 인간들이 거의 목격조차 할 수 없는 부분들을 찬양하고 있다.

그리고 시편 104편은 하나님이 인간을 먹이시고 쉴 곳을 주기 위해 땅의 자원들을 제공해 주셨다고 말하는 것조차도, 하나님이 나머지 짐승들과 새들과 물고기들을 위해 해주시는 것을 우리 인간을 위해서도 똑같이 해주신다고 말하는 것 그 이상을 말하고 있지 않다.[11]

---

9 Wright, 『현대를 위한 구약 윤리』, 173.
10 Wright, 『현대를 위한 구약 윤리』, 173f.
11 Wright, 『현대를 위한 구약 윤리』, 174.

하지만 라이트는 그럼에도 성경은 인간의 독특성을 인정하고 있음을 분명히 한다. 적어도 세 가지 면에서 우리는 성경이 인간의 독특성을 인정하고 있다고 주장할 수 있다.

첫째, 하나님은 모든 피조물 가운데 오직 사람만을 하나님 자신의 형상대로 지으셨다.
둘째, 다른 모든 피조물은 천사들(혹은 하나님)보다 약간 낮은 그리고 영광과 존귀로 관이 씌워진(시 8:5-6) 피조물인 '그의 발아래' 놓여 있다.
셋째, 모든 생명은 하나님께 중요하다는 일반적 원칙의 범위 내에서, 하나님은 사람의 생명이 각별한 존엄성을 갖는다고 선언하신다(창 9:4-6).

그러한 본문들과 그 본문들이 말하는 전제들 위에서, 예수님은 우리가 다른 피조물들보다 더 가치 있다는 사실에 근거하여 우리 하늘 아버지를 신뢰하라는 익숙한 권면들을 하실 수 있었다(마 6:26; 10:31; 12:12; 눅 12:7, 24).

> 물론 그러한 말씀들은 다른 피조물들이 전혀 가치가 없다는 의미가 아니다. 오히려 그 말씀이 갖는 전체적인 영향력은 동물들이 하나님께 본래적인 가치를 지니고 있다는 사실에 의지하고 있다. 그렇지 않다면, 사람들이 (다른 피조물보다) 더 가치 있다고 말하는 것은 아무런 의미가 없을 것이다.[12]

2014년에 개봉된 "노아"(Noah)라고 하는 영화는 성경의 이야기를 기반으로 한 기독교 영화인 줄 알려져 많은 성도가 관람하였다가 실망한 대표적인 영화였다. 크게 두 가지 정도 이 영화는 성경의 내용과 배치되는 설정을 담고 있다.

---

12 Wright, 『현대를 위한 구약 윤리』, 175.

첫째, 타락 천사들(네피림)의 역할이다. 타락 천사들이 가인을 도와 최초의 문명을 일구게 했다는 것은 가능한 주장이 될 수도 있겠지만 노아가 방주를 만드는 것을 타락 천사들이 도왔다는 설정은 보는 사람의 마음을 불편하게 한다.

둘째, 이 영화가 성경의 내용을 왜곡하고 있는 부분은 바로 인간중심주의에 대한 강한 반감이 영화에 반영되어 있다는 것이다. 노아에게 주신 하나님의 계시 내용이 인간 없는 새로운 세상이라는 비전이었다는 것이다. 즉 노아는 방주를 지어 다른 생명체를 존속시키고 자신을 포함한 인류는 끝장을 내야 하는 사명을 받았지만, 마지막에 하나님의 명령에 불순종하여 인류를 존속시키기로 하였다는 것이 기본적인 이 영화의 줄거리라고 할 수 있다.

창세기 6장에서 홍수 심판을 언급하는 말씀은 5-7절과 11-13절 두 구절이다. 그런데 5-7절은 홍수 심판이 인간의 죄에 대한 심판이라고 말씀하고 있다면 11-13절은 온 땅과 모든 혈육 있는 자의 행위에 대한 심판을 말씀하고 있다.[13]

라이트는 창세기 1장과 2장에 기록된 두 창조 기사가 모두 하나님의 선하시며 가치 있는 나머지 창조 세계 안에서의 인간의 우선성 혹은 탁월성을 보여준다고 말하고 있다. 창세기 1장의 기사는 하나님이 인간을 하나님의 형상으로 그 일련의 날들의 최절정에 창조하신다. 그런가 하면 창세기 2장은 보다 인간에게 집중하고 있다.

---

13 창 6:5-7의 "여호와께서 사람의 죄악이 세상에 가득함과 그의 마음으로 생각하는 모든 계획이 항상 악할 뿐임을 보시고 땅 위에 사람 지으셨음을 한탄하사 마음에 근심하시고 이르시되 내가 창조한 사람을 내가 지면에서 쓸어버리되 사람으로부터 가축과 기는 것과 공중의 새까지 그리하리니 이는 내가 그것들을 지었음을 한탄함이니라 하시니라"와 11-13절의 "그 때에 온 땅이 하나님 앞에 부패하여 포악함이 땅에 가득한지라 하나님이 보신즉 땅이 부패하였으니 이는 땅에서 모든 혈육 있는 자의 행위가 부패함이었더라 하나님이 노아에게 이르시되 모든 혈육 있는 자의 포악함이 땅에 가득하므로 그 끝 날이 내 앞에 이르렀으니 내가 그들을 땅과 함께 멸하리라"를 비교해 보라.

그 전체 전경의 중앙에 인간이라는 피조물을 두고, 인간의 물질적·관계적 성격과 관련해서 다른 모든 피조물을 논하고 있다. 이 두 본문이 주는 메시지는 전체 창조 세계의 맥락 안에서 인간 생명이 하나님께 지극히 중요하다(정점이며 중심적이다)는 것임에 분명한 듯하다.[14]

16세기 지동설의 등장을 통해 지구가 우주의 중심이라는 주장이 흔들렸다면 19세기 진화론의 등장을 통해 인간이 온 세상의 중심이라는 주장이 흔들렸다고 사람들은 말하기도 한다. 하지만 이런 주장은 면밀한 검토가 필요한 주장이라고 할 수 있다. 인간 이외의 그 어떤 피조물도 하나님의 형상으로 지음 받지 않았다. 인간중심주의가 가져온 폐단에 대해 우리는 조심해야 하겠지만 그렇다고 성경적 의미의 인간 존엄성에 관한 주장을 버릴 필요는 정말이지 없어 보인다.

화이트는 중세 역사가였다. 그의 가장 중요한 책은 1962년의 『중세 기술과 사회변화』(*Medieval Technology and Social Change*)라고 하는 책이다. 이 책은 화이트에게 여러 상을 안겨주었다. 이른바 과학이 기술로 활용되면서 인간의 삶뿐 아니라 피조 세계에 엄청난 변화가 이루어졌다. 1776년 제임스 와트(James Watt, 1736-1819)의 증기기관 발명은 현대의 환경오염의 직접적인 원인이라고 할 수 있는 산업혁명을 가능하게 하였다.

볼프하르트 판넨베르크(Wolfhart Pannenberg, 1928-2014)는 자신의 『조직신학』 인간론에서 하나님의 형상을 다루는 문맥에서 우리 시대의 생태계 위기의 역사적 뿌리가 기독교 신학에 있다는 린 화이트의 주장에 대해 그런 주장은 거부되어야 하며 도리어 그런 위기를 불러오게 된 원인이 기독교 창조론을 상실한 것에 있다고 주장하고 있다.

14　Wright, 『현대를 위한 구약 윤리』, 175f.

현대적 기술과 산업사회를 통해 자연 세계를 제한 없이 착취하여 생태학적 위기를 초래한 것에 대해 성서가 인간에게 창조 세계를 다스리라고 부여한 통치의 사명(창 1:28)에 책임이 있다는 비판은 거부되어야 한다.[15]

판넨베르크는 현대 산업사회의 기초가 근대의 세속문화 속에 놓여 있는 것으로 보고 있다. 이러한 근대의 세속문화는 16세기와 17세기의 종교전쟁 이후에 자신의 역사적인 뿌리라고 할 수 있는 기독교의 속박에서 벗어났다. 근대의 세속문화가 발전하기 위한 조건들 가운데 하나는 "종교적 동기들과 속박, 그리고 그에 기초한 사회적 삶의 주변 조건들로부터의 해방"이었다.

보통 이런 생태학적 위기를 불러온 기독교 신학의 문제점 가운데 하나로 인간중심주의(anthropocentricism)를 지적한다. 판넨베르크는 이 점에 있어서 한 분이시고 초월적인 성서의 하나님에 대한 기독교 신앙이 실제로 자연 세계를 비신격화하고 그것을 인간의 통치 영역으로 인정한 것에 대해서 긍정하고 있다. 모종의 인간중심주의가 기독교 신학 가운데 있다는 것을 인정하고 있다. 하지만 그럼에도 판넨베르크는 "여기서도 자연 세계는 여전히 창조자의 소유이며, 하나님의 창조 의지는 하나님의 형상으로 창조된 인간에게 주어진 통치권의 척도로서 머문다. 그러므로 이 통치권은 자의적인 처치나 착취의 권리를 포함하지 않는다"라고 주장하고 있다.

자연 세계에 대한 인간의 통치권에 대해 판넨베르크는 그것을 "정원 관리"에 비유하고 있다. 이러한 정원 관리의 임무는 창세기 2:15에서 에덴동산의 인간에게 주어졌던 일이었다. 인간은 자신에게 주어진 창조에 대한 전권을 남용하곤 한다. 하지만 자연 세계는 여전히 하나님의 창조로 남아 있기에 "하나님이 주신 통치의 사명을 인간이 독단적으로 오용하는 것은 인간 자신에게로 되돌아와 그를 공격하고 파괴할 것"이라고 판넨베르크는 경고하고 있다. 그러므로 오늘날의 생태학적 위기는 다음의 사실을 기억하

---

15 Wolfhart Pannenberg, 『판넨베르크 조직신학 II』, 신준호·안희철 공역 (서울: 새물결플러스, 2018), 361.

라는 의미로 이해될 수 있다고 판넨베르크는 주장하고 있다.

> 성서의 하나님이 이전과 마찬가지로 여전히 창조의 주님이시며, 인간이 자의적으로 창조에 개입하는 것은 무한정 확장될 수 없고, 그 결과로 치러야 하는 대가가 없는 것도 아니다.[16]

이 부분과 관련하여 창조 세계를 향한 우리 인간의 적절한 입장으로서 종종 제기되는 '청지기' 모델에 대한 라이트의 견해를 살펴보는 것이 좋을 것 같다. 일단 '청지기' 모델에 대하여 라이트는 그것이 다소간 근본적인 성경적 진리를 포함하고 있다는 점을 인정하고 있다.

> 무엇보다도 그 사상은 우리가 지구의 소유자가 아니라는 사실을 지적한다. 오히려, 지구는 그것을 진정으로 소유하고 계신 분이 우리에게 보살피라고 **위탁하신** 것이다.[17]

하지만 그럼에도 청지기 개념은 라이트가 볼 때 두 가지 점에서 오해와 남용에 취약하다.

첫째, 어떤 문화적 상황에서는 '청지기직'이 일반적으로 오직 금전과만 관련 있는 듯한 인상을 준다는 점이다.

둘째, 더 심각한 것은 청지기라는 말이 "때때로 비기독교계에서 천연자원들을 거리낌 없이 비양심적으로 수탈하는 것에 대한 도덕적 분위기를 제공해 주기 위해 사용되고 있다"는 점이다. 다시 말하면 청지기라는 말은

---

16 Pannenberg, 『판넨베르크 조직신학 II』, 363.
17 Wright, 『현대를 위한 구약 윤리』, 168.

환원주의적인 우리 과학의 지배적 정신에 대해서 그리고 수탈적인 우리의 테크놀로지 정신에 대해서 사실상 도전하고 있지 않다.[18]

라이트는 그런 의미에서 창조 명령이 단지 지구를 지키는 청지기가 되라는 것이 아니라 다른 피조물들을 '다스리라'는 것이었음을 지적하고 있다.

그러므로, 적절하고 성경적으로 인정된 우리의 모델은 왕직 모델이다. 단, 왕이 자신이 다스리는 자의 종으로서 어떤 성격의 사람이 되어 무엇을 **해야** 했는지에 대한 온전한 성경적 가르침을 진지하게 받아들이는 것을 조건으로 한다.[19]

여기서는 왕직에 대한 라이트의 설명 전체를 다루지는 않을 것이다. 다만 라이트가 린지(Andrew Linzey, 1952-)의 글 가운데 인용하고 있는 "섬김이 없는 주권은 있을 수 없으며, 주권이 없는 섬김도 있을 수 없다. 창조 세계 안에서 우리의 특별한 가치는 다른 피조물들에 대해서 갖는 특별한 가치로 이루어지는 것이다"라는 말을 언급하는 것으로 만족하려고 한다.[20]

---

18 Huw Spanner, "Tyrants, Stewards or Just Kings?", in Linzey and Yamamoto, eds., *Animals on the Agenda: Questions about Animals for Theology and Ethics* (University of Illinois Press, 1998), 222.
19 Wright, 『현대를 위한 구약 윤리』, 169.
20 Andrew Linzey, *Animal Theology* (University of Illinois Press, 1995), 33. Wright, 『현대를 위한 구약 윤리』, 172에서 재인용.

글을 마치며

조금은 망설임 가운데 이 글을 쓰기 시작했다. 글을 마치며 마음에 드는 감회는 이 글을 쓰기로 한 것은 정말 잘한 결정이었다는 것이다. 이 글을 읽고 독자들에게 어떤 도움이 될는지는 솔직히 잘 모르겠다. 하지만 나 자신에게는 너무나 귀한 발전과 또 정리의 시간이었음을 고백하지 않을 수 없다.

이런저런 매체들에 밀려 인쇄된 글로서의 책이 박대받는 시대를 살아가고 있는데 글을 쓰는 사람으로서는 그 어떤 작업보다 글을 쓰는 가운데 배우는 것이 많음을 뼈저리게 느낀 시간이었다.

이 책을 통해 오랜 시간 고민했던 문제에 대한 하나의 단락을 짓는 것 같아 마음이 홀가분하다. 간단하게 쓰려고 했던 것이 조금은 길어졌다. "모든 것을 다 다루려고 하지 말라"는 충고를 마음에 두었었지만 잘되지 않았던 것 같다. 너무 이것저것 건드리지 않았는가 살짝 후회되기도 한다.

책을 마무리하는 시점에 양승훈 교수가 7권에 걸친 자신의 창조론에 관한 책의 마지막 책을 완성해서 출판사에 넘겼다는 카톡을 받았다. 무려 18년에 걸친 긴 연구의 대미를 장식하는 책이라고 한다. 축하의 마음을 전하고 싶다.

창조과학에 대한 강한 확신 가운데 안정된 자신의 자리를 내려놓고 미국으로 건너가 창조론에 관한 공부를 하며 믿음의 여정을 정직하게 걸어간 양 교수는 결국 창조과학회와 결별하게 되었고 창조과학 이외의 입장에 대해서는 대단히 배타적인 우리나라 교회의 토양을 변화시키는데 크게 이바지하였다. 그리고는 캐나다 밴쿠버의 기독교세계관대학원의 원장직을 내려놓고 지금은 아프리카 오지에 있는 의과대학의 총장으로 재직하고 있다.

그의 용기 있는 발걸음에 힘찬 격려를 보내는 바이다.

　양승훈 교수의 7권에 걸친 대작에는 미치지 못하지만 나름 이 책은 자연과학을 전공하지 않은 신학자로서 창조신학에 천착한 10여 년 이상의 세월을 요약 정리한 것이라 할 수 있다. 어쩌면 이런 작업을 하며 내 마음속에 있었던 생각은 딱 한 가지였다. 창조과학만이 창조론의 유일한 대안이 아니라는 것을 우리나라 교회가 알았으면 한다는 것이었다. 이른바 무·크·따로 알려진 『무신론 기자, 크리스천 과학자에게 따지다. 과학과 신앙에 얽힌 해묵은 편견 걷어 내기』에서 우종학 교수의 바람도 마찬가지였던 것으로 기억한다.

　주님을 위한다는 마음의 동기를 의심할 수는 없겠지만 우리의 지나친 열심이 때로는 하나님의 영광을 가리는 경우들이 있을 수 있음을 인정하며 조금은 자중할 필요가 있다. 그리고 자신과 생각이 다르다고 해서 무조건 틀렸다는 식으로 매도하는 것도 조심해야 할 것이다. 창조신학과 관련된 토론에 더 다양한 사람들이 참여하여 생산적인 토론이 이루어지길 기대해 본다. 그리고는 자신의 목소리를 내는 것과 함께 자신과 다른 목소리에 귀 기울여 배우려는 자세를 가졌으면 한다.

저자의 창조신학 관련 논문 목록

박찬호. "창조론의 중요성." 「창조론오픈포럼 2(1)」, 1-7. 2008.

_____. "토마스 토렌스의 공간론." 「창조론오픈포럼 2(2)」, 27-35. 2008.

_____. "개혁신학과 자연과학." 「개혁논총 10」, 103-134. 2009.

_____. "창조와 진화에 대한 몰트만의 견해." 「창조론오픈포럼 3(1)」, 1-10. 2009.

_____. "자연과학과 신학의 관계에 대한 맥그라스의 견해." 「창조론오픈포럼 3(2)」, 29-37. 2009.

_____. "자연과학과 신학의 관계에 대한 맥그라스의 견해." 「한국기독교신학논총 67(1)」, 223-246. 2010.

_____. "조나단 에드워즈에게 있어서 천지창조의 목적." 「창조론오픈포럼 4(1)」, 1-12. 2010.

_____. "어거스틴의 창조론." 「창조론오픈포럼 4(2)」, 11-20. 2010.

_____. "이레니우스의 창조론." 「창조론오픈포럼 5(1)」, 1-7. 2011.

_____. "밀라드 에릭슨의 점진적 창조론." 「창조론오픈포럼 5(2)」, 38-47. 2011.

_____. "Critical Evaluation of Arthur Peacocke's Theory of Divine Action." 「개혁논총 19」, 147-180. 2011.

_____. "서구에서의 근대 과학의 발흥 원인에 대한 시론적 연구(1)." 「창조론오픈포럼 6(1)」, 51-63. 2012.

_____. "프란시스 쉐퍼의 성경관과 창조론." 「창조론오픈포럼 6(2)」, 19-31. 2012.

_____. "'생명과 환경' 그리고 창조." 「창조론오픈포럼 7(1)」, 25-40. 2013.

_____. "'진화심리학'에 대한 시론적 평가." 「창조론오픈포럼 7(2)」, 41-52. 2013.

_____. "바르트의 창조론." 「창조론오픈포럼 8(1)」, 7-17. 2014.

_____. "'영혼의 부정'으로서의 안락사." 「창조론오픈포럼 8(2)」, 24-30. 2014.

_____. "〈생명공학과 인간의 미래〉에 대한 신학적 평가." 「창조론오픈포럼 9(1)」, 63-72. 2015.

_____. "판넨베르크의 성령론적 창조론." 「창조론오픈포럼 9(2)」, 18-27. 2015.

_____. "몰트만의 창조론: 신적인 자기비움(Zimzum)을 중심으로." 「창조론오픈포럼 10(1)」, 11-22. 2016.

_____. "로이드 존스의 창조론." 「생명과말씀 15」, 7-34. 2016.

_____. "〈오리진〉에 관하여." 「창조론오픈포럼 11(2)」, 28-41. 2017.

_____. "과학 신학자 존 폴킹혼의 종말론." 「창조론오픈포럼 12(1)」, 52-60. 2018.

_____. "케노시스 창조론에 대한 존 폴킹혼의 견해." 「창조론오픈포럼 12(2)」, 60-69. 2018.

_____. "찰스 핫지의 창조론." 「창조론오픈포럼 13(1)」, 61-69. 2019.

_____. "벤자민 워필드의 창조론." 「창조론오픈포럼 13(2)」, 39-49. 2019.

_____. "웨인 그루뎀의 창조론 : 유신 진화론 비판을 중심으로." 「창조론오픈포럼 14(1)」, 35-46. 2020.

_____. "유신 진화론에 대한 웨인 그루뎀의 비판." 「조직신학연구 34」, 108-137. 2020.

_____. "칼빈의 창조론." 「창조론오픈포럼 14(2)」, 30-38. 2020.

_____. "헤르만 바빙크의 창조론." 「창조론오픈포럼 15(1)」, 10-23. 2021.

_____. "'삼위일체 자연신학'은 가능한가?." 「창조론오픈포럼 15(2)」, 10-23. 2021.

_____. "기독교 창조론과 생태계 위기: 린 화이트의 주장에 대한 세 가지 반론." 「조직신학연구 37」, 62-92. 2021.

함께 읽으면 좋은 책

창조, 진화, 지적 설계 쉽게 이해하기

기예르모 곤잘레스, 제이 W. 리처즈 지음 |
김희범, 이승엽 옮김 | 사륙판 | 82면

인류 탄생이라는 질문에 대한 여러 입장 중 하나인, 지적 설계론을 다룬다. 창조론, 진화론을 비교하면서, 지적 설계론의 탁월성을 설명한다.

아담의 창조

J. P. 베르스티그 지음 | 리차드 개핀 영역 |
우성훈 옮김 | 신국판 양장 | 160면

아담을 역사적 인물인가? 교육적 '교수 모델'인가? 이에 대한 해답은 우리의 신앙과 신학에 큰 영향을 끼친다. 이 책은 개혁주의 보수 진영의 답변을 들려 준다.

개혁신학 vs 창조과학

윤철민 지음 | 신국판 | 246면

이 책은 개혁신학으로 본 창조 과학의 신학적 문제를 다룬다. 창조과학의 성경 해석이 과연 개혁주의 전통과 어울릴 수 있는가? 일반 신자라도 창조과학에 대해 어렵지 않게 신학적으로 접근할 수 있다.

진화론의 허구 12가지

이태욱 지음 | 신국판 | 288면

오늘날 많은 그리스도인이 진화론에 대해 비판하지만 구체적으로 잘 모른다. 이 책은 그리스도인에게 진화론이 어떤 이론인지, 또한 그 이론이 왜 틀렸는지 알게 해 준다.